satteltanz

AF139250

Uli Franz

satteltanz

Radgeschichten

2. Auflage 2015

Bibliografische Information der Deutschen Nationalbibliothek:
Die Deutsche Nationalbibliothek verzeichnet diese Publikation
in der Deutschen Nationalbibliografie; detaillierte bibliografische
Daten sind im Internet unter http://dnb.d-nb.de abrufbar.

Uli Franz, Satteltanz, Radgeschichten

Umschlagfoto: A. Gogiashviili, Key Group, Tbilisi, Georgien

Grafische Gestaltung: Markus Löffler, bluedoc

Herstellung und Verlag: Books on Demand GmbH Norderstedt

ISBN: 978-3-7347-7146-0

Inhalt

Hercules

Das Rad schmiegt sich in meine Hand, mühelos kann ich es ins Freie schieben. Schon kommt es mir vor, als dränge es mich, als wolle es gefahren werden. Jetzt bloß nicht zögern! Hoch das Bein und gleich das Hinterteil auf den Sattel gehoben.

Kaum hat sich die Beinarbeit dem flotten Dreh der Pedale angepasst, beginnen die Speichen zu tanzen zur Melodie eines Säuseln, das vom Asphalt aufsteigt. Ich stemme mich in die Pedale und pfeffere ihren Lauf mit kräftiger werdenden Tritten. Schon höre ich mit Freuden, wie der Gummi der schmalen Reifen zu brummen anfängt. Jetzt ist es soweit: mein Rad und ich, wir tanzen! Natürlich nicht im Kreis und auch nicht im Rhythmus eines Walzers! Natürlich wollen wir uns nicht um die eigene Achse drehen, sondern leicht, eben tänzerisch, vorwärtskommen. So wiegen wir uns, anfangs noch schaukelnd, dann ausbalanciert, auf einem Tanzboden, der sich in die Ferne endlos dehnt.

Die Beinarbeit gewinnt an Kraft und auf den nächsten hundert Metern bläht sich das Säuseln zu einem Luftrauschen auf. Im Handumdrehen sickert ein wohliges Gefühl in mich hinein und von innen höre ich eine Stimme flüstern: Du bist frei, du kannst fahren, wohin du willst. Wohltuend ist dieses Zureden. Wie Traubenzucker sickert es ins Blut und zeigt sogleich eine aufbauende Wirkung.

Von oben sticht die Sonne wie mit Nadeln, von unten heizt der graue Asphalt und seitlich des Lenkers vermengen sich Sträucher, Hecken und Bäume zu einem lichtgrünen Ufer, das den Fluss der Bewegung begrenzt. Die Zeit ist nun gekommen, es sich im Sattel einzurichten und höher zu schalten. Bis zum Anschlag, bis in die höchste Kettenübersetzung.

Schnell wird die Beinarbeit ruhiger und der Satteltanz weicher und trotzdem leidet das Tempo in keiner Weise. Im Gegenteil! Mit der Ruhe kommt die Kraft. Nun dauert es nicht mehr lange und der Körper erreicht eine gesunde Temperatur. Üppig quellen Schweißtropfen auf der Stirn und aus den Achselhöhlen hervor. Klar, wenn die Sonne derart brezelt, gehört das Transpirieren zum flotten Tritt wie ein gehöriger Durst zu einem pikant gewürzten Döner.

Wer auf Tempo fährt, will natürlich mehr als nur schwitzen. Er will sein eigener Motor sein und eine wohltuende Geschwindigkeit aus eigenem Antrieb schaffen – eben autonom in Bewegung sein. Wer gar ein waschechter Radfahrer ist, der will sich nicht auf eine fremde Kraftquelle verlassen, schon gar nicht auf eine PS-starke Maschine. Aus eigener Kraft geschwind, gar flugs voranzukommen, gibt ihm die Gewissheit einer selbst erarbeiteten Autonomie und erzeugt die Illusion einer Bewegung, die zwischen Gehen und Fliegen angesiedelt ist, einer beglückenden Bewegung, nach der sich der Mensch seit Urzeiten sehnt. Jeder, der radelt und sich zum Tempo aus eigener Kraft bekennt, erlebt dieses Glück und braucht sich nicht für dieses Eingeständnis zu genieren.

Sobald ein Kind schwankend zu stehen vermag, verspürt es einen inneren Drang, auf seinen Speckbeinchen loszurennen. Anfangs spielt ihm die Schwerkraft einen Streich, schwups fällt es hin, wenn auch weich. Aber es steht gleich wieder auf und versucht es von Neuem mit dem Rennen. Dieses Verlangen entspricht nicht nur einem urmenschlichen Trieb, sondern auch dem Naturgesetz der Kreiselkräfte, wonach das Balancieren bei vermehrter Geschwindigkeit ein Umkippen verhindert.

Kaum kann das Kind rennen, verlangt es nach einem fahrbaren Untersatz, um mit weniger Aufwand noch schneller durchs Leben zu flitzen. Nach weiteren Jahren, wenn das Laufrad-Kid zum Jugendlichen herangereift ist, fordert es sein erstes echtes Rad und schnell erweist sich, ob der junge

Mensch balancieren und die Extreme ausgleichen kann. An mein erstes Satteltänzchen kann ich mich nicht mehr erinnern, aber eins weiß ich noch ganz genau: am Tag, als ich neun wurde, war ich der glücklichste Junge der Welt.

* * *

An meinem neunten Geburtstag erwachte ich wie man als Jugendlicher morgens halt so erwacht, leicht belämmert von den aufwühlenden Träumen der Nacht. Aber kaum, dass ich die Augen aufschlug, war ich sofort wie kalt geduscht.

Auf lackglänzenden schwarzen Reifen parkte vor meinem Bett ein Gerät, das eigentlich in kein Kinderzimmer gehört. Ein nagelneues Fahrrad stand wie hingezaubert vor meinem Bett und blinkte vom Chrom der Speichen bis zum Chrom der Klingel. Zweimal musste ich hinschauen bis ich begriff, dass es ein handfestes Wunder war, das reglos vor mir stand und kein Spuk der Nacht, der mich narrte. Das Wunder bestand aus einem Rahmen, dessen Lack genauso weiß wie meine Zahnpasta glänzte. Wirklich, der Rahmen war genauso weiß wie die Creme zum Zähneputzen und auch genauso fein von roten Streifen überzogen. Ich juchzte, ich lachte, ich freute mich riesig und mit einem Satz war ich aus dem Bett. So schnell wie am Morgen meines neunten Geburtstags sollte ich nie wieder aus den Federn kommen.

Ein Fahrrad hatte ich mir schon lange gewünscht, denn mit Fahrrädern war ich im Haushalt meiner Eltern, die von den Einkünften eines Radladens lebten, aufgewachsen. Aber von einem weißen Herrenrad mit hohem Oberrohr hatte ich nicht einmal zu träumen gewagt. Jetzt stand ein solches Prachtstück da und lud mich Steppke ein, es in Besitz zu nehmen. Mir verstopfte ein Kloß den Hals und schon kullerten Freudentränen. Stumm drehte ich mich zu meinem Vater um, dessen Hand auf meiner Schulter ruhte, und wischte mir verstohlen die

Glückstränen von den Backen. Zaghaft, als könnte ich ihn beflecken, fasste ich nach dem roten Sattel und strich mit meiner Hand über makelloses Leder. Wie ein Kind ein kleines, totes Tier berührt, drückte ich mit der Fingerspitze in das glatte Polster. Erstaunlich! Es fühlte sich an wie der muskulöse Oberarm meines Vaters. Als meine Finger über die Klingel fuhren, erschrak ich für einen Augenblick. Im Spiegel des Chroms entdeckte ich mein Gesicht, verzerrt und rund gebogen. Ich zeigte die Grimasse meinem Vater und beide mussten wir lachen. Als ich mich zum Tretlager hinabbeugte und mir die schwarzen Gummis der Pedale genauer ansah, blinkten die Katzenaugen. Ich hätte schwören können, sie zwinkerten mir zu.

Das weiße Hercules sah viel schicker aus als mein Konfirmationsanzug. Aber, und das wagte ich nie meinem Vater zu sagen, der taubenblaue Anzug zum evangelischen Fest passte nämlich erheblich besser zu meinem schlaksigen Jungenkörper als das geschenkte Rad. Das Hercules war nämlich kein Jugend-, sondern ein Herrenrad und demnach für einen Neunjährigen um Einiges zu hoch.

Zugegeben, ein Jugendrad mit 24 Zoll wäre ein ganz und gar uncooles Geburtstagsgeschenk gewesen, aber es hätte wenigstens zu den Körpermaßen eines Neunjährigen und zu dessen bescheidener Schritthöhe gepasst. Nun gut, ich war noch unverdorben jung und deshalb duldsam. Bis heute kann ich meinem Vater nicht böse sein, dass er aus Gründen der Sparsamkeit ein Geschenk ausgesucht hatte, in das ich gewiss noch „reinwachsen" würde.

Ohne böse Absicht hatte er seinem Junior einen Ladenhüter aus dem Vorjahr-Sortiment geschenkt. Vermutlich hatte er zu dem Hercules gegriffen, wie sparsame Eltern zu einer Winterjacke für ihr Kind greifen, das noch im Wachstum begriffen ist. Bei solch einem Sparkauf werden bekanntlich die zu langen Ärmel einfach hochgekrempelt und im nächsten Winter, wenn das Kind den zu erwartenden Wachstumsschub hinter sich hat, ohne großen Aufwand wieder heruntergekrempelt.

„Ein Neunjähriger wächst, so ist es auch im Fall unseres Uli", hatte mein Vater gewiss zu Alfred, unserem Werkstattgesellen, gesagt.

Entsprechend pragmatisch hatte Alfred improvisiert und das Herrenrad an die Schritthöhe meiner schlaksigen Jungenbeine angepasst, indem er den Sattel, anstatt auf eine Sattelstütze, direkt auf den Querholm montierte und dadurch die Sattelhöhe um sieben Zentimeter absenkte. Dank dieses faulen Kompromisses war ein zu großes Herrenrad zur Messlatte meines Wachstums geworden. Leider sollte es noch ganze fünf Jahre dauern, bis ich in mein Herrenrad „reingewachsen" war.

* * *

Als ich am Morgen meines vierzehnten Geburtstags aufwachte, war der Teppich vor meinem Bett so leer wie an gewöhnlichen Morgen. Kein Wunder, kein Spuk, keine Überraschung erwartete mich auf dem rotbraunen Bettvorleger. Dafür stand in unserer Werkstatt eine Überraschung bereit. Als ich die Eisentür zu dem nach Schmierfett riechenden Werkraum aufstemmte, sah ich die Geburtstagsüberraschung sofort; mittendrin stand mein weißes Hercules und Alfred stand grinsend daneben. Er hatte das Rad auf Hochglanz poliert, hatte schicke Weißwandreifen aufgezogen und – endlich – einen neuen Sattel auf eine handelsübliche Sattelstütze geschraubt. Ich strahlte. Nach so vielen Jahren sah mein geliebter Gefährte nun wie ein echtes Herrenrad aus. Gleich schob ich ihn durch die Tür auf die Straße und drehte im hohen Sattel einen Achter. Nicht weniger souverän als ein Eiskunstläufer. Fürwahr, erwachsen und geübt kam ich mir so hoch über dem Boden vor und mutiger als früher legte ich mich in die Kurven und tatsächlich: die Kreiselkräfte waren mir gut gesonnen. Aber leider sollte es noch länger dauern bis ich ein Mann im Sattel war, gar ein Herr auf zwei Rädern.

Windwärts

Kalle und ich hätten mit den abgewracktesten Knochen-schüttlern um die Welt radeln können, so fühlten wir uns, wir sonnengebräunten, gertenschlanken Jungs, die im Sport noch nie etwas anderes als eine Eins bekommen hatten. Aber selbst mit einer Bestnote in Weitsprung, Handball und Reckturnen kann man bekanntlich keinen Abi-Abschluss erzielen. Zu unserem Leidwesen nicht einmal die Versetzung in die Abiturklasse.

Und genau um diese Versetzung ging es bei uns. Sie war aufs Äußerste gefährdet und somit auch unser freundschaft-liches Radfahren in den schulfreien Stunden und Tagen. Nachdem unsere Väter warnende Rektorenbriefe erhalten hat-ten, mussten Kalle und ich den vergnüglichen Sattelsitz gegen den verdammt harten Hosenbodensitz eintauschen. Strenger als alle Pauker des Gymnasiums zusammen, zwangen uns die Väter vier Monate lang zum Gehirnschmalz-Absondern, damit wir schulisch wieder Tritt fassen sollten. Kleinlaut fügten wir uns der Strenge und siehe da, der Radverzicht brachte uns Schlawiner zur Einsicht: wir blieben nicht sitzen. Kaum war die Zitterpartie überstanden, die Sache mit der Versetzung geritzt, da landeten unsere Schulranzen wie nichtsnutziger Krempel unter dem Bett. Aus den Augen die Schule, aus dem Sinn auch das Verrenken des Gehirns. Was für ein herrlich freies Gefühl! Endlich konnten wir wieder *per velo* ausbüxen.

In den öden Zeiten des Büffelns war aus unserem velozipe-dischen Freiheitsdrang eine Idee erwachsen, die Idee zu einer großen Tour. Im Geschichtsunterricht war sie geboren wor-den, in einer Stunde über die Gotik. Die Spitzbögen und die Fabeltiere über den Kapitellen des Kölner Doms wollte ich aus nächster Nähe betrachten, fotografieren und später in einem

Referat mit unserem gotischen Ulmer Münster vergleichen. So fragte ich Kalle in einer großen Pause: „Kommst du mit nach Köln? Mit dem Rad?"

„Na klar!" Sofort war Kalle Feuer und Flamme.

Die großen Ferien waren zum Greifen nah, die Mitschüler verunsicherten bereits die Tischtennis-Platten, das Drei-Meter-Brett und das große Becken im Städtischen Freibad, als Kalle und ich in unserer Werkstatt schwitzten, unsere Griffel verdreckten und uns im Eifer Fett in die Haare schmierten. Unsere seit dem Winter vernachlässigten Fahrräder hatten Rost angesetzt. Dringend mussten sie auf Vordermann gebracht werden. Kette, Naben, Speichen und Bowdenzüge mussten mit Petroleum gereinigt und anschließend geölt werden. Und die Felgenbremsen verlangten nach einer präzisen Justierung. Selbstverständlich mussten auch Vorder- und Hinterreifen frische Luft in ihre schlaffen Schläuche bekommen und für eventuelle Nachtfahrten galt es das Funktionieren der Lichtanlage durch Drehen am freilaufenden Vorderrad zu kontrollieren. Immerhin hatten wir mit unseren Gefährten Großes vor.

Am Abend vor dem Aufbruch schnallten wir die Riemen der gefüllten Packtaschen an den Gepäckträgern fest und parkten die reisefertigen Räder in der väterlichen Werkstatt. Lange vor Geschäftsbeginn wollten wir auf leisen Reifen davongefahren sein, darauf hatten wir uns schnell geeinigt.

Auf Kalle war Verlass und ich war auch kein Schwätzer, zumal die Lektion noch immer nachwirkte. Das großspurige Gehabe „Was kostet die Welt" hatte einen gehörigen Dämpfer bekommen. Ja, wirklich, uns juckte das Fell nicht mehr so heftig wie früher. Auch wenn wir es noch nicht wahrhaben wollten: wir waren vernünftiger geworden.

„Echte Kerle brauchen Unterstützung", meinte mein Vater und drückte mir beim Frühstück zum Abschied ein Reisegeld von hundert Mark in die Hand. Das üppige Geldgeschenk verfehlte nicht seine Wirkung; mit siebzehn fühlte ich mich plötzlich wie ein Großer, der zu einer Männertat aufbricht.

Überpünktlich erschien ich zum frühen Termin an der Werkstatttür. Kalle, der ganz in der Nähe wohnte, kam keine Minute zu spät und wie verabredet, konnte unser erstes Radabenteuer beginnen. Die Packesel dirigierten wir ins Freie, gerade als die Morgensonne den steinernen Turm des Münsters mit zartem Rosa übergoss. Ganz ohne Sentimentalitäten und ohne ein einziges Wort zu verlieren, fuhren zwei Radfreunde Lenker an Lenker aus der schlafenden Stadt hinaus.

Auf dem Donau-Radweg und der spärlich befahrenen Autostraße kamen wir zügig voran und erst spät am Vormittag frühstückten wir an einer Tankstelle, wo allerhand Lärm herrschte und wir von allerhand hektischen Leuten begafft wurden. Unter ihren verwunderten Blicken kamen wir uns als etwas Besonderes vor. Aber wir fühlten uns auch belächelt und trotzig setzten wir unsere Fahrt fort. Die hügelige Strecke bis Tuttlingen schafften wir am ersten Tag ohne große Mühe und pannenfrei. Von hier aus planten wir weiter gen Westen zum Titisee zu fahren.

Zum Glück verfügte jeder von uns bereits über eine Rad-Vita, wenn auch eine knappe, in der immerhin eine Bodensee-Umrundung dokumentiert war. Aus erster Hand wussten wir also, dass spätestens am dritten Tag ein gehöriger Muskelkater die Beine von den Oberschenkeln bis zu den Waden heimsuchen würde. Wir nahmen uns in Acht und fuhren anfangs so moderat, dass am Ende des Radtages weder der Hintern noch die Oberschenkel brannten.

Auf der ansteigenden, immer kurviger verlaufenden Bundesstraße die Hügel des Schwarzwalds hinauf, fuhren wir dicht hintereinander und bescheiden am Rand, knapp neben der Leitplanke. Vor keiner Widrigkeit mit schnellen Autos fürchteten wir uns, vor keinem überholenden LKW und keiner Ölspur. Selbst vereinzeltes Hupen konnte uns nicht schrecken. Auf den ersten hundert Kilometern stellten wir voll Erstaunen fest: so easy fühlt sich also ein großes Abenteuer an! Eigentlich wie ein Klacks! Verständlich, immerhin war der

Himmel mit uns und auch die Sonne. Es lief wie geschmiert – kein Plattfuß, keine Blase auf dem Sitzfleisch, kein Ausrutscher, kein Verbremser, kein Sturz. Nicht mal ein Regenguss aus heiterem Himmel.

Durch die Wiesentäler des Schwarzwalds radelten wir ausgelassen und genossen die Sonne, die unsere nackten Oberkörper ansehnlich bronzierte. Die Täler durchmaßen wir flink, die waldigen Anhöhen erklommen wir schwitzend wie Malocher. Auf der Höhe angekommen, erlaubte uns die Landschaft einen weit schweifenden Blick und als wir den Horizont absuchten, berauschte uns ein Gefühl von Freiheit, das mit jedem Kilometer, den wir zwischen uns und die Heimat brachten, wuchs. Mit jeder neuen Bergfahrt spürten wir die Kondition in den Muskelzellen wachsen und unsere Lungen schienen wie aufgebläht. Vor allem aber waren wir beglückt. An der badischen Grenze meinten wir allen Ernstes, die Kraft unserer Waden wachse ins Unermessliche.

Welch eine Illusion, welch eine Selbstüberschätzung!

Am vierten Tourentag, als wir in Freiburg nach Norden abbogen, um dem Rheinufer bis Köln zu folgen, wurden wir plötzlich von vorne angefallen und im Handumdrehen in Ketten gelegt. Diesmal wurden wir allerdings nicht auf dem Hosenboden angekettet, sondern auf dem Sattel. Nicht von strengen Vätern, sondern von einem überaus zornigen Wind. Die dreihundertfünfzig Kilometer, die sich vom Kaiserstuhl bis Koblenz vor unseren Lenkern aufbauten, sollten wir fortan tief gebeugt und buckelnd treten müssen, weil uns dieser Sadist an einem fort belästigte, ja, regelrecht quälte.

Wie Rennradfahrer mussten wir oftmals in die ermüdende Unterlenker-Position gehen, um im Schneckentempo vorwärts zu kommen. Aber nicht, weil wir Gefallen am Klischee „Der Radfahrer buckelt nach oben und tritt nach unten" gefunden hatten. Nein, wir mussten nach oben buckeln und nach unten treten, weil wir auf dem topfebenen Rhein-Radweg an einem fort auf heftigsten Widerstand stießen.

Noch lange vor Karlsruhe kam es uns vor, als wollte uns ein strenger Nordwind den Weg in seine Heimat versperren. Noch schlimmer: verbarrikadieren.

Während unsere Beine dem Wind Meter für Meter abtrotzten, als Böen über Böen über uns hinwegfegten, wehrte sich unser Verstand gegen das Ersetzen des Wörtchens vorwärts durch windwärts. Diese Gleichung wollte uns nicht in den Kopf. Bis zu diesem Zeitpunkt gingen wir noch davon aus, dass das Umstandswort vorwärts dem Rad-Dasein seinen Sinn gibt. Ja, dieses kleine Wort benennt die Zielsetzung des Radfahrens, es definiert das Überwinden von Stillstand. Hingegen klingt windwärts defensiv und gar nicht bewegungsorientiert.

Wie wir uns windwärts in die Pedale krallten, mutierte das von jedem Radler heißersehnte Vorwärts zu einem utopischen Verlangen. Am Rheinufer wurde aus vorwärts windwärts – ein grausamer Umstand unseres Sattellebens. Wir konnten noch so tief buckeln, uns noch so heftig in die Pedale stemmen, die Kilometer unter den Reifen dehnten sich in die Länge als seien sie kein rechnerisches Maß, sondern so etwas wie fiese Gummibänder.

Für Budgetreisende sind Jugendherbergen ideale Unterkünfte, auch erfüllen sie als quirlige Begegnungsstätten einen guten Zweck. Aber für uns radelnde Windopfer waren sie noch viel mehr. Für uns wurden die Herbergen am Rhein zu Biwaks. Mehr noch, zu Hospizen. Vom ersten bis zum letzten Gegen-Wind-Kilometer lechzten wir nach dem Schutz ihrer Mauern. Wie Obdachlose sehnten wir uns nach den Nächten im Matratzenlager, selbst wenn sich die Stockbetten mit ihren graubraunen Decken alles andere als kuschelig anfühlten.

In den Nächten des kleinen Komforts regenerierten wir unsere Kräfte verblüffend gut. Nach jedem Kräutertee-Frühstück trauten wir uns wieder ins Freie, beseelt von der Hoffnung auf Rückenwind. Leider wurden wir in unserer kindischen Hoffnung maßlos enttäuscht und mussten uns Tag für Tag in Demut üben. Auch wenn wir manchmal den

Tränen nahe waren, buckelten wir im kämpferischen Geist der Jugend weiter, immer weiter gen Norden. Kein Fahrtag, keine Fahrstunde vergingen, ohne dass wir dem Gegenwind nicht hätten die Stirn bieten müssen.

Irgendwann ist jeder mürbe. Uns versagten die Kräfte am Deutschen Eck. Am Zusammenfluss von Rhein und Mosel war es um unsere Ausdauer geschehen. Schließlich hatten uns auf dem gesamten, leicht abfallenden Uferradweg immer wieder die Böen geneckt, gepiesackt und schließlich, am fünften Tag, zu Boden gerungen. Der Sumo-Ringer unter den natürlichen Feinden des Radfahrers bezwang uns leichte Athleten schließlich und wir gaben auf. Koblenz erreichten wir mit letzter Kraft, auf dem Zahnfleisch kamen wir auf dem Parkplatz der hoch liegenden Jugendherberge an. Auf den letzten gepflasterten Metern zur Festung Ehrenbreitstein hinauf, schoben wir die Räder keuchend, mit einem Gefühl von Pudding in Armen und Beinen. Unvorstellbar, wie sich unsere ausgelaugten Knochen aufs Liegen freuten! Weitaus heftiger als unsere hungrigen Mägen auf das Herbergsessen. Doch kaum waren wir eingecheckt, bekamen wir es schon wieder mit einem mächtigen Gegner zu tun.

Nicht aus Aufmüpfigkeit verletzten wir die Hausordnung, nicht aus Renitenz. Vor Erschöpfung zitternd, verkrochen wir uns sofort nach der Anmeldung ins Matratzenlager, um wieder zu Kräften zu kommen. Da der Nachmittag aber erst begonnen hatte, ließ der Anschiss nicht lange auf sich warten. „Ein deutscher Junge legt sich mittags nicht hin! Das tut allenfalls der Itaker!", erzürnte sich der herbeigeeilte Herbergsvater und schickte uns mit grimmiger Miene nach draußen in den windigen Vorgarten, wo wir uns auf eine zugige Holzbank hinflegelten. Der Kasernenton hatte uns ausgelaugte Jungs derart eingeschüchtert, dass wir beschlossen, den Kölner Dom zu vergessen und am nächsten Morgen umzukehren.

Gleich nach dem Teefrühstück verstauten wir die Zahnbürsten und brausten grußlos davon. Von wegen brausten!

An der südlichen Stadtgrenze von Koblenz war es vorbei mit dem beflügelnden Wind aus dem Norden. Hatten wir auf der Hinfahrt noch gehofft, dass auf der Rückfahrt aus einem bremsenden Gegenwind ein schiebender Rückenwind würde, so sahen wir uns schon bald nach dem Verlassen der Stadt maßlos enttäuscht. Als wir unter dem Felsen der Lorely um das Rheinknie bogen, attackierte uns der Wind erneut so bestimmend von vorn, dass wir uns schreiend unterhalten mussten. Schwankend, den Rücken gekrümmt wie eine Brezel, quälten wir uns vorwärts: Meter um Meter! Meter, die sich wie in Zeitlupe zu einer mickerigen Anzahl von Kilometern addierten.

Mit einem Rauschen, manchmal auch Tosen in den Ohren, erlebten wir am Rhein unser erstes Rendezvous mit einem Element, das man gewöhnlich Luft nennt. Aber was heißt schon Luft?! Dieser schlichte Begriff führt in seiner Knappheit leicht in die Irre, weil wir ihn jeden Tag daher plappern, so als sei das Wörtchen Luft eine Banalität. Aber Banalitäten sind Luft und Wind keineswegs!

Im Gegenteil, hinter dem Begriff Luft verbirgt sich ein erhabenes Element von großer Tragweite. Von seinem Wesen her gehört es neben den Elementen Feuer, Wasser und Erde zu den vier Essenzen des Lebens. Die Größe und Macht dieses Elements wird offenkundig, wenn Turbulenzen im Äther auftreten, wenn aus Luftregungen Taifune oder Tornados entstehen, die gewaltige Verwüstungen und lebensbedrohliche Katastrophen anrichten können. Urplötzlich verwirbelt sich dann das Element Luft zu einer menschenfeindlichen Kraft der Natur und kann überaus bedrohlich und zerstörerisch werden. Selbstverständlich kann sich das mächtige Element auch in einem Lüftchen artikulieren, auch in einem hautfreundlichen Streicheln kann es sich verbergen. Selbst in einem zarten Kitzel, den der schwitzende Mensch während eines atmosphärischen Staus als gefälliges Fächeln empfindet.

Erstmals in meinem jungen Leben begegnete mir auf der Rhein-Tour das Element Luft ganz bewusst und existenziell. Als wolle es mich schulen, zeigte es mir seine groben, aber auch zärtlichen Eigenschaften. Und ich begriff in dieser Konfrontation, dass Bezeichnungen wie Gegenwind, Seitenwind, Rückenwind, Fahrtwind und Luftwiderstand lediglich pragmatische Begriffe sind, die lediglich sachlich die Eigenschaften dieses großen Elements klassifizieren. Aber erst viel später sollte ich verstehen lernen, dass die Luft mit all ihren Launen und Befindlichkeiten nichts Geringeres ist, als der große Atem der Natur.

Auf unserer Rückfahrt, die mir wie eine Kerkerhaft im Windkanal vorkam, schlichen sich natürlich auch weniger kluge Gedanken ins Hirn. Wir probierten am Sattelsitz herum und testeten die windschlüpfrigste Körperposition, um einerseits dem Gegenwind auszuweichen und andererseits den Rücken so weit wie möglich zu schonen. Und wirklich, wir kamen voran – windwärts gen Süden, gen Heimat. Vorderreifen an Hinterreifen fuhren wir im Windschatten und wechselten uns in der anstrengenderen Führungsposition ab. Wie wir gegen die Windböen anfuhren, beugten wir die Köpfe so tief über die Lenker, dass sich unsere Zähne im Chrom der Rohrstange hätten verbeißen können. Aber schon nach fünf gewonnenen Kilometern schmerzten uns der Rücken und die ausgestellten Ellbogen so sehr, dass wir wieder aufrecht fuhren und so erheblich mehr Luftwiderstand vor dem Brustkorb aufbauten.

In letzter Konsequenz retteten uns nicht die Muskelarbeit und unsere verbesserte Kondition, sondern eine geniale Erfindung deutscher Ingenieurkunst. Dank des Komforts einer Dreigang-Nabenschaltung namens Torpedo schafften wir die Heimreise in sechs Tagen. Bei jeder Windattacke schalteten wir vom dritten in den zweiten oder gleich in den ersten Gang und hätten aus Dankbarkeit vor den Erfindern von Fichtel & Sachs auf die Knie fallen können. Mal jammernd, mal fluchend über einen Wind, der uns mit der Zeit wie eine Luftverschwörung vorkam, erreichten wir schließlich den Ausgangspunkt unserer Tour im Windschatten des Ulmer Münsters.

Von großen Radausflügen hatten wir Windkämpfer erst einmal genug. Ja, selbst unsere Spritztouren wurden immer seltener. Da jeder fürs Abitur pauken musste, verloren wir uns aus den Augen und nie wieder sollten Kalle und ich gemeinsam dem Wind die Stirn bieten.

Sand in der Nabe

Wundersames hatte ich über die Tuareg gehört und auch gelesen. Diese Berber im Süden der Sahara seien nicht nur hochgewachsen, sondern hätten auch Augen mit einer stechend blauen Iris. Schwarze Haut und blaue Augen? Verwunderlich! Und ich fragte mich: entsprach dieser verblüffende Kontrast der Wahrheit oder der Legende?

Bekanntlich bilden Legenden das Aroma einer Speise namens Neugier, die mir außerordentlich schmeckt. Aber nicht nur aus Neugierde musste ich den blauen Augen von Afrika auf den Grund gehen, sondern weil auch ich über blaue Augen verfüge. Ich hatte also zwei gute Gründe, um mich auf das Abenteuer einer verwegenen Suche zu begeben. Per Autostop reiste ich via Algier in den Süden der Sahara.

Auf meiner Wanderung von Tamarasset ins bergige Hoggar bekam ich entsetzlichen Durst und trank des Nachts in einer Karawanserei Wasser aus einem zerbeulten Blecheimer, den ich an einem Seil aus einem Brunnenloch emporgezogen hatte. Eine Verzweiflungstat, die sich nur Stunden später als lebensmüder Fehlgriff entpuppen sollte.

Aus der Kälte der Nacht erhob sich der Sonnenball, als mich der schlimmste Durchfall meines Lebens, einhergehend mit Fieber, Schüttelfrost und Erbrechen, heimsuchte. Während sich das Sandbett, auf dem ich matt im blauen Schlafsack lag, unter der Morgensonne erwärmte, wurde mir so sterbenselend, dass ich glaubte, meine Eingeweide, aufgelöst in einer kloakenhaft stinkenden Brühe, im nächsten Augenblick ausstülpen zu müssen.

Unaufhaltsam gewann die rote Sonne an Kraft, während meine Kraft unaufhaltsam schwand. Die Hitze steigerte sich von Minute zu Minute und trocknete meinen Gaumen aus und ließ mich um Wasser flehen. Aber meine Vorräte waren aufgebraucht, ich hatte keinen Tropfen mehr zu trinken. Zum Brunneneimer schielte ich immer wieder hinüber, aber berühren und daraus trinken wollte ich auf keinen Fall mehr. An diesem Morgen war ich in der Wüstenhitze gefangen und wusste weder ein noch aus.

Inzwischen malträtierte die Sonne mein Gesicht und die ungeschützten Handrücken. Aber dieses Stechen schmerzte nicht so sehr wie der Brand im Bauch. Dort glühten die Eingeweide inzwischen wie befeuert. Als ich mich aufrichtete, traf mich die heiße Luft im Gesicht und es kam mir vor, als hielte mir ein ganz fieser Typ einen fauchenden Föhn vor die Fresse. Unendlich erschöpft und vom wässrigen Durchfall geschwächt, fiel ich auf meinen Schlafsack zurück und sofort fielen mir die Augen zu. Vor lauter Schwäche übermannte mich ein Dämmerschlaf, aus dem ich bald wieder fiebernd erwachte. *Wo bist du?* fragte sich mein verwirrter Kopf und augenblicklich musste ich mich übergeben. Als ich mich aus der erbrochenen Gallenlache auf den linken Ellbogen stemmte, gewahrte ich in einiger Entfernung etwas Flimmerndes. Beruhigend! Immerhin funktionierte die Wahrnehmung noch einigermaßen. Wie ich dieses flimmernde Etwas wahrnahm, musste ich an eine Fata Morgana denken.

Nein, keine Luftspiegelung, kein Trugbild des Fieberwahns narrte mich. Aus der Tiefe der sandigen Ödnis näherte sich der Schemen einer hohen Gestalt, zügig kam der milchige Schemen näher. Wie er sich im flirrenden Licht auf dreißig Meter angenähert hatte, erkannte ich, dass die hoch aufragende, vermummte Gestalt in einem blauen Kaftan steckte. Mit ganzer Willenskraft strengte ich mich an, die näher kommende Gestalt zu fokussieren. Auf einmal sah ich sie ganz klar: Ihre Arme waren nach vorne ausgestreckt und der Kopf war von einem schwarzen Turban umhüllt. Vom dunklen Gesicht waren nur die Augen zu sehen. Selbst im Fieberwahn verwirrte mich die Gestalt ganz ungemein, denn seltsam erhöht über dem Sand kam sie auf mich zu. Endlich begriff mein tumber Kopf: Der Kaftan-Mensch saß – sah ich das richtig? – auf einem Esel aus Draht. Ein Trugbild meines fiebrigen Hirns? Nein! Von vorne erblickte ich am Boden liegend ein Fahrrad mit einem Menschen darauf. Einen Fahrradfahrer! Und das inmitten von Sanddünen, umhüllt von flirrender Hitze!

Nun ist bekanntlich ein Zweirad nicht gerade das passende Gefährt in ariden Gebieten, wo sich feinkörniger Sand zu haushohen Dünen türmt. Aber dieser Umstand kümmerte den Kaftan-Menschen anscheinend nicht, geschickt im fließenden Sand manövrierend, radelte er mit heftigen Lenkausschlägen geradewegs auf mich zu. Artistisch balancierte er, den Oberkörper nach rechts und links neigend, und schaffte es tatsächlich, das metallschwarze Gefährt bis dicht vor mich hin zu lenken. Da der lockere Sand mächtig bremste, brauchte er nicht mit dem Rücktritt zu bremsen, sondern musste einfach die nackten Fußsohlen im Sand abstellen. Als er schließlich über mir stand, das Fahrrad zwischen den Beinen, musterten mich seine schwarzbraunen Augen durch den Turbanschlitz mit einem stechenden Blick.

Hoffentlich hilft er mir, einem weißen Mann! In Gedanken flehte ich und stammelte „l'eau!" Das sagt man in der algerischen Sahara, die einst französisch war, wenn man nach Wasser verlangt.

Wortlos reichte mir der Fahrradmann seine holzbraune Hand und zog mich mit einem Ruck vom Schlafsack hoch. Noch immer hatte er das Rad zwischen den Beinen. Mit einem Nicken deutete er mir an, mein mickeriges Gepäck auf dem rostigen Gepäckträger festzuklemmen und mich vor ihm auf die Querstange zu setzen.

Leichter gesagt als getan.

Wäre ich fit gewesen, hätte ich einfach die Fersen angehoben, mich auf die Zehenspitzen gestellt und lächelnd mein Hinterteil auf dem Oberrohr platziert. Lächelnd, weil mich dieser „Damensitz" an lustige Fahrten mit Kalle erinnert hätten.

Als Gymnasiasten hatten wir uns eine Zeitlang mit einem Fahrrad begnügen müssen, weil Kalle wegen ungenügender schulischer Leistungen einen Sommer lang ohne sein Rad hatte auskommen müssen.

Aber jetzt, mitten in der Wüste, geschwächt von einem höllischen Durst, von Durchfall und Erbrechen, hievte ich mein Hinterteil wie eine Tonnenlast auf die Querstange. Vor Schwäche bog sich mein Oberkörper wie eine gekeulte Schweinehälfte über den Lenker, auf dem ich mich mit zittrigen Händen abstützte. Kaum hing ich auf dem Rohr, überkam mich ein Anfall von Schwindel. Erneut wurde mir kotzübel und ich drohte, ohnmächtig zu werden. Klar, der Körper war alarmierend dehydriert und mein Zustand mittlerweile schon kritisch. Meine schlimme Verfassung musste der Tuareg erspürt haben, denn ohne sich noch länger aufzuhalten, schob er das Fahrrad kräftig an und trat noch im Stehen in die Pedale. So heftig, dass die trockene Kette wie ein getretener Hund aufjaulte und auf den nächsten Metern bei jeder Umdrehung jämmerlich quietschte.

Dicht über mir bewegte sich der Turbankopf und ich konnte den Tee-Atem riechen, in den sich der holzige Lagerfeuergeruch des Kaftans mischte. Der radelnde Tuareg musste sich gehörig anstrengen, denn die Piste verlief über körnigen Sand, der unter den Reifen wie verschütteter Zucker rieselte. Als wir Fahrt aufnahmen, schrappte und mahlte der Sand andauernd in der Nabe. Das Treten war derart anstrengend, dass mir der Schweiß von seiner Stirn heiß auf den Rücken tropfte. An Stellen, wo Sandverwehungen wie Kissen über der festgefahrenen Piste lagen, stieg er ab und schob das Fahrrad mit mir, dem kranken Bündel, über die tückisch wegfließenden Bodenwellen. Der verhüllte Tuareg musste unter dem Kaftan viel Muskelkraft besessen haben, wie er das schwere Rad, an dem eine Schaltung fehlte, und mich über die Sandbarrieren schob.

Zu seinem Glück und meinem Leidwesen wurde der Untergrund bald fester und steiniger. Erneut stieg er in den Sattel und trat so kräftig in die Pedale, dass das Tretlager erneut aufjaulte und andauernd krachte und knackte. Ich wurde durchgerüttelt und musste würgen und rülpsen. Schließlich bremste er vor einem grünen Tor, über dessen Bogen aus verbogenem und durchlöchertem Blech „Hòpital" stand, und übergab meine jämmerliche Wenigkeit einem herbeigeeilten schwarzen Pförtner.

In der Notaufnahme des Krankenhauses von Tamarasset diagnostizierte ein französischer Arzt „Choléra" und stach mir routiniert zwei Spritzen in den muskulösen Oberarm. Auf eine Liege gebettet, erhielt ich eine Nährlösung aus einer Infusion und hatte nichts Besseres zu tun, als im Liegen nach „l`eau" zu betteln. Aus dem Kühlschrank von nebenan erbat ich Glas um Glas klares Wasser. Welch eine Labsal, welch ein erfrischendes Kitzeln im ausgetrockneten Schlund! Den Geschmack habe ich mehr oder weniger vergessen und beschwören könnte ich nicht, ob es sich um ein Wasser von Evian oder Volvic gehandelt hat, oder um gefiltertes Brunnenwasser. Aber der Geschmack war auch nicht so wichtig. Viel wichtiger war die Erkenntnis, dass sauberes Wasser über Leben und Tod entscheiden kann. So lernte ich im französischen Krankenhaus von Tamarasset eine Lektion fürs Leben, denn Cholera kann tödlich sein.

Eine Schwester, deren Gesicht unter der weißgestärkten Haube wie aus schwarzbraunem Ton modelliert schien, führte mich in einen großen, von Windrotoren an der Decke gekühlten Saal. Auf der ganzen Saallänge baute sich eine Parade von weißbezogenen Stahlrohrbetten auf, in denen kein einziger Patient lag. Angekommen in der letzten Reihe, befahl sie mir unverständlich barsch, mich hinzulegen. Beim Anblick der blütenweißen Bettbezüge vergaß ich meine verdreckte Kleidung und warf mich, schwach wie ich war, augenblicklich auf die bügelglatte Bettdecke. Die Krankenschwester schimpfte nicht, aber resolut befahl sie mir auf Französisch: „Trinken Sie gut und sehr viel!"

Gerne folgte ich ihrer Anweisung, was mir aber aufgrund der Kühlschrank-Temperatur des Flaschenwassers überhaupt nicht bekam. Zum Leidwesen der Putzfrau spie ich das eiskalte Wasser in hohem Bogen wieder aus.

Wenn ich es mir recht überlege, gesundete ich allerdings nicht durch das Trinken, sondern dank der Spritzen und der Nährlösung aus dem Tropf. Nun gut, auch die fleischreiche Kost tat meinem ausgemergelten Körper gut und brachte mich wieder auf die Beine. Nach drei Tagen Bettruhe war ich über dem Berg und durfte das Krankenhaus von Tamarasset wieder verlassen.

Bereits am Folgetag wurde die Rechnung an die Adresse meines Vaters geschickt. Anstandslos bezahlte er die Forderung per Überweisung, wie ich später aus seinem Mund erfuhr. Gewiss hätte er lieber eine Postkarte von seinem Sohn erhalten. Aber bei langem Schweigen kann auch eine postalische Geldforderung aus der Fremde beruhigen, sagte ich mir, ist sie doch Beweis genug, dass der Sohn noch am Leben ist. Allerdings im Reinen mit mir war ich noch lange nicht. Noch viele Jahre später belastete mich, dass ich den Tuareg nie wiedersehen sollte und ihm bis heute Dank schulde. Dafür ist mir die Erinnerung an die Rettung wie unter die Haut tätowiert.

In Afrika habe ich hautnah erlebt, dass ein Fahrrad nicht nur das Leben sichern, sondern auch Leben retten kann. So schwor ich nach meiner Genesung, das universelle Gefährt mit den zwei Rädern mein Leben lang in Ehren zu halten.

Schätzchen mit Schweißnaht

In den siebziger Jahren führte Amerika Krieg in Vietnam und in Westberlin organisierte die Studentenbewegung den Widerstand gegen diesen Krieg. Auf dem Höhepunkt des US-Bombardements waren Vietnamesen ins Audimax der Technischen Universität gekommen, um über ihren Guerillakampf zu berichten. Unter dem Beifall Tausender Westberliner Studenten und Bürger schilderten die Genossen des Vietkong den Überlebenskampf ihres Volkes. Wie sie kämpferisch sprachen, entdeckte ich, der ich in der Frontreihe saß, das gefährliche Blitzen in ihren geschlitzten Augen und zweifelte keine Sekunde an ihrer Kampfentschlossenheit gegen die hochgerüstete US-Armee.

Nun beließen es die Genossen nicht beim Wehklagen über das mörderische Entlaubungsgift Agent Orange und über Napalm-Brandbomben aus der Luft, sondern berichteten auch von einer Geheimwaffe ihres Widerstand am Boden: von Tausenden französischen Peugeot-Rädern, mit denen Zivilisten und Soldaten den Nachschub des Nachts auf dem legendären Ho-Chi-Minh-Pfad zwischen dem Norden und dem Süden organisierten.

Das Fahrrad als Guerilla-Waffe gegen eine todbringende Flotte aus B-52-Bombern – das gefiel dem Revoluzzer in mir und an diesem Abend erlebte ich im brodelnden Saal der TU, inmitten kämpferischer Solidarität, ein Déjà-vu: das Fahrrad als Leben sicherndes und Leben rettendes Vehikel. Den festen Entschluss, mir wieder ein Fahrrad zu besorgen, mehr noch, ein Rad in mein Leben zu integrieren, nahm ich von dieser Großveranstaltung mit nach Hause.

Am nächsten Morgen steckte ich zwanzig D-Mark in die Lederjacke und bestieg am Sophie-Charlotte-Platz die

S-Bahn. Anstatt nach Dahlem zur Freien Universität fuhr ich nach Kreuzberg, dorthin, wo in jenen aufgewühlten Jahren des Studentenprotests die Mauer die deutsche Hauptstadt teilte. Die Gegend um das Kottbuser Tor kannte ich vom Flugblattverteilen. Doch diesmal war keine Agitation im Spiel. An diesem Sommermorgen war ich in privater Mission unterwegs. Mich zog es in die Trödelkeller in der Reichenberger Straße.

Für einen Studenten mit wenig Geld waren die Keller der Alträucher wahre Schatzkammern. Wer die Schlüsselverwahrer dieser Keller näher kannte, begegnete ihnen mit größtem Respekt, denn nicht die belesenen Kuratoren der Berliner Museen waren die eigentlichen Erbwächter des preußischen Kulturbesitzes, sondern diese verschrobenen Kellergeister. Sie verfügten über ein enzyklopädisches Wissen und unglaubliche Hinterlassenschaften versunkener Zeiten. Bleich und wortkarg wirtschafteten sie in randvollen Magazinen im Tiefparterre der grauen Kreuzberger Häuser der Reichenberger Straße. Unter der Erde, geschützt vor Lärm und Sonnenlicht, lagerten im Schein nackter Glühbirnen schwarze Katzenfell-Mäntel, Holzpropeller von vorsintflutlichen Flugmaschinen, Pickelhauben von preußischen Wachmeistern, Überseekoffer von US-Soldaten, Zierdegen von deutschen Offizieren und Gasmasken der Wehrmacht. Natürlich auch jede Menge Stuckmöbel aus ostpreußischen Schlössern, viktorianische Waschbecken und Badewannen, emailliert oder aus Zink.

In einem dieser Keller wurde ich hinter einem Berg von Bananenkartons mit alten Zeitschriften des Simplicissimus fündig. Hinter einem mannshohen Papierhaufen von Satire entdeckte ich ein staubiges Produkt der ehrwürdigen Marke Miele. Nein, keine Waschmaschine, sondern ein Herrenrad. Da ich nicht als Raritätensammler zum Stöbern gekommen war, enttäuschte es mich nicht, dass es kein Wanderer, kein Adler und auch kein Opel, sondern ein hunderttausendfach gebautes Fahrrad jener Marke war, die in den fünfziger Jahren noch entwaffnend ehrlich warb „Du kommst sehr schnell und leicht zum Ziele, fährst du ein Fahrrad der Marke Miele".

Der rostrot emaillierte Rahmen und die braunen Schutzbleche, der vernickelte Lenker und die bauchige, recht pickelige Frontlampe sahen nicht gerade hübsch, aber solide eingefahren aus. Nur der Dynamo am Vorderrad war ausgetauscht worden und glänzte jugendlich frisch. Über den Ledersattel auf klobigen Spiralfedern musste ich grinsen, denn leicht hätten zwei meiner Hinterteile auf ihn gepasst. Wie ich den speckigen Sitzlappen aus Hartleder unter die Lupe nahm, musste ich an einen bayerischen Melkschemel denken.

Aufgeregt wie ein Jugendlicher beim ersten Rendezvous, schichtete ich die Kartons beiseite. Nach der Umräum-Aktion sah ich mich kurz nach dem Kellergeist um und war beruhigt. Der Weißbärtige saß stumm auf der untersten Treppenstufe am Eingang und las in einer Schwarte.

Mit der flachen Hand wischte ich über Sattel und Lenker. Den fettigen Schmutz strich ich am Hosenbein ab, dann hob ich den schweren Rahmen zehn Zentimeter hoch und ließ ihn senkrecht nach unten fallen. Das Miele schlug auf dem Steinboden auf und schepperte wie ein metallenes Skelett in einer Geisterbahn, das die Besucher das Gruseln lehren soll. Vom langen Stehen waren die Schläuche der gut profilierten Gummireifen luftleer und platt. Aber ich war keineswegs enttäuscht, denn als ich am rostroten Rahmen hinabschaute, tat mein Herz einen freudigen Satz. Auf dem Unterrohr hing, zwischen zwei Nippeln eingespannt, eine gut lesbar etikettierte originale Miele-Luftpumpe. Erwartungsvoll nahm ich sie aus der Halterung und begann behutsam die Reifen aufzupumpen. Erstaunlich! Die Ventile waren in Takt und die Schläuche kein bisschen porös. Mit jedem Pumpstoß füllten sich die Reifen ein bisschen mehr und wider Erwarten sollten sie die frisch hineingepresste Luft in den bejahrten Schläuchen bis hinüber nach Charlottenburg bewahren, wo ich mit Frau und Kind in einer Wohngemeinschaft lebte.

Das Miele musste ich haben! Inzwischen bildete ich mir gar ein, dass es hinter den Bananenkartons auf mich schon lange gewartet haben musste. Entschlossen beförderte ich es über viele Kartons hinweg zur Ausgangstreppe und hielt, einen Tick zu dreist, dem Alträucher einen blauen Zehn-Mark-Schein unter die Nase. „Mehr hab ich nicht! Ich bin Student. Wenn Sie mir nicht glauben, zeig ich Ihnen meinen Studentenausweis. Außerdem hab ich ein Kind zu ernähren."

Der Zottelbart grummelte wie der Berliner eben grummelt und schwieg.

„Schauen Sie, es hat ja nicht mal eine Schaltung!", sagte ich auf sein Grummeln hin versöhnlich.

Wieder grummelte der Trödler und rieb sich die Nase, dann nickte er und entließ den armen Studenten.

Als ich das rostrote Rad an der Sattelhüfte und am Lenkerhals packte, um es die Kellertreppe hinaufzuwuchten, wurde mir schnell klar, dass zwischen uns keine Liebe entflammen, höchstens ein Zweckbündnis entstehen würde. Überhaupt, was war schon Liebe? Vermutlich ein hormoneller Gemütsirrsinn! In Zeiten der Studentenrevolte kam es nicht auf Gefühle und Empfindungen, sondern auf das Zweckmäßige und Funktionale an. Ja, in Zeiten, da es in meinem Leben wie in einem sich schneller und schneller drehenden Speichenkranz zuging, musste alles – der studentische und politische Alltag, der Einkauf, die Frau, das Kind, eben alles funktionieren. Nun auch das Miele mit seinem abgeschrappten Rahmen, seinem pickeligen Lenker und seiner bockigen Rücktrittbremse.

In unserem Mietshaus in Charlottenburg parkte ich das Rad anfangs im vollgestellten Hinterhof neben den Aschentonnen. Ja, verbeulte Aschentonnen hüfthoch und vier an der Zahl machten sich da anstelle von Efeu und Knöterich breit. Die hohen Eimer waren nötig, denn zwischen November und Februar heizten alle im Mietshaus mit Briketts. Aber nicht nur wir verqualmten den Winterhimmel über Berlin. In West und Ost drängten üble Rußschwaden durch die Schornsteine in den

Himmel und machten die Berliner krank. An allen Ecken wurde gehustet und geschnieft. Immer in den Wintermonaten kam es zu einer Wiedervereinigung der besonderen Art: das Grippe-Virus verwandelte die geteilte Stadt in ein einziges Jammertal.

Als es unserem Max trotz zahlloser Arztbesuche und immer neuer Antibiotika-Verschreibungen richtig dreckig ging und er Tag und Nacht bellend hustete und fieberte, war die ganze Wohngemeinschaft alarmiert, weil nicht nur die Eltern, sondern das gesamte sorgende Kollektiv bei unserem Herzstück eine Lungenentzündung befürchtete. In einer Aufwallung von Verzweiflung und unbändiger Wut warfen wir Antibiotika und Fieberzäpfchen, Hustensäfte, Salben und Pastillen in den Müll und entfleuchten für zwei Wochen nach Dänemark.

Am Meer geschah das Wunder. Die Kinderbronchien beruhigten sich, der Schleimauswurf versiegte, der bellende Husten verlor sich in schwerem Atmen und schon bald war die Entzündung der Atemwege wie weggepustet. Wie die Allgäuer Bergluft einst meinen Keuchhusten, so hatte die Seeluft die chronische Bronchitis meines Sohnes geheilt. In den Nordseedünen entdeckten wir, dass es noch ein Leben jenseits des straff getakteten Funktionierens und Rebellierens gibt. Erholt und mit einem gesunden Kind auf dem Arm, kehrten wir über die Transit-Autobahn nach Westberlin zurück.

Während unserer Flucht ans Meer war vom Bezirksamt ein Brief eingetroffen, in dem uns amtlich mitgeteilt wurde, dass Max ein Platz in einem städtischen Kindergarten zustehe. Welch eine finanzielle und arbeitstechnische Entlastung! Sogleich entschuldigte ich mich bei den WG-Genossen, ich könne nicht am längst überfälligen Wohnungsputz teilnehmen, ich müsse mein Miele für den Kindertransport herrichten, das erfordere einen größeren und zeitraubenden Umbau. Damit gaben sie Dagmar, Christiane, Wilfried und Werner murrend zufrieden und entließen den Drückeberger.

Für meinen Plan brauchte ich einen Schlosser, der möglichst nichts kostete. Durch die Flucht nach Dänemark klaffte nämlich in unserer Gemeinschaftskasse ein Loch. So schlimm war die Finanzlage der jungen Familie, dass ich mich heimlich an unserem kollektiven Sparschwein verging. Zum Glück fand ich rasch einen Schlosser im Adressteil des Branchenbuchs.

Die Westberliner Hinterhof-Werkstätten besaßen damals noch kein Loft-Potential. Zu Zeiten der Studentenbewegung waren sie noch die Tummelplätze der Bastler und Hobby-Erfinder. Kaum vorstellbar: mitten im bürgerlichen Stadtviertel Charlottenburg fand ich eine Schlosserei, in der ein Handwerksmeister und sein Geselle in Lederschürzen an einer fauchenden Esse hantierten. Als ich das Rad durch ein Eisentor in die Werkhalle schob, beizte mir augenblicklich Rauch in den Augen. Wie eine Schwarte hing die Luft im eingeschwärzten Raum und es roch nach Brikettbrand, Schmierfett und schweflig nach faulen Eiern. Mitten in der Düsternis, nur durch eine Dachluke beschienen, stand ein Autogen-Schweißgerät mit zwei mannshohen Stahlflaschen, eine für Acetylen, die andere für Sauerstoff. Wie aus einer apokalyptischen Zukunft hierher verpflanzt, kam mir die Apparatur vor. Verschüchtert, aber nicht untypisch für einen Kopfarbeiter, trat ich näher und öffnete über dem Durcheinander auf einer Werkbank die mitgebrachte Plastiktüte. Darin befand sich ein blecherner Kindersitz, den ich günstig in einem Fahrradladen in der Gneisenauer Straße gekauft hatte.

Diese graue Popo-Schale müsste zum Transport meines Juniors auf der Querstange des Rads befestigt werden, so fest, dass das Kind nicht verrutschen konnte, erläuterte ich dem stumm lauschenden Meister und schob das Miele dicht vor ihn hin. Wie ich meinen Wunsch ziemlich akademisch vortrug, vermutete ich in meiner metallurgischen Unwissenheit, dass sich Stahl und Blech besser zusammenschweißen als verschrauben lassen.

Kaum, dass der Schlosser die Blechschale in der Hand wiegte, tadelte er mich als sei ich sein Lehrling: „Junge, hast du nicht mitbekommen, datt en Fahrradrahmen innen hohl und aus Stahl mit wenig Kohlenstoffanteil is? So en Stück kannste nich so mir nichts, dir nichts schweeßen."

Ich runzelte die Stirn. Aber ich gab nicht auf: „Und löten?"

„Dat kannste dir gleich abschminken, datt hält nur bis zur nächsten Ecke!"

„Also, dann schweißen wir's."

„Wir? Wenn ener schweeßt, dann icke! Du trittst einen jans großen Schritt zurück... Also dann will ick mal." Adleraugen bohrten sich in meinen belämmerten Blick. Der Meister legte die Stirn in Falten und grummelte: „Aber nur auf dene Verantwortung, klar?"

Ich nickte und trat in den Hintergrund. Der alte Meister entzündete mit einem Knall den Brenner, regulierte am Kranzventil das Gasgemisch und dann den Gasdruck, bis sich die orangefarben tanzende Fackel in eine blaue, giftig zischende Stichflamme verwandelte. Nun zog er das Schutzschild mit dem dunklen Guckfenster vor das verschmierte Gesicht und hielt einen Schweißdraht auf die zuvor markierte Stelle, knapp hinter dem Lenkervorbau. Kaum, dass der Rahmen an der erhitzten Stelle zu glühen anfing, brach ein Loch auf, als sei der Stahl aus Pappmaché. Plötzlich sah es ziemlich schlecht für mein Kindersitz-Unternehmen aus.

Aber der Meister wäre kein Meister gewesen, hätte er es nicht geschafft, die blecherne Popo-Schale im zweiten Schweißgang am Stahlrohr zu fixieren. Zwar nicht an der markierten Stelle, aber ein bisschen weiter hinten. Hauptsache waagrecht und nicht schepps, besänftigte ich den Nörgler in mir. Während die Schweißnaht ausglühte, ging ich in die Knie und sah mir das Werk von schräg unten an. Na ja, die Naht um den Sitz glich einem aufgequollenen, aschgrauen Kerzenstummel und hielt gewiss keiner Ingenieurbeurteilung stand. Aber von oben betrachtet verdeckte der Kindersitz das übel verletzte Oberrohr. Ich rüttelte und zog an der Schale. Okay, sie hielt und verdrehte sich nicht. Während ich seine Aktion kritisch überprüfte, führte der Schweißmann die blau züngelnde Stichflamme knapp unter seine Nase und zündete sich einen Glimmstängel an. Nach einem tiefen Zug aus der filterlosen Reemtsma grummelte er: „Macht fünf Mark!"

Fünf Mark fand ich unangemessen viel für fünfzehn Minuten Improvisation. So gab ich ihm zwei Mark auf die Hand und wortlos gab er sich mit den paar Kröten zufrieden. Hurtig, bevor er es sich anders überlegen konnte, schob ich mein Schweißnaht-Schätzchen durchs Eisentor aus der Halle, nahm zwei lange Anlaufschritte und schwang mich noch im Hinterhof in den Sattel. Durch ein aufgeklapptes Tor radelte ich erleichtert auf die belebte Straße hinaus, bog auf eine blühende Lindenallee ein und nahm das Portal des Charlottenburger Schlosses aufs Korn.

Inzwischen konnte ich es kaum erwarten, mein Söhnlein mit dem kindgerecht aufgemotzten Miele zu überraschen. In bester Laune holte ich Max früher als üblich vom Kindergarten ab. Sein fröhliches Geplapper hätte die Mama, ja, die ganze WG mal hören sollen! Dieses gurrende Kinderlachen, als Max im improvisierten Sozius vor Papa auf der Stange saß und sich, das blonde Köpfchen in alle Richtungen reckend, durch die Gegend chauffieren ließ.

Heutzutage würde ein fürsorglicher Vater die Hände über dem Kopf zusammenschlagen, wenn er den frontal montierten, blechernen Kindersitz unter die Lupe nehmen würde. In puncto DIN-normierter Sicherheit ist inzwischen viel passiert und das zurecht, denn der Verkehr ist schneller und gefährlicher geworden, was aber auch neue, größere Ängste bei den Radfahrern hervorgebracht hat. Wenn wir Genossen uns damals ängstigten, dann vor den Wasserwerfern der Berliner Polizei und ihren Tränengas-Granaten, nicht aber vor solch einer Bagatelle wie einem Fahrradunfall. Natürlich hätte diese Verharmlosung schlimme Folgen haben können. Bei einem Aufprall auf eine achtlos geöffnete Autotür wäre der kleine Körper zu einem Katapult geworden und im schlimmsten Fall hätte sich das in einem hohen Boden über den Lenker geschleuderte, helmlose

Kind ein Schädeltrauma zugezogen. Aber solch ein Szenario verdrängte ich damals, umso deutlicher sehe ich es heute vor mir und wundere mich über meine Nachlässigkeit. Damals überließ ich den Anderen das Grübeln über Unfälle, die vielleicht, eventuell und möglicherweise hätten passieren können. Mir kann so etwas nicht unterkommen, dachte ich selbstgefällig und radelte mit Sohnemann einfach drauflos. So sollte ich eines Tages für meinen Leichtsinn einen Denkzettel bekommen.

Auf unseren Ausfahrten kam es mir vor wie ein Geschenk, als mein Steppke nach rechts und links und geradeaus guckte, lachte, mit den Beinchen strampelte und mit seinen Fäustchen am Lenker rüttelte. Ich spürte förmlich seine Begeisterung über den freien Blick auf alles, was vor seinem Gesichtsfeld zappelte, ratterte und zischte. Wie er vor Begeisterung strampelte und mit den Füßchen schlenkerte, wurde mir schnell klar, dass an der Vorderradgabel noch zwei kleine Stützen fehlten. So besorgte ich mir im Radladen am Savignyplatz klappbare Tritte und schraubte diese an der Gabel oberhalb des Dynamos fest.

Da das Miele ein Herrenrad war, spielte es sich ein, dass immer der Papa den Steppke-Transport in den städtischen Kindergarten übernahm. Das „Männer-Ritual" gefiel dem kleinen Mann und erstaunlich schnell lernte er sich zu orientieren. Unseren Einkaufsladen Bolle erkannte er bereits nach einer Woche und die Kindergarten-Route durch die Dankelmannstraße, von der aus wir in die Nehringstraße abbogen, war ihm schon bald so vertraut wie Papas Schnurrbart. Plappernd wie ein lebendes GPS saß er vor Papas Brust auf dem Rad und freute sich tierisch über jeden Hund, der an einem der vollgekackten Straßenbäume das Bein hob. Allerdings wurde er stiller und stiller, je näher wir dem Kindergarten kamen. Meistens zu Wochenbeginn wollte er um keinen Preis zu den „Tanten" und weinte schon, als er um den Bauch gefasst und in seinen Sitz gehoben wurde. Doch Papa ließ sich nicht erweichen und radelte unbeeindruckt los, um pünktlich im Hort anzukommen. Auf der letzten Wegstrecke ging das immer lauter werdende Weinen von Max im tosenden Verkehrslärm unter, denn der Kindergarten lag an der Ausfallstraße nach Spandau, am Spandauer Damm.

Einmal fing Max auf einer Montagsfahrt so wild an zu strampeln, dass er ein Beinchen in die Speichen brachte und dieses sich im Fahren verklemmte. Ein mordsmäßiger Schrecken durchzuckte mich, wie ich das verwurstelte Kinderbein vor mir zwischen den Speichen sah. Ruckartig warf ich mein ganzes Körpergewicht auf die Rücktrittbremse. Sie jaulte auf, blockierte quietschend und stoppte uns derart abrupt, dass ich nur durch Abspringen einen Sturz verhindern konnte. So schnell war ich noch nie aus dem Sattel gekommen, so schuldbewusst hatte ich noch nie ein Fahrrad zum Stillstand gebracht. Mit einer Hand den Lenker in der Mitte haltend, drehte ich mit der anderen das Vorderrad ganz sachte rückwärts. Das Kind brüllte wie am Spieß und schrie panisch „Mama, Mama!"

Schon glaubte ich, im Rücken die Tanten aufmarschieren zu hören. Mit zitternder Hand schob ich das befreite Beinchen auf den kleinen Tritt zurück und versprach dem lädierten Kind ein Eis. Nein, ein ganz großes Eis mit einem Berg Sahne.

Nur meiner Blitzbremsung war es zu verdanken, dass das Beinchen unter der Gabel und dem Schutzblech hervorgezogen und aus dem Speichenkranz herausgedreht werden konnte. Dank meiner guten Reaktion war außer einer kleinen Verstauchung, die im Kindergarten mit essigsaurer Tonerde gekühlt wurde, nichts Schlimmeres an Sehnen und Knochen passiert. Auf der Heimfahrt, die ich solo und in düsteren Gedanken absolvierte, fragte ich mich: war der glimpfliche Ausgang das Verdienst meiner guten Reflexe oder hatte auch das Rad seinen Beitrag geleistet? Hatte es womöglich durch seinen gutmütigen Charakter Schlimmeres – einen Muskelriss oder gar eine Fraktur – verhindert?

Mein Miele, so unschön es mit dem zersessenen Arschbacken-Sattel, dem rostroten Lack, dem graublechernen Kinderschalensitz und den pickeligen Chromteilen an der Hauswand lehnte, besaß Charakter und jeder Kratzer dokumentierte eine Lebenslinie. Wenn ich es für eine flüchtige Besorgung kurz abstellte, lehnte es sich immer müde und abgezehrt an eine Mauer oder ein Verkehrsschild. Versöhnlich sah ich über seinen erschöpften Zustand hinweg, hing er doch mit den zigtausenden Kilometern zusammen, die auf jedem seiner Kettenglieder lasteten. Aber trotz aller Schäbigkeit, trotz aller Gebrauchsspuren – die deutsche Ingenieurkunst, vor allem Solidität und Zweckmäßigkeit, formten den wahren Charakter meines Schätzchens.

Pragmatisch ging ich mit seinem abgehalfterten Outfit um und nach einer gewissen Gewöhnungszeit war ich sogar dankbar, weil ich Miele ohne abzuschließen oder anzuketten überall stehen lassen konnte. Obwohl ich das Rad nicht an- oder abschloss, wurde es nicht geklaut. Nie sollte ich erfahren, ob sich das freizügig geparkte Rad für meine Toleranz revanchierte und sich einem Diebstahl verweigerte. Oder ob die Westberliner Fahrraddiebe einfach keinen Gefallen an ihm fanden. Auch wenn Miele vermutlich keine Seele hatte, verband uns doch ein Gefühl von gegenseitiger Abhängigkeit, von Geben und Nehmen.

Nach dem Unfall rückten wir, das Rad, mein Sohn und ich, enger zusammen. Miele wurde nun von uns beiden wöchentlich geputzt und geölt und bei drohendem Regen vorsorglich im Hausflur geparkt, was den Nachbarn natürlich nicht gefiel. Auf ihr Protestieren erwiderte ich nur: „Sie stellen ja auch ihren Kinderwagen im Flur ab!"

Am liebsten wäre ich ihnen über den Mund gefahren und hätte schlichtweg gesagt, was ich mir dachte: Das Rad muss gut versorgt sein, es ist mein Kind. Hätte ich so geredet, hätten sie mich gewiss für völlig durchgeknallt gehalten. Ein Fahrrad als Kind? Das geht ja gar nicht! Oder doch?

Unter Chinesen

Schnell zu fahren bereitete mir das allergrößte Vergnügen. Den Pedalen so richtig die Sporen zu geben, das machte mir immer mächtig Spass. Kaum, dass das Säuseln in der Luft zu einem Rauschen anschwoll, kaum dass das Rad durch lässiges Schalten mächtig an Schwung gewann, fing mein Herz an zu triumphieren. Unumwunden gebe ich zu, dass mein Credo Tempojagd hieß. Ja, darin erschöpften sich Sinn und Zweck meines Fahrens, meines früheren Fahrens auf dem Rad.

Aber schnell unterwegs zu sein, liebte ich nur bis zu dem Tag, als etwas passierte, was mir den Spass am *speed* gehörig vermieste. An einem Sonntag im Juli kam mir die Tempojagd plötzlich als unverantwortlich gegenüber den Anderen vor. Auch als stressig und wirklich nicht lohnend.

Die Sonne scheint und die Urbanauten verlassen schon früher als sonst die Enge ihrer Wohnkapseln. Die einen setzen sich unverzüglich in ihre Autos und fahren von der Haustür weg ins Grüne. Andere verladen ihre Fahrräder in den Kombi oder aufs Autodach, um komfortabel und ohne Kraftaufwand zum Radfahren ins Grüne zu kommen. Nur die echten Alternativen besteigen unmittelbar an der Haustüre ihre Räder. Dieses Verhalten in meiner Nachbarschaft sehe ich nur aus den Augenwinkeln. An diesem Sonntag interessieren mich die Automobilisten nicht im Geringsten. Sollen sie doch in ihren Blechkapseln aus der Stadt rollen, sage ich mir, heute komme ich mit ihnen nicht ins Gehege. Heute will ich mit dem Rad nur auf Radwegen unterwegs sein und der Großstadt ganz autonom den Rücken kehren.

Wie ich an einen dieser Radwege heranfahre, muss ich auf den letzten Metern bremsen. Zu meinem Erstaunen herrscht auf der speziellen Spur zwischen den Bäumen neben der

Autotrasse bereits reger Verkehr. Ich gebe Acht und bremse sachte, rückwärts tretend lasse ich das Rad an den vorbeiziehenden Pulk heranrollen, während ich nach einer Lücke im Strom der Radler Ausschau halte. Jetzt! Los! Mit einem Ruck stemme ich mich in die Pedale, schalte hoch und fädele mich im Wiegetritt in den Verkehr ein. Kaum vorstellbar, auf einem Radweg gen Süden geht es an diesem Julisonntag so lebhaft zu wie samstags an allen Sammelkassen von OBI, Aldi und Lidl zugleich.

„Achtuung! Pass doch auf!", bellt einer von hinten.

Vor Schreck reiße ich den Lenker nach rechts. Wusch! Schon ist der wilde Hund an mir und an einem plappernden Ausflugsgrüppchen vorüber.

„Pass du auf!", rufe ich ihm erbost hinterher. Also bitte! Einen so zu erschrecken! Um Speichenbreite hätte er mich umgemäht. Gewiss wäre ich zu Boden gestürzt, weil meine Füße in Klickpedalen stecken. Immerhin bin ich jetzt hellwach und ganz bei dem Gewusel. Zügig trete ich an und manövriere mich auf dem Radweg voran. Nein, auf dem Radweglein, das gerade mal zwei Lenker nebeneinander duldet. Auf einer Länge von vierhundert Metern ist die urbane Hauptradader auf die Breite von zwei Lenkern zusammengeschnurrt, zu einem Nadelöhr, zu einem Asphaltstreifen, der nicht mehr als ein Meter vierzig in der Breite misst. Unvorstellbar! Für solch einen überbordenden Verkehr!

Im Sonnenschein knubbelt sich vor meinem Lenker eine Patchwork-Familie: unter Helmen, barhäuptig oder mit Base Caps tief in der Stirn; in Jeans, kurzen Hosen und knallig bunten Trikots aus Elastan; mit grünen Anhängern von Croozer Kid, unter deren plastifizierten Planen staunende Kinderaugen hervorschauen; mit hechelnden Hunden bei Fuß. Und mitten im Gewusel ziemlich viele Ein-Hand-Lenker, verbotenerweise mit dem Handy am Ohr. Ab und an die Gegenfahrbahn benutzend, zischen Rennradler in gebeugter Emsigkeit vorbei, als gelte es einer Doping-Kontrolle zu entwischen.

Eigentlich lädt das Ausflugswetter zum Genießen und beschaulichen Cruisen ein. Warum nur diese Hatz? frage ich mich und passe mein Tempo an das Tempo der Väter und Mütter mit den Kindersitzen hinter sich an. Von Familien umringt, werde ich zunehmend gelassener und werde sogleich mit Entspannung belohnt.

Gut sichtbar springt die Ampel für die Autos vor unserer Kolonne auf Rot und am Masten auch die kleine Ampel für die Fahrräder. Alle bremsen. Wusch! Einer bremst nicht. Ein Irrer heizt im letzten Moment am Pulk der Ausflügler vorbei.

Allmählich reicht's! So haarscharf hat er mich überholt, dass mir sein Achselschweiß in der Nase sticht. Der Hektiker prügelt die Pedale, das Titan der Kette knackt, der Karbonrahmen macht einen Satz. Bei Rot schießt er über die Kreuzung und provoziert mächtig Lärm – Hupen, Klingeln, Rufen und Fluchen. Vor anfahrenden Kühlerhauben rettet er sich gerade noch auf die sichere Seite, wo er einen Fußgänger am Ellbogen streift. Ich könnte schwören, der Irre hat den Aufschrei des Touchierten gehört, aber er heizt einfach weiter.

Die Schlange verharrt in Warteposition. Die meisten vor und neben mir tun, als seien sie immun gegen die Rüpelei, als hätten sie mit dem Rowdytum nichts zu tun. Keiner protestiert, keiner schimpft, dafür starren alle erschreckend gelangweilt auf das rote Rädchen-Emblem am Ampelmasten. In wenigen Sekunden wird die Farbe der Anzeige wechseln. Gleich wird das rote Rädchen grün.

Jetzt!

Alle werfen sich in die Pedale. Schutzbleche klappern und Ketten knacken, es müffelt nach Schweiß und Picknick-Sachen. Der Pulk fährt los, die Karawane der Drahtesel zieht bis zur nächsten roten Ampel weiter. Ohne mich. Ich bleibe am Wegrand stehen, so wie ich die Rotphase über stand. Wie ich der Karawane nachschaue, kommt es mir vor, als hätte eine boshafte Macht das typische PS-Gehabe von der Autostraße auf den Radweg umgelenkt, um auch hier Unfrieden zu stiften. Mehr ratlos als reglos stehe ich da als sei ich ein Polizist aus Pappmaché.

Soll ich mit dem Radfahren aufhören? frage ich mich allen Ernstes. Okay, innerstädtisch werde ich auf das geliebte Schnellsein verzichten und mich tempomäßig zügeln. Aber mit dem Radfahren ganz aufhören, nur wegen des undisziplinierten Gedränges? Nein, dass will ich nicht, niemals! Egal wie schnell oder langsam ich fahre, allein die Freiheit der unbeschwerten, selbstbestimmten Bewegung würde mir gewaltig fehlen.

Wie ich so dastehe und meinen Bedenken nachhänge, während Radfahrer auf Radfahrer an mir vorbeiziehen, geschieht etwas tief in mir drin. Wider Erwarten geht eine Tür auf und in der Erinnerung erscheint ein vergessener Raum. Plötzlich erlebe ich eine ganz andere Art des Radfahrens.

* * *

Frostkalt empfing mich das ferne Land. Ein sibirischer Winter hatte Peking in eine Kältekammer mit 20 Grad minus verwandelt. Trotz eisiger Luft und peitschenden Winden fuhren Tausende, ja Zehntausende Chinesen mit dem Fahrrad durch die weite Stadt und inspirierten Katie Melua noch Jahre später zu dem Hit „There are nine million bicycles in Beijing that's a fact till I die."

In Scharen bevölkerten Millionen von Chinesen die winterkahlen Platanen-Alleen und radelten in olivgrünen Baumwollmänteln und tintenblauen Jacken so gelassen dahin, als trügen sie unter den wattierten Jacken noch wärmende Felle am Körper. All diese Männer und Frauen, die ihre flachen Gesichter hinter einem weißen Mundschutz versteckt hielten, hatten eines gemein: sie strampelten nicht hitzig, um sich in der eisigen Luft zu erwärmen, sondern fuhren so gemächlich, als hätten sie alle Zeit der Welt. Die Kräfte schonend, ließen sie ihre schwarzen Fahrräder mit minimalstem Tretaufwand stetig, aber bestimmt, über den aschgrauen Asphalt rollen. Wie ich ihnen vom Straßenrand aus zusah, musste ich an die sanften Übungen des Tai Ji Quan denken: Der Oberkörper ruht, nur die Beine abwärts der Hüfte bewegen sich weich, fließend und sanft, als würden sie einem zeitlosen kosmischen Rhythmus folgen. Ganzheitlich „rollend", in Einklang mit ihrem Schatten, fuhren diese Chinesen dahin und ihre gleichförmige Ruhe beruhigte mein aufgewühltes Gemüt.

Ohne abzureißen flutet der Schwarm an mir vorbei, dicht gedrängt und doch ganz locker. Er kommt mir vor wie ein Schwarm von Fischen, von Zugvögeln oder von winzigen Insekten. Tausende und Abertausende von Einzelwesen radeln so bedächtig und sanft, dass es scheint, als hätten alle ihr Ich in ein Wir eingebracht, als hätte sie das einheitliche Radfahren zu Blutsgeschwistern gemacht. Ich staune und frohlocke ganz leise, bin ich doch mittendrin im Velo-Paradies dieser Erde!

Unter meinen ungläubigen Blicken verwandelt sich der Einzelne zum Teil eines großen Ganzen. Mehr noch! Der Einzelne verschafft dem Ganzen eine ganz eigene Qualität, eine Qualität, die mehr darstellt als die Summe seiner Einzelteile. Aus der Unaufdringlichkeit der individuellen Bewegung in diesem riesigen Verbund erwächst ein Sog, der sich auch noch durch die Einheitlichkeit des Erscheinungsbilds verdichtet. Frauen wie Männer, Alte wie Junge sind in konfektionierten Jacken und Hosen unterwegs und auf dem blauschwarzen Haar tragen sie einheitliche tintenblaue und olivgrüne Mützen.

Auf mich, der ich erst Tage zuvor aus Westberlin angekommen war, wirkten diese Radfahrer wie der Garant einer egalitären Revolution, wie die Botschafter der Kulturrevolution des Mao Tsetung. Unwissend wie ich als Neuankömmling war, hätte ich schwören können, sie kleideten sich freiwillig so winterlich uniform. Aber kaum war ich tiefer in die chinesische Gesellschaft vorgedrungen, wurde mir klar, dass diese zivile

Uniform nichts anderes als eine Camouflage darstellte. Im Herzen waren und sind Chinesen bunt und farbenfroh. Aber in jenen roten Zeiten der proletarischen Revolution gaben sich alle ängstlich bedeckt und versteckten ihr wahres Wesen. Sie kleideten sich unauffällig in militärischen Farben, weil sie Repressalien von Seiten der Partei befürchten mussten.

Im Westen verstand man dieses uniforme Erscheinungsbild ganz falsch. Als „blaue Ameisen" wurden die Chinesen für den zwangsverordneten Dresscode verspottet. Nun ja, Ende der siebziger Jahre war China im Westen noch terra incognita. Auch wenn es an Diskriminierung grenzt, die Krone der Schöpfung mit einem Tier gleichzusetzen, kann der Vergleich mit dem Verhalten von Tieren durchaus auch schmeichelhaft sein. Um das zu verstehen, braucht man nur das menschliche Durcheinander auf einem innerstädtischen Radweg, das heillose Gedränge auf einem Bahnsteig oder den Blechstau auf einer Autostraße mit den Zuständen auf einer Ameisenstraße zu vergleichen. Auf einer noch so dicht bevölkerten Ameisenstraße kommt es niemals zu einem Unfall, einer Schlägerei, einer Stauung oder gar einem tödlichen Zusammenstoß! Auf der Straße dieser winzigen, geschäftigen Tiere geht es stets harmonisch und geordnet zu.

Auf der Magistrale von Peking, auf dem Chang'an Boulevard, flutete morgens der Radstrom gleich einem Pendel von Westen nach Osten und abends von Osten nach Westen. Da die Industriekombinate im Osten und die Wohnsiedlungen der Belegschaften im Westen des Zentrums lagen, bewegte sich der Strom der Radfahrer in den Morgenstunden der aufgehenden und in den späten Nachmittagsstunden der untergehenden Sonne entgegen. Um sein Fließen zu garantieren, wurde zu Arbeitsbeginn und Arbeitsschluss von den vier Spuren der Chang'an eine Spur für die herannahende Flut der Fahrräder freigegeben und temporär für die Autos gesperrt. So konnten die 30.000 bis 40.000 Radfahrer, die pro Stunde eine Ampelkreuzung am Platz des Himmlischen Friedens passierten, staufrei und Rad an Rad die Magistrale befahren.

Lautlos biegen aus den Seitenstraßen immer neue Radfahrer auf den Volksboulevard ein und nähern sich dem ruhig dahingleitenden Strom aus Tausenden von Rädern. Wider Erwarten beschleunigen sie mit drei, vier kräftigen Pedaltritten, nur um Sekunden später den Beinen Einhalt zu gebieten und sich, im Freilauf langsamer werdend, in den Schwarm einzufügen. Über eine lange Strecke fahren diese Ankömmlinge dann im Tempo der anderen am Rande mit und geben dem Schwarm neue Nahrung. Während sie sich dazugesellen, quittieren andere das Kollektiv und manövrieren sich unaufgeregt aus der Mittel- zur Randzone hin. Durch diesen dynamischen Wechsel von Heranfahren und Wegfahren wird eine gleichbleibende Schwarmdichte über eine lange Distanz erreicht. Weder am Rand noch in der Mitte wird gedrängelt, geschimpft oder behindert. Abgesehen von einem Klingeln hie und einem Klingeln da, ist nichts an Bewegungslärm zu vernehmen.

Von außen betrachtet beruhigt der Schwarm das Gemüt und lässt einen gelassen werden. Wer sich allerdings in sein Inneres vorwagt, kann als Ungeübter ins Schwitzen kommen. Einzudringen in den Kreis der Blutsgeschwister ist noch leicht, herauszukommen hingegen eine Kunst der Geduld und des geschickten Balancierens im dichten Gedränge: mit dem Daumen musst du kurz an der Laufklingel schnippen und sofort mit beiden Händen das Vorderrad ganz sachte nach links, zum Rand hin lenken. Du musst dir die kleinste Lücke zunutze machen, die dich von den äußeren, links neben dir fahrenden Nachbarn trennt. Willst du dich aus dem Schwarm heraus schlängeln, musst du für das Lenkmanöver eine Distanz von mindestens hundert Metern einplanen. Da deine ganze Aufmerksamkeit auf dein Vorderrad gerichtet ist, denkst du beim langsamen Ausscheren weder an das Heben des Arms zum Signal, um deine Absicht kundzutun, noch an den Schulterblick. Doch diese kleine Nachlässigkeit kann dich teuer zu stehen kommen, wenn ein Volkspolizist mit Megaphon am Straßenrand steht. Eine Geldbuße kann dir drohen. Zum Glück gibt es nur spärliche Verbotsregeln und Verkehrsschilder für den Radverkehr, denn bei den Behörden der proletarischen Diktatur fehlt die Regulierungswut. Einen überzüchteten Vorschriftenkatalog kennen sie nicht, vielmehr setzt die Staatsmacht auf drakonische Strafen. Dadurch will sie die Eigenverantwortung des Einzelnen schulen.

Strikt verboten ist das Mitnehmen von Kindern beim Fahren. Erlaubt ist nur das Schieben des Rads, wenn ein Kind auf der Querstange, dem Gepäckträger oder auf einem Kindersitz Platz genommen hat. Also steigen Väter und Mütter rasch ab, sobald sie einen Polizisten mit weißen Ärmelschonern oder einen Volksmilizionär mit roter Armbinde am Straßenrand entdecken. Außer Sichtweite steigen sie dreist wieder auf, als sei die Parteiräson so etwas wie ein Papiertiger. Meistens klappt es auch mit dem Schummeln, doch wer erwischt wird, muss mit einem saftigen Bußgeld rechnen. Und wer nicht bezahlen kann oder wer sich weigert, verliert sein Rad noch am Ort des Vergehens. Die Ordnungskraft greift unter den Sattel, wo vor der Sitzstrebe ein Bogenschloss das Schutzblech umschließt. „Schnapp" ist das Rad abgesperrt und muss teuer ausgelöst werden.

Als ich im Winter 1977 in Peking ankam, erschien mir das massenhafte Radfahren als Beweis für einen bescheidenen, aber breit gefächerten Volkswohlstand. Dieser Eindruck entsprach zwar der Parteipropaganda, wurde aber schon bald ad absurdum geführt.

Ein Fahrrad kaufen zu können sei ein Glücksfall, verriet mir ein chinesischer Arbeitskollege im Vertrauen. Seine kritischen Worte versetzten mich in Erstaunen und widersprechend verwies ich auf die Auslagen in den Schaufenstern und Haushaltabteilungen der Kaufhäuser, die von fabrikneuen Fahrrädern, Nähmaschinen und vielerlei nützlichen Geräten nur so strotzten. Er lachte nur und hüllte sich in Schweigen. Unwissend wie ich als Ankömmling war, widersprach ich mit Vehemenz, weil ich der Propaganda mehr Glauben als dem eingeweihten Kollegen schenkte. Nach zwei Monaten vor Ort musste ich allerdings die bittere Pille schlucken, dass ich einer plumpen Täuschung aufgesessen war. Die fabrikneuen Räder und Haushaltsgeräte in den Schaufenstern waren allesamt Ausstellungsstücke, unverkäufliche Samples aus staatlichen Fabriken. Sie dienten nur einem Zweck: die maroden Zustände in den zerrütteten Staatsbetrieben zu verschleiern.

Meine maoistische Gutgläubigkeit wurde grundlegend erschüttert, als ich beim Einkauf unter Chinesen entdeckte, dass eigentlich an allem Mangel herrschte. Für Millionen Stadtbewohner waren Getreide, Fleisch, Speiseöl und auch Baumwolle rationiert. So erhielten Arbeiter und Angestellte zusammen mit dem Monatslohn sogenannte pupiao, Bezugsmarken, mit denen sie ein rationiertes Quantum Lebensmittel und Stoffe einkaufen konnten. Auch an Konsumgütern herrschte Mangel. Wie auf einen Trabi in der DDR, musste ein Chinese mindestens drei, eher fünf Jahre auf ein Fahrrad warten, selbst wenn er es bar und komplett hätte bezahlen können. Alle Lebensbereiche der Städter wurden durch die Mangelwirtschaft bestimmt, selbst die Wahl des Ehepartners. So forderten Bräute zur Hochzeit, dem wichtigsten Ereignis im Leben der Chinesen, vom Bräutigam und seiner Familie als Mitgift ein Fahrrad und häufig noch eine Nähmaschine dazu. Kein Rad, keine Braut, kein Kind! So lautete das Volksdiktat in jenen roten Jahren der Mangelwirtschaft.

Nur die wenigen Ausländer, die damals in China lebten und arbeiteten, konnte ohne Wartezeit und ohne pupiao so viele Fahrräder kaufen wie sie wollten. Die Glanzmarken, zwischen denen sie frei wählen konnten, hießen Ewig, Fliegende Taube, Phönix und – Rote Fahne. Die Rote-Fahne-Räder waren die populärsten und billigsten, aber sie waren als minderwertige Rostmühle verschrien und standen für mich außer Diskussion.

Wie ich unter der Hand erfuhr, wurde ein Rote Fahne-Rad von den Chinesen nur zwangsläufig gekauft, weil die besseren Räder ausschließlich „durch die Hintertür" zu ergattern waren.

Kaum hatte ich drei Monatsgehälter beisammen, entschied ich mich für ein Ewig, ein zwanzig Kilo schweres Rad mit Kettenschutzkasten und Hinterrad-Bodenständer. Das Rad verdiente sein anspruchsvolles Label voll und ganz und hätte gewiss auch den alten Mao überlebt, der immerhin dreiundachtzig Jahre alt wurde.

Wie die Räder aller Marken, war auch mein Ewig von schwarzer Farbe mit kleinen roten Applikationen am Rohr. Der Stahlrahmen hätte auch einen Reiner Calmund ausgehalten, so solide war er gebaut. Flugrost setzte er erst nach zwei Jahren an, dafür brach nie eine seiner Schweißnähte auf oder gar durch. Natürlich ärgerte es mich, dass auf den Chromteilen bereits nach dem ersten Regen Pickel blühten, aber diese Feinheit trübte nur die Kosmetik und änderte nichts an dem Fakt, dass ich das solide Trumm pannenfrei über drei Jahre – auch im Winter bei Schnee – nahezu täglich fuhr. Mein Ewig verfügte über keine Schaltung, seine Nabe kannte nur einen Gang. Dieser Umstand störte mich nicht, noch nie wollte ich ein Rennrad besitzen. Im Gegenteil, mein Ewig nährte die Erinnerung an das Miele, das mittlerweile einem Berliner Freund zum Schrippenholen diente.

Wie eine Herrschaft saß ich im Sattel. So aufrecht, als stecke mir ein Bambusrohr hinten drin. Nur selten von Lenkmanövern unterbrochen, fuhr ich Kilometer um Kilometer geradeaus, weil Pekings Volksboulevards wie auf einem Schachbrett angelegt sind. Im Ein-Gang-Modus kurbelte ich also auf schnurgerader Strecke geradeaus und musste höchst selten bremsen. Nur wenn alle bremsten, habe auch ich gebremst – entweder mit dem Rücktritt oder der Vorderbremse.

Beim Ewig wie bei allen anderen Marken war die Vorderbremse über Griffstangen, die rechts und links unter dem Lenker montiert waren, zu bedienen. Diese Stangen führten zu einem teleskopisch verschraubten Rohr, das durch das vordere Schutzblech mit einem u-förmig gebogenen Metallbügel verbunden war, an dem zwei festgeklemmte Gummiklötzchen hingen. Die Beschreibung hört sich kompliziert an, das Bremsgestänge funktionierte aber ganz simpel: zog man die Griffstangen mit den gekrümmten Fingern nach oben zum Hornlenker, drückten sich die beiden Gummis seitlich auf die Felge des Vorderrads und bremsten mit einem schnurrend-pfeifenden Geräusch. Mechanisch mochte die Felgenbremse vorsintflutlich gewesen sein, aber sie wirkte wie ein modernes ABS – niemals blockierte sie, nie verursachte sie eine Vollbremsung, nie drängte sie einen aus der Spur.

Was für ein Mangel nicht nur am Bedarf des täglichen Lebens herrschte, sondern auch an Radzubehör, belegte der Umgang mit dieser Preziose von Bremsklötzchen. Um das Leben der sehr raren Klötzchen zu verlängern, bedienten die Chinesen nur im äußersten Notfall die Vorderbremse. Viel eher verscheuchten sie mit schrillem Klingeln ein plötzlich auftauchendes Hindernis. Wenn ein Zusammenstoß unvermeidbar schien, sprangen sie, um eben diese Bremsklötzchen zu schonen, lieber in voller, aber niemals wilder Fahrt aus dem Sattel und landeten mit den Schuhsohlen bremsend auf dem rau geteerten Boulevard.

Leicht hätte ich jeden AOK-Wettbewerb „Mit dem Rad zur Arbeit" gewonnen. Tagaus, tagein fuhr ich inmitten des schwarzen Räderschwarms stadteinwärts, vorbei am verglasten Kubus der Sporthalle und an der Mauer des Zoos, nach Sanlihe zu meinem Büro. In einem offenen Schuppen parkte ich mein Ewig inmitten von Hunderten von benutzten und unbenutzten, saumäßig dreckigen Rädern. Mein gepflegtes Rad hatte ich mit einem roten Bändchen am Gepäckträger markiert, um es inmitten seiner schwarzen, dicht an dicht geparkten Brüder wiederzufinden. Nach Arbeitsschluss radelte ich im heimkehrenden Schwarm zurück in unser Wohnquartier. Gut zwölf Kilometer betrug diese Tagesstrecke, die ich im feuchtheißen Sommer bei plus 40 Grad genauso wie im windigen, frostigen Winter bei minus 20 Grad fuhr. Ein Gefühl zwangloser Solidarität erfüllte mich immer wieder auf diesen Fahrten und über die Jahre wurde das Radfahren zu einem täglichen Ritual, das mich konditionell ertüchtigte und mich zum Bestandteil einer kraftvollen Gemeinschaft werden ließ.

So unnachgiebig und ausdauernd hätte ich eigentlich nicht radeln müssen. Immerhin besaß ich eine Lizenz, die mich berechtigte, einen PKW, kleine LKWs und Motorräder zu lenken. Auch sah ich auf eine unfallfreie Fahrpraxis mit Zündapp, Käfer, R 4 und Golf zurück. Motorisiert zu fahren war mir also vertraut. Aber während meiner chinesischen Jahre vermisste ich das Automobil in keinster Weise. Nur in Ausnahmefällen benutzte ich ein motorisiertes Vehikel, ein Taxi oder einen Bus, und auf langen Strecken das Flugzeug und die Eisenbahn in der Klasse „Weich schlafen".

Abgehärtet hat mich das Radfahren natürlich auch. In all den Jahren in der Fremde wurde ich nie ernsthaft krank. Zugegeben, den einen oder anderen Durchfall holte ich mir schon. Aber das ist eine andere Geschichte.

* * *

Tempi passati! Versunken – diese Zeiten, verschwunden die Millionen von *zi xing che*, verschrottet die meisten. Präsent nur noch in der Erinnerung, auf vergilbten Fotos und in den Erzählungen der Alten! Welch ein Rückschritt, welch ein Jammer. Heute sind Fahrräder in China nur noch belächelte Raritäten und die Einstellung der jungen Chinesen gegenüber diesen stillen und genügsamen Vehikeln könnte nicht ablehnender, arroganter und spöttischer sein. „Lieber sitze ich weinend im Fond eines BMW", bekennt ein Pekinger Teenager, „als lachend auf einem Fahrrad."

Die Millionen Fahrräder von Peking waren saubere Gefährte(n) und trotz ihrer schwarzen Farbe waren sie die Engel in einer grünen Stadt. Seit sie verschwunden sind, ist aus dem Velo-Paradies eine Vorhölle der Abgase und des Lärmterrors geworden. Jeder Chinese, der zur Arbeit oder nach Hause fahren muss, flüchtet inzwischen in hermetische Gefährte – in Autos, Taxis und Busse oder in den Untergrund, wo eine gnadenlos überfüllte U-Bahn verkehrt. Kaum noch ein Radfahrer wagt sich hinaus in die belastete Luft der verstopften Stadtautobahnen, die früher als herrschaftliche, von Platanen gesäumte Alleen das Stadtbild prägten. Dem alten Chinaradler bricht es das Herz, wenn er daran denkt, dass das Holz dieser schlanken Boulevard-Gardisten unwiederbringlich zu minderwertigen Spannplatten und Pappkartons verarbeitet ist.

Mit dem Kahlschlag war es noch nicht getan, eine großangelegte Enteignung kam noch hinzu. Die Radspuren der Volksboulevards wurden Zug um Zug für den Autoverkehr umgewidmet. Heute nun zerschneiden, nein, zersäbeln Autobahnen Peking und auch die anderen Großstädte in allen vier Himmelsrichtungen und ihre sechs oder acht Spuren reichen schon längst nicht mehr aus, um der stinkenden und lärmenden Sintflut Herr zu werden. Vierzig Millionen Autos sollen laut einer Prognose im Jahr 2020 das ganze Land überschwemmen, vorausgesetzt, der Kraftstoff geht vorher nicht aus.

Einst verstand sich Radfahren als bescheidene, aber auch besinnliche Art der Fortbewegung und die Chinesen verstanden es noch, das Verstreichen der Zeit wie eine delikate Speise zu verkosten. Gerne erinnere ich mich an diese Zeit, denn sie ließen mich am Genuss dieser Speise teilhaben. So lernte ich auf meinen täglichen Radfahrten von ihnen und wurde so etwas wie ein Feinschmecker des Radfahrens.

Von uns Blutsgeschwistern schwang sich keiner zu einem Sattelhelden auf. Keiner prahlte mit seiner Wadenkraft und keiner überholte einen Langsameren mit aufgeblasenen Backen oder hängenden Mundwinkeln. Keiner hätte sich mit Fitness-Riegeln oder einem Taurin-Drink aufgeputscht oder gar sein Rad mit zusätzlichen Gang-Varianten in ein Katapult verwandelt. Von einer erstaunlichen Sanftmut beseelt, fuhren wir Rad, weil sich diese Art der Fortbewegung an die natürliche Körperbeweglichkeit anschmiegte. Natürlich wurde unser kollektives Fahren auch vom Pragmatismus jener postrevolutionären Zeit geprägt und unterlag bis zu einem hohen Grad dem kulturpolitischen Zwang.

Aber die Vorzüge dieser anderen Art des Radfahrens überwogen. Da ich mein Radfahren unter Chinesen neu beleben möchte, fällt mir gleich ein chinesisches Sprichwort ein: Das Vergangene soll dem Zukünftigen dienen. Nicht aus Nostalgie erzähle ich von meinen Pekinger Jahren, sondern um der Vision einer *Republic of Cycling* den utopischen Beigeschmack zu nehmen.

Kinder, Kinder

Beständiger als beim *homo normalis* ist eine Beziehung beim *homo pedalis.* In einer gut geölten Beziehung fungiert das Rad als ein Partner, der nie aufbegehrt und nie nach Verwöhntwerden giert. Ein Partner, der sich die Wintermonate über im Radkeller oder in der Garage an die Wand lehnt oder sich, ohne zu rebellieren, durch Matsch und Schneeverwehungen treten lässt, um im nächsten Sommer wieder schnurrend zu gehorchen. Wenn es sich beim idealen Paar, der muskulären und der mechanischen Maschine, um eine unverwüstliche Allwetter-Beziehung handelt, ergänzen sie sich auch noch dank Schutzbekleidung, dank Cycling Jackets von *Pret*-à-*Velo* und atemfreundlichen Anziehsachen. In all diesen Fällen, trifft auf die innige Beziehung zwischen Mensch und Maschine die englische Weisheit zu: „A bike is man's best friend!"

Fairerweise sollten *women* von diesem Superlativ nicht ausgenommen werden, denn Frauen zählen genauso zu den starken und wettertauglichen Radlern. Nun weiß der Mann, vorausgesetzt, er kennt sich mit der weiblichen Seele aus, dass Frauen ihre Libido weitaus seltener auf Objekte verschwenden als herkömmlich vermutet wird. Gewiss vermögen sie schmucke Räder wie Juwelen zu genießen, aber tief im Herzen spürt die Dame viel eher als der Herr, dass Räder keine beseelten Wesen sind und dass sie niemals zu den besten Freunden gehören können.

Wenn nun Treue im Spiel ist, dann läuft es zwischen Muskel und Mechanik wie geschmiert und das über Jahre und Jahrzehnte. Neuste Erkenntnisse belegen, dass es mit der Mensch-Rad-Beziehung sogar noch besser klappt, wenn velozipedische Vielfalt im Spiel ist. Gemeint ist nichts Polygames, sondern lediglich der Besitz eines Hauptrads und diverser Nebenräder.

Heutzutage lassen sich in Kleinanzeigen und auf Radbörsen Gebrauchträder genauso leicht wie Gebrauchtwagen finden. Und im Internet tummeln sich Massen von Freaks, die immer die neuste und leichteste Version eines Rads, eines Rahmens, eines Lenkers, eines Kettenblatts, eines Vorbaus oder eines Sets von Laufrädern besitzen müssen. Diese Narren ordern die neusten Komponenten noch bevor sie die alten ausrangiert haben. Und schon wird ihre Sucht, das Allerneuste, das Spektakulärste besitzen zu müssen, zur Chance für einen Schnäppchenjäger, dem es nicht um die eherne Radtreue, sondern um den vielfältigen Besitz mehrerer Räder geht.

Der überquellende Fahrradkeller und die angelehnten Fahrräder im Hinterhof sind der beste Beweis, dass alle Nachbarn, mit denen ich in einem großen Stadthaus zusammenwohne, mindestens zwei Räder ihr eigen nennen – eines zum Einkaufen bei Wind & Wetter und das andere für sonntägliche Touren bei Sonnenschein. Auch wenn unsere Hausgemeinschaft keine gemeinsamen Ausflüge unternimmt, haben wir Radler uns im Treppenhaus immer etwas zu sagen, frönen wir doch ein und demselben Hobby. Aber irgendwann ist auch dieses Thema erschöpft, dann reden wir mit einem Schmunzeln auf den Lippen über die neusten Kapriolen von unserem Frieder aus der ersten Etage.

Von seiner Erscheinung her ist der Frieder eher ein Joachim Krol als ein Jürgen Klopp. Allerdings täuschen sein verknautschtes Outfit und die sehr hohe Stirn darüber hinweg, dass in seinem Zellkörper das sehr seltene Rad-Gen die DNA-Schleife krönt. Wenn sich unsere bunte Nachbarschaft im Radkeller begegnet, fragt sie sich, was es mit diesem weitgehend unerforschten Rad-Gen auf sich hat und von wem es der Frieder wohl geerbt haben könnte? Von Henri Desgrange? Wohl eher nicht, denn unser Frieder hasst die Tour de France. Zu kommerziell, zu verlogen! Mit dieser Geringschätzung tut er die Franzosen-Tour ab. Schon eher von Fausto Coppi, dem Weltmeister der Weltmeister, oder von Cino Cinelli, dem anderen fabelhaften Italiener.

Scherz beiseite! Das Geheimnis der raren Erbanlage werden wir wohl nie erfahren, denn der Frieder lässt keinen so richtig an seinen leptosomen Körper ran, womöglich ist ihm seine Veranlagung selbst nicht so richtig bewusst. Sicher ist nur, und das können wir anhand seiner Rad-Beziehungen beweisen, dass es sich bei ihm um einen echten Velo-Narren handelt. Der Frieder besitzt gleich vier Räder.

Sein ganzer Stolz ist ein zwanzig Jahre altes Campagnolo. Das weißlackierte Rennrad hängt im Kinderzimmer an der Wand. Es glänzt und tut nichts anderes als glänzen. Kein Stäubchen belastet den Chrom des Lenkers und kein noch so kleiner Pupsfleck stört den Teint des matt schimmernden Ledersattels. Nicht perfekter könnte der Vintage-Renner die Wohnung zieren. Nach meinem Empfinden kommt er viel schmucker rüber als jedes alpenländische Hirschgeweih. Leider kann ich den Wandschmuck nicht vorbehaltslos bewundern. Leichtes Unbehagen befällt mich jedes Mal, wenn ich auf Besuch komme, denn das Campagnolo ziert eben nicht den Flur, sondern die Wand des Kinderzimmers, wo die Kleinkinder unter den scharfkantigen Pedalen spielen.

Übrigens parkt im Keller noch ein älteres Rad von Frieder zwischen Rädern von Mietern, die längst ausgezogen sind. Bei uns – vermutlich auch bei Ihnen – ist es nunmal so, dass allerhand Gurken ein Schattendasein im Keller fristen, während die feinen Räder durchs Treppenhaus in die Wohnung getragen werden.

Unser gen-spezieller Radmann sammelt nicht nur Vintage-Räder, sondern frönt auch dem letzten Spleen. Aktuell ist er Feuer und Flamme für den *low-weight*-Trend aus den USA. Technizistisch verbrämt ist damit ein Gramm-Fetischismus gemeint, der dem Fahrrad eine mörderische Diät abverlangt. Als Anhänger dieses Spleens kontrolliert Frieder alle paar

Wochen die Ruhemasse seiner Räder und nach dem Wiegen des kompletten Rads oder einzelner Komponenten auf einer Koffer- bzw. Küchenwaage grübelt er stundenlang wie das Ganze und seine Teile noch fliegengewichtiger gemacht werden könnten. Bevor er sich zum Kauf eines neuen Rads oder einer neuen Komponente entscheidet, recherchiert er monatelang im Netz, ob in den USA oder auf Taiwan nicht doch noch ein geringgewichtigeres Angebot zu finden ist.

Beim Frieder muss der Trapezrahmen selbstverständlich aus Karbon sein, die Felgen selbstredend aus Aluminium, der Lenker darf nicht mehr als 195 Gramm wiegen und bei der Kette ist Titan ein Muss. Die Pedale seiner Räder sehen richtiggehend verhungert aus. Sie bestehen nur aus dünnen Röhrchen, auf denen die Schuhe festgeklickt werden. In seinen Händen darf ein komponiertes Diät-Rad nicht mehr als sieben Kilogramm wiegen. Dieses Maximalgewicht propagiert er immer wieder und versucht uns alle zu indoktrinieren.

Leider treibt er es mit seiner Abspeck-Manie zu weit. Seit kurzem macht er sich sogar strafbar, weil er die Klingel an allen seinen vier Fahrrädern abmontiert hat. Aus Gewichtsgründen fährt er nun verstummt durch die Stadt, nur das Ritzel meldet sein Herannahen im Leerlauf mit einem raumfordernden Klack-Klack-Klack! Natürlich muss man bei seinen Rädern auch lange nach einem Gepäckträger suchen und noch länger nach einem Dynamo für das Licht. Wie will man ihm widersprechen, wenn er argumentiert: ein Leichtgewicht das unter elf Kilo wiegt, benötige laut deutscher Straßenverkehrsordnung nur zwei Katzenaugen, ein weißes vorne und ein rotes hinten. Zum Glück ist er kein Hasardeur. Radelt er durch die Nacht, dann immerhin mit einer multifunktionellen, gleißend hellen LED-Lampe vor der Stirn und einer rotblinkenden LED-Warnleuchte am Rucksack und nicht als flitzender Schatten wie viele der anderen Narren.

Über den eigentlichen Schatz seiner vielfältigen Rad-Partnerschaft spricht Frieder so gut wie nie. Über sein königsblaues, metallic-glänzendes Salonrad aus Chrom-Cobalt-Molybdän schweigt er sich aus. Ich nenne es Salonrad, weil es im Schlafzimmer geparkt steht und ihm an Tagen, da es tröpfelt, auf einem Metallgestell als Heimtrainer dient.

Wie oft habe ich meinen Radnachbarn schon beschworen: „Mit einem schwereren Rad zu fahren ist sportlicher, denk doch an die Kalorien, die du verbrennst. Denk nur mal an den Konditionsaufbau, der dir abgeht!"

Aber nein, der Frieder schaltet auf stur, wenn ich von *Deskilling* erzähle und ihn kritisch angehe. Die Behauptung, dass ein Sportler durch die Anwendung von immer ausgefeilteren Hightech-Mitteln das Training seiner körperlichen Fähigkeiten eher vernachlässigt als ausbaut, hält er für Quatsch und verschließt sich in seinem Federgewichtswahn den neusten wissenschaftlichen Fakten. Natürlich haben technische Neuerungen das Gewicht des Rahmens und konsequenterweise aller Komponenten optimiert und sinnvoll reduziert. Dieser Trend ist hoffentlich noch lange nicht zu Ende. Aber mir geht es ums Feintuning, ums Differenzieren in der technischen Entwicklung.

Erfindungen, die das Rad noch windschnittiger und leichtgewichtiger machen, sollten niemals dazu führen, dass der *homo pedalis* seine Sportlichkeit und seinen sportlichen Ehrgeiz verhökert und sich zum Anhängsel einer ultraleichten, womöglich elektrisch beflügelten Maschine macht und diese nur noch besteigt, wenn ihm das Wunder der Technik Feuer unter dem Hintern macht. Niemals kann diese einseitige Partnerschaft funktionieren. Dafür ist sie zu bequem, zu fremdbestimmt. Bei einer guten Partnerschaft zwischen Mensch und Maschine zählt vom ersten bis zum letzten Tritt die Wadenkraft und das muss bis zum letzten Atemzug so bleiben.

* * *

Die bahnbrechende Erfindung des hölzernen Laufrads von 1816 und des stählernen Niederrads zweiundsiebzig Jahre später revolutionierten die Fortbewegung des Menschen nicht weniger spektakulär als die Erfindung der Flugmaschine. Zwar vermochten sie nicht, den Menschen ganz aus der Macht der Schwerkraft zu entführen, doch ein bisschen schon. Immerhin befreiten sie den Fußgänger von der Mühsal des Gehens und erlösten das Pferd von der Last des Reiters und das Zugtier von Kutschen.

Allerhand Neuerungen sind seither über den radelnden Menschen gekommen. Allein in den letzten vierzig Jahren entwickelte sich aus einem gewöhnlichen Gebrauchsgegenstand namens Fahrrad ein Sport- und Fun-Gerät namens *Bike*, das in erstaunlicher Breitenwirkung die moderne Zivilisation und ihren Sport und Lifestyle prägte und prägt.

Dem Bike und der Welt ums Bike ist es zu verdanken, dass im Laufe nur einer Generation ein neues Körper- und Gesundheitsbewusstsein in den Alltag einzog und dass der Blick auf die Natur seinen Wandervogel-Charakter verlor. In Hinblick auf seinen sozialen Status besitzt das Bike inzwischen sogar pädagogische Qualitäten. Gewiss kann ein hochspezialisiertes, raffiniert designtes Edelrad seinen Besitzer vom Fetisch Auto weglocken, aus dem dunklen Loch tiefster Depressionen befreien, ja, ihm sogar eine neue Identität verleihen. Auf diese Art wurden aus bewegungsfaulen Automenschen von gestern die dynamischen Radmenschen von morgen.

In Sachen Freizeit und Sport hielten sich die Ansprüche früherer Generationen in Grenzen – ein Fahrrad, ein Paar Ski, ein Paar Bergstiefel, ein Tennisschläger, ein Rucksack fürs Leben und damit genug des Equipments für den erholsamen Ausgleich von der Maloche! Bei aller Anerkennung der Bescheidenheit früherer Generationen! Häufig wird diese doch nostalgisch verbrämt und gerne wird vergessen, dass es der allgemeine technische Fortschritt war, der auch zu Neuerungen und neuen Disziplinen im Sport führte.

Die Ansprüche der Altvorderen hielten sich nicht deshalb in Grenzen, weil sie anspruchsloser und spartanischer lebten, sondern weil viele Sportarten, Sportartikel und Sportgeräte noch nicht einmal erfunden waren. Denken wir nur an das MTB und die Möglichkeit des Querfeldeinfahrens mit Stollenreifen.

Ohne die technischen Innovationen der letzten hundert Jahre hätte ein Radsportler niemals die Wahl und die Qual zwischen mindestens zweiundzwanzig Radtypen wählen zu können. Für jeden Wunsch und jedes Wünschlein lässt sich heute aus einzelnen Sparten ein spezielles Fahrrad hervorzaubern. Ob Purist oder Akrobat, die Radkataloge und Internet-Portale erfüllen die verrücktesten Wünsche, vorausgesetzt man legt es nicht aufs Sparen an. Wer unschlüssig ist, welches Rad er für die nächste Saison erwerben möchte, sollte nur eines wissen: alle Räder der hier aufgeführten Sippe stammen von einem einzigen Vorfahren ab, vom englischen Luftreifen-Velo Rover III von anno 1888.

Unter Urbanauten ist das *naked bike* besonders beliebt. Wie es die Mode so will, ist es momentan das Hätschelkind der Familie. Das nackte Rad ist seiner Schutzbleche, seiner Lichtanlage und seines Gepäckträgers entkleidet und eignet sich mit seinen mässig breiten Reifen zu Fahrten auf trockenem Asphalt, eher als auf Schotter und erdigen Trails. Ohne Spritzschutz wird es bevorzugt als schickes Stadtrad bei Sonnenschein gefahren. Sein stylischer Auftritt auf den lauten Straßen der Stadt wird akustisch von Klingeln untermalt, die scheppernd, schrill, bellend oder sanft warnend klingen. Die japanische Messingklingel tönt wie ein Tempelglöckchen, während die englische Bell wie ein angeschlagener Kochtopf scheppert. Kurzum, das *naked bike* fördert den individuellen Auftritt seines Besitzers.

Ein ähnlich anregender Stoff wie Testosteron befeuert die Raupenreifen des Lausbuben unter den Radkindern, des Mountainbikes. Unerschrocken frisst sich das MTB durch jede Geländeformation und mutet mit seinen Holmen und seiner breitschultrigen Federgabel recht bullig und frühreif an. Dagegen wirken seine Geschwister, das City-Bike, das Cross-Rad und der Cruiser mit Doppelbrückengabel im Retro-Look, wie flippige Bordsteinbrüder. Vom behäbigen Urlenker bis zum vorbaugestützten, mit Hörnchen bewehrten Lenker kann man diese Radkinder mit einer Fülle von Lichtanlagen, Gepäckträgern, Bremsen und Farbvarianten stadtfein und auch ausflugsgerecht verzieren.

In unserer Familienaufstellung haben auch die kurzatmigen Kinder ihren Platz, die Falt- oder Klappräder mit ihren putzigen 20 Zoll-Reifen, die mit geknickten Holmen in jede Reisetasche passen. Dagegen ist der direkte Nachfahre des Rover III, das unverwüstliche Hollandrad, ein hoher, ausladender Bock, der einen durch Dick und Dünn begleitet und (wenn es aus Sparsamkeit sein muss) sogar bis ans Ende der Strampeltage. Auf dem „Omafiets" fahren nicht nur Omas und Opas, sondern auch bedächtige und wetterfühlige Menschen, die sich gerne in lange Trenchcoats oder Tuchmäntel hüllen. Speziell für diese Mantelradler verfügen die Holländer über einen Spritz- und Speichenschutz seitlich am Hinterrad. Bei gewichtigen Senioren, die nach optimalem Sitzkomfort verlangen, ist das spiralgefederte Tablett von Sattel, auch Samba-Sattel genannt, äußerst beliebt. Um auf das Eigengewicht von dreiundzwanzig Kilogramm zu kommen, benötigen die hohen Holländer am klobigen Hinterteil ein Ringbügelschloss, einen zweiarmigen Klappständer und einen Lacktuch-Kettenschutzkasten. Sie, die Großväter der ganzen Radbagage, holen ihre Kraft aus einer Naben-Gangschaltung und ihre Betulichkeit aus einer Felgen- oder Trommelbremse.

In unserer Aufstellung sind wir inzwischen bei den Rennrädern angelangt. Neben ihren Bordsteinbrüdern gehören sie zu den in die Jahre gekommenen Flegeln. Aus den Leichtgewichten mit dem Bügellenker sind in den letzten zwanzig Jahren windschnittige Sensibelchen mit Kettenschaltung hervorgegangen.

Der kalifornische Beach-Cruiser und das Fixie sind die beiden Knuddelchen in der Familie. Man hätschelt diese beiden und lässt sie nur bei heiterem Wetter auf die Straße. Eigentlich nimmt sie der Yuppie nur mit ins Café an der Ecke, damit das männliche Cappuccino-Publikum nicht ausschließlich den Mädels hinterherschaut.

Weniger Beachtung erfahren die gewichtigen Tanten, die zwanzig Kilogramm schweren Urban- und Retro-Bikes mit extrem hohem Königslenker, schweinsledernen Lenkergriffen und rindsledernen Rahmentaschen. Diese Typen kommen leicht aus der Puste und wenn ihnen ihr Rahmengewicht zu anstrengend wird, haken sich sich bei den dicken Onkeln, den XXL-Rädern und den Cargo Bikes, unter. Das Trampel der Patchwork-Familie ist gewiss das Tandem, das schon mal achtundzwanzig Kilogramm wiegen kann, und bei dem der Lenker „Pilot" und der Beifahrer „Heizer" heißen. Damit nicht genug! Zwischen all diesen Rädern der Großen wuseln die Räder der Kleinen: Laufräder aus Holz oder buntlackiertem Metall, kippsichere Dreiräder, die zu Zweirädern umfunktioniert werden können, Junior Bikes mit abschraubbaren Stützen und sogar Electra-Bikes für Kids.

Das elektrische Radkind für die Großen wurde erst kürzlich geboren und schon ist die ganze Radfamilie über den Zuwachs außer Rand und Band. Der jüngste Sprössling vermehrt sich wie rasend und ist als E-Bike in aller Munde. Ein regelrechter E-Bike-Boom sucht Deutschland heim. Nach Schätzungen des Zweirad-Industrie Verbandes (ZIV) sollen bereits bundesweit 1,8 Millionen Pedelec im Einsatz sein. Allein im Jahr 2014 wurden 450 000 fabrikneue E-Bikes an Steckdosen gesichtet und beim Vorbeifahren überhört. Solch einen Kindersegen in solch kurzer Zeit gab es in der Radsippe noch nie. Dabei muss man wissen, dass nicht alle Kinder, die an den sich mühenden Stramplern vorbeischnurren, E-Bikes sind. Laut behördlicher Definition der Straßenverkehrsordnung ist ein E-Bike ein Fahrrad mit Elektromotor, der auch ohne Treten funktioniert und per Handgas bis auf 45 km/h beschleunigt werden kann. Hingegen ist ein Pedelec im Behörden-Jargon ein Fahrrad, dessen Elektroantrieb erst mit dem Betätigen der Tretpedale in Aktion tritt. Auch wenn der Pedelecer wie ein Weltmeister strampelt, kann er dem unterstützenden Hilfsantrieb nicht mehr als 25 km/h Tempo abgewinnen.

Eigentlich ist das jüngste Familienmitglied ein Bastard, der aus der Reihe der genetisch klar definierten Räder tanzt, deshalb haben auch die eingefleischten Leistungsradler so ihre Probleme mit ihm. In ihren Augen erfüllt das Pedelec nicht den Anspruch *by fair sports*, denn sein Tempo verdankt es nur bedingt der Wadenkraft. Ein Großteil der Leistung fließt aus einem Akku-Motörchen, das zwar nicht rattert und stinkt, aber des Nachts fremdbestimmt an der Steckdose hängt. Da vor allem Senioren das stromgespeiste Baby mögen, siedeln es die Puristen zwischen Skateboard und Rollator an. Wenn in absehbarer Zukunft das Pedelec nicht mehr so leicht als Pedelec zu enttarnen ist, wenn also Akku und Motörchen klein, klein im Sattelholmen, unter dem Gepäckträger, am Zahnkranz oder in der Nabe verschwunden sind, haben die Pedelecer ihren Frieden, dann wird sie keiner mehr für ihre clevere Laschheit hänseln.

Zu den Puristen zähle ich mich auch, weil ich auf meine Muskelkraft schwöre, aber deshalb bin ich noch lange kein Velo-Narr. Ich radele mit Lust und liebe mein Hobby über alles, deshalb lasse ich es mir schon was kosten. Nun wurde erst kürzlich mein weißes City-Bike, obwohl mit einem Kettenschloss gesichert, aus unserem Hinterhof geklaut. Maßlos ärgerte ich mich im ersten Moment, da das geschmiedete Band unserer Beziehung so brutal geknackt wurde. Aber den Verlust meines Partners verschmerzte ich dann doch ziemlich schnell, weil die Hausratsversicherung zügig den Neuwert ersetzte. Kaum verfügte ich Radloser über eine pralle Börse, fing ich an, im Internet nach einem passenden Rad, einem Rad für alle Zwecke, zu stöbern. Aber das fand ich nicht, denn es gibt nicht den perfekten Partner. Zu (manchen) Kompromissen muss man sich eben schweren Herzens durchringen, sagte ich mir und suchte weiter.

Wie ich also versöhnlich durch die digitale Radwelt surfte, elektrisierte mich ein Sonderangebot: ein metallic-blaues Cannondale Super Six zu einem sensationellen Winterpreis. Statt 7.999 Euro konnte man es kurz vor Weihnachten für 5.799 Euro erwerben, allerdings nur online, ohne Ratenkauf und ohne Rückgaberecht. Aber dieser Rabatt, dieser satte Rabatt zwang mich schließlich in die Knie. Vom Flink-Teufel besessen, enterte ich die Website www.rad.com und klickte entschlossen den Warenkorb an. Nach Eingabe der Kreditkartennummer ging alles zu schnell, zu reflexiv aus der Hüfte. Nicht einmal in die Hand hatte ich meinen flinken Kauf genommen, geschweige denn die Sattelprobe absolviert.

Einen Tag vor Heiligabend lieferte mir der offizielle Partner des Weihnachtsmanns das Highend-Rad im Karton bis vor die Wohnungstür. Da ich Christbäume und Bescherungen hasse, packte ich mein Geschenk an mich ganz unsentimental gleich im Flur aus und ließ die müffelnde Kartonage hinter der vollge-hängten Garderobe verschwinden. Schöner als jeder Lametta-Baum blinkte und glänzte das edle Teil. Allerdings duftete es nicht nach Wald, sondern nach Schmierfett, Gummi und ein-gebranntem Lack. Erwartungsvoll schob ich das feine Rad zum Preis eines Kleinwagens übers Parkett ins Schlafzimmer.

Warum eigentlich ins Schlafzimmer? Vermutlich, weil mein erstes feines Rad, mein Hercules, an meinem neunten Geburtstag auch im Schlafzimmer gestanden hatte. Vermutlich war ich alt geworden und trauerte einfach der entschwun-denen Jugend nach. Eine bauchgesteuerte Sentimentalität musste mich also getrieben haben, dass ich ein so teures Rad, ohne Aufsitzen und ohne wenigstens einige Meter gefahren zu sein, per Mausklick kaufte. Nicht einmal jetzt auf dem Weg ins Schlafzimmer setzte ich mich, mit der Hand an der Wand abstützend, in den Sattel. Nein, ich schob das Cannondale

Super Six neben mein Bett und schaute es nur an, als sei es eine günstig ersteigerte Skulptur der Venus von Milo.

Als ich nach einer unruhigen Nacht erwachte, glaubte ich in einer Montagehalle geschlummert zu haben, Kopfschmerzen und Übelkeit plagten mich, ein Unwohlsein, das vermutlich von den Ausdünstungen der fabrikneuen Skulptur stammten.

In den folgenden Tagen und Nächten war ich zumindest nicht mehr allein. Das Super Six nahm auf unerklärliche Weise Einfluss, nicht nur auf meine Tagträume, sondern auch auf meine Albträume, obwohl es nur neben dem Bett stand und sich nicht rührte. Nacht für Nacht träumte ich von Trails in den Alpen und von der Mühsal des Bergauffahrens auf einem drückenden und scheuernden Sattel. Schweißgebadet wachte ich mehrmals in der Nacht auf und bildete mir ein, ich hätte schon Blasen am Hintern. Als ich mich schließlich zu einer Sattelprobe auf dem engen Flur durchrang, stellte ich ernüchtert fest, dass mein Po und der geizige, brettharte Sattel sich nichts, aber auch gar nichts zu sagen hatten. Gewiss wäre ich nach der ersten non-virtuellen Ausfahrt mit Blasen heimgekehrt. Nach drei Tagen des Zusammenlebens mit meinem Standrad, stand mein Entschluss fest: ich musste das Super Six wieder loswerden.

Meine Hibbeligkeit, ein Rad ohne Sattelprobe gekauft zu haben, ärgerte mich inzwischen so sehr, dass ich mich nicht weniger spontan entschied, die Karbon-Skulptur genauso schnell wieder loszuwerden. Kurz durchzuckte mich der Gedanke, das Rad unserem Velo-Narr im Haus anzubieten. Mit Nachbarschaftsrabatt versteht sich. Doch schon hörte ich den Frieder meckern: „Zu schwergewichtig, zu unhandlich, überhaupt diese Federgabel..."

So offerierte ich meinen Spontankauf im Internet. Nicht gerade bestgelaunt stellte ich ihn nach Abklingen des Silvesterkaters bei ebay ein und schlug ihn in einer Auktion auch los. Über den Erlös möchte ich schweigen, zu sehr schäme ich mich für die ganze Aktion. Immerhin mag es tröstlich klingen, dass sich nun ein anderer Radler an einem

Cannondale Super Six zum doppelten Schnäppchenpreis erfreut. Vermutlich parkt das Edelrad im Schlafzimmer eines echten Velo-Narren oder im Showroom einer Werbeagentur oder im Schaufenster eines Architektenbüros oder vielleicht sogar unter der Decke eines angesagten Berliner Hotels.

Kaum war der Internet-Kauf wieder außer Haus, leistete ich den Schwur, nie wieder ein Rad online zu kaufen. Immerhin habe ich aus der misslichen Lage gelernt, wenn auch mit pekuniärem Verlust, dass man nicht mit dem Rad, sondern mit dem Sattel ein Treuebündnis eingehen muss. Ja, beim Radkauf ist die Sattelprobe ein absolutes Muss und keineswegs virtuell zu absolvieren.

Zum Glück war die Wintersaison noch nicht vorbei und vom zurückgeflossenen Geld konnte ich zwei Auslaufmodelle zum Vorzugspreis im Fachgeschäft kaufen. Bevor ich bar bezahlte, machte ich mehrmals die Sattelprobe und fuhr auch eine kleine Strecke mit unterschiedlichen Rädern. Schließlich entschied ich mich nach reiflichem Überlegen für zwei grundverschiedene Typen – für ein Trekking-Rad mit etwas breiteren Reifen als sie das Rennrad kennt, und für ein Klapprad, das auch in einen Kofferraum und eine Reisetasche passt.

Zu beiden Rädern pflege ich heute eine enge Beziehung, ja, ich achte strikt auf die Ausgewogenheit, damit mein Hinterteil von Eifersüchteleien verschont bleibt. Jedes der beiden Räder hat seine klar umrissene Funktion und daran halten wir uns auch. Das Klapprad trägt mich auf den Radwegen und Straßen der Stadt und das Trekking-Rad auf Überlandtouren.

Natürlich ist es ein kleiner Luxus, ein gutes Zweirad im Keller oder in der Garage stehen zu haben. Aber mal ehrlich, wer wird bei den Offerten der Freizeitindustrie, alles zwei- oder sogar dreifach zu besitzen, nicht schwach? Zumal ein einziges Rad nur schwerlich unterschiedliche Bedürfnisse erfüllen kann. Zwar gaukelt uns die Werbung vor, es gäbe das An-sich-beste-Rad. Von wegen, das ist nur ein hoher Lockruf, der einen geradewegs in eine Konsumenten-Falle führt.

Dr. Schrauber

Für das innerstädtische Gewusel kaufte ich mir ein Klapprad der Marke Brompton, ein Velo mit kleinen Rädern, einer bescheidenen Dreigang-Nabenschaltung und einem gekrümmten Lenker, der geradezu zum aufrechten Sitzen verpflichtet. Kurzum, ein wendiges kleinrädriges Vehikel für Kurzstrecken, das in London und Hamburg Kultstatus genießt. Bromptonauten nennen sich die Klappradler und pflegen einen Status zwischen Tweed und English Breakfast Tea.

Mit eingeklapptem Hinterrad passt der kleine Engländer in die Nische unseres Radkellers wie ein Schosshund ins Körbchen. Für kleinere Besorgungen schultere ich meinen blauen Rucksack und steige in den Keller hinab. Aus der Nische ziehe ich das am Mittelholm gefaltete Rad (insgesamt lässt es sich dreimal falten) hervor. Spielend leicht hebe ich es am Sattel hoch und lasse nach dem Öffnen eines Fixierclips das Hinterrad ruckartig nach hinten oben schwingen. Mit einem satten Ratsch rastet die Haltesicherung ein, Mittelholm und Hinterrad sind jetzt durch ein Scharnier starr miteinander verbunden. Nicht sperriger als ein Snowboard schmiegt sich der aufgeklappte Brite in meiner Hand. Wirklich komfortabel, verglichen mit jenen kompliziert verschraubten japanischen und deutschen Klapprädern, die für ihre Größe wahre Schwergewichte sind. Mein neun Kilo schweres Leichtgewicht kann ich anstandslos die Kellertreppe hochtragen.

Auf dem gepflasterten Hinterhof bin ich gewohnt, kurz den freien Himmel zu mustern. Gekleidet entsprechend der Wetterprognose, fahre ich auch wenn es tröpfelt ohne Zögern los. Auch heute könnte ich gleich losfahren, wenn ich nicht dieses Unwohlsein verspürte. Ein Kloss im Bauch drückt mich. Tief drinnen meldet sich ein Grummeln. Antriebslos vertrödele ich Minuten und zögere die Abfahrt hinaus. Schließlich versöhnt mich das schöne Wetter und die Sonnenstrahlen geben mir einen Schubs. Ich stemme die Füße in die Pedale, trete an und gewinne endlich meine Entschlossenheit zurück.

Warum ich so unentschlossen neben meinem kleinen Briten stand? Weil der Kleine heute, nein, nicht zum Arzt, sondern in die Werkstatt muss. Der ungeliebte Besuch muss sein, das Brompton muss zum Abhorchen und zum ersten Schrauben-Muttern-Service und einiges an ihm muss außer Plan gerichtet werden. Dieses „einiges" macht mir Sorge, weil ich die ruppige und selbstgefällige Art der Werkstattjungs von früheren Besuchen kenne und nicht ausstehen kann.

Nach drei Monaten muss ein frisch eingefahrenes Rad in der Regel zum Erstservice und im Normalfall geht dieser hurtig vonstatten: schmieren, salben, ölen, die eine oder andere Schraube nachziehen, die Schaltung auf ihre Leichtgängigkeit überprüfen und die Bremsen frisch justieren. Zum Schluss gibt es noch den Nachweisstempel ins Scheckheft. Fertig! So kinderleicht funktioniert der Service bei einem Rad *made in Germany*. Bei einem Rad *manufactured in UK* kann eine Erstinspektion schon mal ausufern, sich gar zu einer Reparatur aufschaukeln, ja, sogar zu einer echten Aktion mit dem Austausch von verkorksten Teilen und schlampig montierten Schutzblechen, Bremsgriffen und Schaltungskomponenten ausarten.

Bei meinem Brompton haben die Mechaniker aus Middlesex vermutlich einen schlechten Tag gehabt, als sie die Dreigangschaltung montierten. Beim Rauf- wie Runterschalten rupft der Seilzug, überhaupt lässt die Schaltung jegliche Geschmeidigkeit vermissen. Wenn ich diesen Fehler in einer halben Stunde in der Werkstatt monieren werde, muss ich mich auf eine Zurechtweisung, gar eine Schelte gefasst machen, denn nach Meinung der Werkstattjungs kann es so etwas Unzulängliches, womöglich gar Krankhaftes, bei einem britischen Bike einfach nicht geben. Jetzt, auf der Fahrt zur

Werkstatt, überlege ich hin und her, wie ich meine Kritik loswerden kann, ohne die Jungs in ihrer Selbstgefälligkeit zu provozieren.

Bevor es geklaut wurde, probierte ich mit meinem alten City-Rad allerlei Werkstätten aus. In jedem dieser Fälle beschlich mich bereits an der Ladentür das Gefühl, ich betrete die Sprechstunde eines Halbgotts in Weiß. Der Vergleich einer Radwerkstatt mit einer Arztpraxis und die mit Schraubenschlüsseln werkelnden Jungs mit Halbgöttern ist keineswegs an den Haaren herbeigezogen, das wird mir immer wieder von anderen bestätigt. Zu oft haben meine Radfreunde und ich schon erlebt, dass eine flehende Bitte, eine gehauchte Fehlerdiagnose oder gar eine berechtigte Kritik an einer schlampigen Reparatur eine unwirsche, herablassende Belehrung provozierten. Oder eine wegwerfende Handbewegung. Oder ein muffiges „Hmmh", das von „hast ja keine Ahnung" bis hin zu „bist wohl ein Besserwisser" das ganze Spektrum der Selbstherrlichkeit abdecken kann.

Bei jedem Werkstattbesuch, auch wenn ich nur um das Ausleihen einer handbetriebenen Luftpumpe flehte, kam ich mir wie ein Störenfried vor. Deshalb grübele ich jetzt auf dem Weg zur Erstinspektion: wie werden mich wohl diesmal die Halbgötter in den ölverschmierten Latzhosen empfangen?

Ruhig atmend, in aufrechtem Sattelsitz treibe ich das britische Pony unter mir an und achte streng auf die sichtbaren und unsichtbaren Regeln des urbanen Verkehrs. Seit mir ein Helfer der Münchner Polizei, getarnt im zivilen Parka und tief in die Stirn gezogener Pudelmütze, ein Bußgeld von fünfzehn Euro abgeknöpft hat, weil ich auf einem leeren Radweg einige lächerliche Meter in der falschen Richtung fuhr, passe ich höllisch auf, um nicht wieder in eine kostspielige Falle zu tappen.

Anscheinend haben die Polizeipsychologen doch recht, dass eine empfindliche Geldbuße auch Radfahrer, wenn nicht zum Umdenken, so zumindest zur Vorsicht zwingt. Aus dieser Erkenntnis zogen die Ordnungsbehörden im April 2013 die strafrechtliche Konsequenz: Fahren in falscher Richtung 15 bis 25 Euro; Ampel bei Rot überfahren 100 bis 180 Euro; Fahren und Telefonieren 25 Euro. Ohne Licht fahren 20 Euro. Immerhin darf man noch immer mit einem gehörigen Rausch (mit 1,6 Promille im Blut) dem Satteltanz frönen. Aber insgesamt sind Verkehrssünden im Sattel richtig teuer geworden, vorausgesetzt man wird erwischt. Immerhin kommen zur Geldbusse ab 40 Euro auch noch Punkte in Flensburg hinzu.

Welch ein erschütternder Gegensatz! Der Radweg entlang der Landsberger Allee ist so gut wie menschenleer. Die Doppelspuren daneben hingegen vollgepackt mit lärmendem, stinkenden Kraftstoff-Verkehr. Wie ich mich auf dem gähnend leeren Radweg einer Kreuzung nähere, wechselt das Lichtauge der Ampel auf Rot. Da ich nicht allzu schnell unterwegs bin, kann ich locker bremsen. Mit vorgerecktem Arm steuere ich den Ampelmasten an, um mich die Wartephase über an ihm auszuruhen. Bloß nicht schon wieder aus dem Sattel steigen! Ich will nicht alle paar Hundert Meter anhalten müssen, nur wegen eines Signalgebers, der der motorisierten Konkurrenz für lächerliche drei Minuten die rote Karte zeigt.

Ich will das Fahren genießen, diesen Zustand des Fließens, dieses Sich-Bewegen im Wind. Offenbart sich in diesem freien Bewegen nicht die Essenz des Radfahrens? Ist es nicht offenkundig? Sobald die Laufräder unter den Pedaltritten die Balance gefunden haben und sich der Rollwiderstand des Gummis auf dem Grund scheinbar in Luft aufgelöst hat, stellt sich jenes Fließen ein, das einem nach längerer Pedalarbeit wie ein träumerischer Zustand des Nicht-Bewegens vorkommt. Dieser Zustand erinnert an die optische Täuschung im Film, wenn die sich drehenden Räder eines Autos mit zunehmender Fahrgeschwindigkeit auf einmal mitten im Drehen innehalten und stillstehen.

Langsam, aber nicht viel langsamer als die gedrängten Blechkutschen neben mir auf der verengten Baustellenspur, komme ich meinem Ziel näher. Ich fahre geradeaus, seit vier

Kilometern nur geradeaus. Geradeausfahren erlaubt einem, seinen Gedanken nachzuhängen. Und schon ertappe ich mich, wie ich im Geiste die Wartung selbst ausführe. Prompt höre ich eine innere Stimme: *kehr um, lass den Werkstatttermin sausen und mach den verdammten Service doch selbst!*

Ja, ein selbst durchgeführter Service wäre eigentlich ideal. Ich könnte meine verweichlichten Hände sinnvoll beschäftigen, den Rost aus den Gehirnwindungen pusten und pro Inspektion auch noch sechzig Euro sparen. Dazu müsste ich mich eigentlich durchringen! Aber einfacher gedacht, als getan. Fürs *Do-it-yourself* bräuchte ich ein verfeinertes Wissen, geschickte Hände und zumindest das komplette Bike Kit 24 Rose im Kofferset, ein 25-teiliges Schlüsselensemble aus dem Baumarkt und noch ein Fläschchen Öl obendrein. Nein, kein Öl, sondern einen Silikonspray. Früher, als ich mein weißes Hercules noch fuhr, benutzte der Mechaniker für die Wartung noch Öl und brachte Christian Morgenstern auf die Idee, über den Radfahrer Sausebrand und sein Fahrrad zu dichten: „Es kniet sich hin wie ein Kamel und trinkt vergnügt sein Schälchen Öl und freundlich klopft ihm Sausebrand den Rücken mit der Flachen Hand."

Die dritte Waschstraße und die letzte Niederlassung für Neu- und Gebrauchtwagen, diese von Blech überwucherten und mit Werbefahnen beflaggten Areale, passiere ich in blendendem Sonnenschein. Neugierig drehe ich den Kopf hin zu den emsigen Männern, die auf den Parkplätzen der Waschanlagen die letzten Wasserspritzer von den Stoßstangen und Motorhauben ihrer blinkenden Karossen wischen und wienern. Vor dem dunkel verschatteten Tor der Waschstraße sehe ich Männer, ausschließlich Männer, die mit armdicken schwarzen Plastikschläuchen die Fußmatten und Sitzpolster hinter aufgestemmten Autotüren säubern. Blaue Maschinenkästen tönen wie Düsenturbinen, so gewaltig, dass ihr gefrässiges Saugen bis zu mir herüber dringt. Areale wie diese an den Ausfallstraßen unserer Städte sind die

Hygienekammern eines Kosmos, der in Jahrzehnten um das Auto gewachsen ist.

Gegen ihre Dimensionen wirkt die Waschanlage für Fahrräder geradezu putzig. Ein Behälter, nicht viel länger als eine Badewanne, dafür selbst für einen schmal gebauten Menschen zu eng, steht im Verkaufsraum der Münchner Pedalhelden und lädt für acht Euro zum nassen Abbürsten ein. An der Schmalseite befindet sich ein kniehohes Türchen, das aufgeklappt wird, um das schmutzige Rad hineinzuschieben. Bevor aus vielen seitlich angeordneten Düsen warmes Wasser spritzt, muss ein gewölbter Plastikdeckel über den Behälter gestülpt werden. Auf Knopfdruck reinigen dann elektrisch betriebene Bürsten den bodennahen Teil des Rahmens, das Tretlager und die Felgen der Laufräder, aber nur bis knapp über der Nabe. Lenker, Sattel und auch die sich oberhalb der Achse spreizenden Speichen werden höchstens besprüht, aber keinesfalls vom öligen Dreck befreit. Ob die Bürstenkraft auch ein MTB vom eingebackenen Schlamm befreien kann, darf bezweifelt werden, denn das einschießende Wasser erreicht nur die unteren Bereiche, sozusagen den Bereich unterhalb der Gürtellinie. Das eingeschobene Fahrrad kommt sich vermutlich vor wie ein Wellness-Gast in einem Jacuzzi. Also vom warmen, blubbernden Wasser umsorgt.

Noch ist die Waschanlage ein Prototyp, noch hat sie gewiss viele Testwaschungen zu absolvieren, bis sie es mit ihren großen Brüdern an den Ausfallstraßen aufnehmen kann. Aber als Erfindung ist sie richtungsweisend für eine ganze Radindustrie, die definitiv viel Neues hervorbringen wird, nicht nur in Hinblick auf Hygiene und Service.

Endlich tritt mein Ziel ins Auge, ein Klappschild auf dem Gehweg kündigt die Werkstatt an. Beim Heranfahren erkenne ich die handgeschriebene Information: Dienstag bis Samstag von 10 bis 18 Uhr geöffnet, montags geschlossen.

Noch im Ausrollen hebe ich ein Bein über den Mittelholm und lasse die Zwergl-Räder meines Brompton langsam zur

Ruhe kommen. Das Summen der Gummiprofile verstummt, ich bremse im Windfang des Eingangs, wo ich das Klapprad am Schaufenster parke. Gerade als ich mich anschicke, das Hinterrad mit Schwung unter den Mittelholmen zu klappen, erschreckt mich eine mahnende Stimme von hinten: „Oh, das ist aber gefährlich!"

Verwirrt drehe ich mich um, verwirrt über dieses „gefährlich", das keinen Sinn ergibt, weil von einem Zwergl bekanntlich keinerlei Gefahr ausgeht, genauso wenig wie ein Dackel einen zerfleischenden Kampfbiss landen kann. Ich bin verwirrt und denke nach! Womöglich mahnt die Stimme aus dem Laden, dass mein schmächtiges Rädchen gefährdet ist? Nach kurzem Überlegen dämmert mir, dass ich soeben gerügt wurde. Nicht geradeheraus, sondern verklausuliert wie es heute im Geschäftsleben gang und gäbe ist. Im Klartext sollte die Mahnung wohl heißen: „Mensch, bist du auch so ein Hirni, der uns den Eingang zuparkt!"

Der mahnende Wuschelkopf mit dem verfilzten Haar und dem Bartflaum am Kinn hat ja Recht. Im Windfang zwischen den Schaufenstern zweier Geschäfte, wo die Kundenluftpumpe steht, ist wenig Platz, alles ist gedrängt und dann steht da eben noch die Standpumpe zur freien Benutzung. Aber muss er gleich unaufgefordert mein Klapprad packen und es scharrend über die Pflastersteine wegschleifen? Warum räumt er nicht die Gurken von alten Rädern beiseite, die den Vorplatz wie einen Schrottplatz aussehen lassen? Ich schlucke meinen Ärger hinunter, denn ich bin auf den jungen Mechaniker in der grünen Latzhose angewiesen. Gleich soll er das vor drei Monaten hier gekaufte Klapprad inspizieren, die Erstinspektion durchführen, die Gangschaltung richten und den Sattel austauschen.

Eine Fahrradwerkstatt ist heute das, was ein Apple Store in den Anfängen war: ein elitärer Ort, Tummelplatz für Individualisten, Treffpunkt einer eingeschworenen, elitären Gemeinde, häufig aber auch ein Dorado der Oberschlauen.

Bereits die Namen der Werkstätten sprechen Bände: „Pedalhelden", „doctor bike", „Feinste Räder", „Biker's Best", „Rad & Tat", „Super Cycles", „stilrad", „Rad Studio", „Velo Traum". Die Liste der Premium-Titel und auch der geistreichen und witzigen Namen ließe sich beliebig fortsetzen und ergänzen.

Sobald ich allerdings einen Laden mit einem klugen Firmennamen betrete, beschleicht mich der Verdacht, dass hier Philosophie-Studenten, die im zwölften Semester an Immanuel Kants Kategorischem Imperativ gescheitert sind, eine Heimstatt gefunden haben. Mit gemischten Gefühlen trete ich jetzt durch die offene Tür und rufe in den Raum: „Hallo, ich habe einen Termin zur Erstinspektion!"

Der Wuschelkopf schaut mich kurz an, als sässe er am Frankfurter Flughafen an der Passkontrolle, dann checkt er das Terminbuch und findet tatsächlich meinen Namen. Den streicht er durch und schon eilt er nach draußen zu meinem Zwergl, das er aufklappt und wortlos in den offenen Werkraum rollt.

Die Inspektion nimmt ihren Lauf: flugs jagt er den Ganghebel durch die drei Gänge, einmal rauf, einmal runter; mit einem mehrmaligen Wirbel um die eigene Achse kontrolliert er die Kette, das Tretlager und die Pedale samt Pedalarme; geschwind checkt er das Spiel der beiden Bremsgriffe am Lenker; zack, ein Schlag auf die Reifen und schon ist der Lauf der Räder kontrolliert; einige Tröpfchen Öl in die drei Klappscharniere und zum Abschluss noch ein Zupfen am Hebel der Klingel. Ein Lächeln verjagt für einen Augenblick das düstere Wölkchen vor seiner Stirn und leichthin bis heiter ertönt es aus seinem Mund: „Die Inspektion ist fertig, dein Rad ist wieder klar!" Mit flinker Hand nimmt er das Brompton bereits wieder von der Arbeitsstange.

Nun gut, das Rad ist klein, ein Pony, ein Zwergl mit nicht allzu vielen Komponenten. Aber das kann es doch nicht gewesen sein! Fünf Minuten für die Erstinspektion. „Moment!" Ich hole Luft und sage resolut: „Aber die Schaltung. Bei der

Auslieferung wurde sie nicht richtig eingestellt und auch nicht kontrolliert. Sie rupft beim Rauf- und Runterschalten. Schau da mal bitte nochmals genauer nach."

Kaum kräuseln sich Falten auf seiner Stirn, frage ich mich: *war das Du zu kumpelhaft?* Wohl eher nicht, gewiss ist er zwanzig Jahre jünger als ich und bekanntlich verhalten sich die meisten Radfahrer wie Bergsteiger, wenn sie sich über tausend Höhenmetern begegnen. Ganz unkompliziert sagen sie „du" zueinander.

Vermutlich klang mein Hinweis in seinen Ohren wie eine harsche Kritik. Wortlos, ganz offensichtlich muffig, packt er das Brompton am Sattel und am Mittelholm und hängt es mit einem Scheppern erneut auf die Arbeitsstange, wo er es hüfthoch festschraubt. Ich stehe im Abseits, während er gelangweilt den Schalthebel rauf und runter springen lässt. Während er „geht doch" murmelt, wagt er mit spitzen Fingern an der Stabstellschraube, die aus der Nabe am Hinterrad ragt, eine minimale Umdrehung zu tätigen. Damit ist seine Operation beendet. Wie soll ich dieser Lässigkeit begegnen? Schreien, fluchen, rausrennen?

In kluger Vorahnung schweige ich und nehme mir vor, zuhause den Schalthebel und die feine Gliederkette, die aus der Nabe ragt, mit WD-40 zu besprühen. Der Spruch „Schmieren und Salben hilft allenthalben" gehört seit meiner Jugend zu meinem Radlatein, scheint aber in den heutigen Werkstätten vergessen worden zu sein.

Als er das Rad von der Stange nehmen will, deute ich auf das Schutzblech des Vorderrads, dass leicht schief über dem Reifen hängt. „Ich würde meinen...ein Fehler ab Werk...kannst du den noch beheben?"

Noch muffiger als zuvor greift er zu einem Schraubenzieher und beginnt, an den Haltestreben des Schutzblechs zu werkeln. Ohne Erfolg! Auch beim zweiten Versuch mit einer Wasserpumpenzange lässt sich die Position nicht berichtigen. „Die Schraube ist genietet", ertönt es unwirsch aus seinem

Mund, „da kann ich nichts machen, das ist eine Unsauberkeit ab Werk!" Schnaufend erhebt er sich aus der Hocke und dreht sich von mir weg, um die Zange inmitten von Dutzenden von Werkzeugen auf einer überquellenden Werkbank abzulegen.

Wo er Recht hat, hat er Recht. Die Halteniete sitzt nicht in der Mitte des Schutzblechs, deshalb hängt dieses schief über dem Reifen. Zum Glück nicht so schief, dass es am Reifen streift. Weil ich das englische Rad beim Kauf nur flüchtig inspiziert habe, ist mir diese werksseitige Schlamperei entgangen. Jetzt muss ich meinen Ärger über das *british engineering*, das auch schon bessere Tage erlebt hat, hinunterschlucken. Unmöglich kann ich das liebgewonnene Pony zurückgeben, nur wegen solch einer Lappalie. Frust steigt in mir hoch und schon fühle ich mich in der Werkstatt so unwohl, als säße ich in einer Daunenjacke in der Sauna. Raus hier, nur noch raus!

Moment, das war noch nicht alles! Eine Aufgabe wartet noch ihrer Erledigung. „Bitte tausch mir noch den Sattel aus", bitte ich schon beinahe flehend.

„Dazu habe ich überhaupt keine Zeit, so etwas muss angemeldet werden. Du hattest nur einen Termin für die Inspektion gebucht. Aber ich mach mal eine Ausnahme... hier hast du einen Schraubenschlüssel, damit kannst du's ja selbst versuchen!"

Rasch greife ich nach dem hingehaltenen 13er-Schlüssel, um mich an der langen Sattelstange meines, ins Freie beförderten Brompton zu versuchen. Beim Ansetzen am Schraubkopf stelle ich fest, dass der Schlüssel nicht passt, dass ich einen 14er-Schlüssel bräuchte. Vorbei an einer Reihe von schwarzen Ladenhütern mit hohen Lenkern und Kettenschutzkästen, vorbei an drastisch reduzierten Holland-Rädern, eile ich zurück in die offene Werkstatt, wo sich die Wolke des Unmuts zusehends verdichtet.

„Der Schlüssel ist zu klein!" sage ich mit einem Quentchen Triumph in der Stimme. Am liebsten würde ich ihm ins Gesicht brüllen: *Selbst ist der Mann! Würde ich dieses Motto beherrschen, müsste ich mich nicht mit muffigen Schraubern wie dir herumschlagen.*

Wieder kein Wort, weder von dem Wuschelkopf mit dem Kinnflaum, noch von den beiden anderen Fuzzys, die an verdreckten Kundenrädern schrauben als sei die Zeit kollabiert. Keiner bringt ein Sterbenswörtchen über die Lippen und trotzdem herrscht keine Stille im Raum. Nölend wabert über der Kraut-und-Rüben-Werkbank die schlechte Laune. Wie ich den drei Schraubern den Rücken zuwende und wieder zur Tür eile, glaube ich ein Zischeln hinter mir zu hören: „Hau endlich ab, du Arsch, und lass uns endlich in Frieden."

Am Po genau

Erfreuliche und schmerzhafte Erfahrungen haben mich zur Einsicht gebracht, dass ein guter Sattelsitz so wichtig wie regelmässiger Stuhlgang ist. Egal, ob man einen nostalgischen Ledersattel von Brooks oder einen mit Silikon gepolsterten von SQlab bevorzugt, immer kommt es darauf an, den passgenauen Sitz zu finden.

Das Sitzmöbel, um das es hier geht, ist von seinen Ausmaßen her gesehen nicht des Aufhebens wert. Es ist eher eine Sitzkante für knackige als ein Fauteuil für ausladende Hintern. Kaum größer als zwanzig Zentimeter misst ein sportliches Modell im Quadrat. Sahen die Sättel früher noch nach Fettsucht aus, so wirken sie heute wie verhungert. Diese Diät verdanken wir den Ergonomen. Diese Spezialisten an der Schnittstelle Mensch versus Maschine fanden heraus, dass der Sattelsitz ein Sitzhöcker-Sitz ist, und dass die begleitende Rundumpolsterung eher reibt, reizt, rubbelt und zwickt und nur schmückendes Beiwerk ist. Auf den Sitzhöckern ruhen immerhin fünfundachtzig Prozent des Körpergewichts, vorausgesetzt der Radler ist kein armgestützter Rennradler. Die Faustregel für jeden Radkauf lautet demnach: ein Po genauer Sattel muss sich dem knochenharten Kernbereich andienen, nicht aber der Apfel- oder Birnenrundung des Allerwertesten schmeicheln!

Ein neues Rad mag noch so schön dastehen, einen anlachen und sich unter der Hand noch so geschmeidig anfühlen, wenn allerdings der Sattel einen nicht einlädt, sollte man keine zehn Meter damit fahren. Beim Ausprobieren im oder vor dem Laden mag man noch okay sitzen, aber aus einer winzigen Druckstelle können sich auf einer längeren Tour Höllenqualen entwickeln. Nicht nur am Po, sondern an allen möglichen Stellen, vom verspannten Rücken via Hüfte bis zu den eingeschlafenen Füßen hinab.

Höhentechnisch muss ein Sattel so eingestellt sein, dass bei durchgestrecktem Bein das bodennahe Pedal noch mit der Ferse erreichbar ist. Anders ausgedrückt: Berührt man bei waagrechter Hüftstellung mit dem Zehenballen das Pedal, dann muss im Knie eine minimale Beugung spürbar sein. Die Passgenauigkeit des Sattels ist das Eine, die minutiös festgelegte Sattelhöhe das Andere. Nur in Kombination ermöglichen beide Komponenten schmerzfreie Berg- und Talfahrten auf längeren Strecken.

Ein passgenauer Sattel ist wie ein beflissentlicher Mediator, hingegen ein schlechter wie ein selbstherrlicher Prokurator, der lieber aufmuckt anstatt sich zu fügen. Über den Sattel verstärken oder verringern sich die Impulse, die die Laufräder während der Fahrt über glatten oder holprigen Boden an den menschlichen Organismus senden. So wird ein Sattel zum Sensor für die Empfindlichkeiten im Zusammenspiel von Mechanik und Biologie. Durch ihn teilt sich die Härte oder die Weichheit des Untergrunds von den Pedalen bis hinauf in das Schaltzentrum des Gehirns mit. Nicht die Kraft der Waden, sondern der Sattelsitz entscheidet letztlich über Ausdauer und Elan. Viele Sättel habe ich schon ausprobiert, bis ich erkannte, dass ein Sattel ein Widerspruch in sich darstellen muss, um als empfehlenswert zu gelten. Sowohl Ruhekissen als auch Stimulator muss er sein, beide Funktionen muss er gleichermaßen erfüllen.

Bekanntlich gibt es unter Radfahrern die verschiedensten Charaktere. Grob gesprochen: hat einer Hummeln unter dem Hintern oder ist er gesetzt? Zumindest diese Alternative sollte bei der Sattelwahl in Betracht gezogen werden. Grundsätzlich gilt das Motto: Sag mir, auf welchem Sattel du sitzt – entweder aus spartanischem Leder oder aus Gel – und ich sag dir, was für ein Typ von Mensch du bist.

Als ich mich für ein Trekking- und ein Klapprad entschied, habe ich mich mit zwei grundverschiedenen
Lebenseinstellungen angefreundet: mit der gnadenlosen
Härte und der sanften Nachgiebigkeit. Und siehe da, die unterschiedlichen Sättel veränderten meinen Blick auf die Welt
und das Gefühl für das Ganze. Mit der sinnlichen Erfahrung
erwuchs aus einem Entweder-oder-Denken ein Sowohl-als-
auch-Denken, was mich seither leichter durchs Leben lenkt.

Auf längeren Strecken fördert ein handtellergroßer Fakir-
Sattel, der gerade mal hundertachtzig Gramm wiegt, die
Ausdauer und das Durchhaltevermögen, während auf kurzen
Wegen ein gel-weicher verwöhnt. Auf einem Gel-Sattel gerät
man leicht ins Dösen, ins Sich-fahren-lassen. Dieses Gefühl
ist dem Flanieren eines Müßiggängers vergleichbar und weit
entfernt von Entbehrung. Zielstrebig und ehrgeizig wie ein
Champion fährt man hingegen auf einem harten Sattel. Auf
seiner spartanischen Polsterung müht man sich redlich, um
das gesteckte Ziel zu erreichen. So findet man leichter zur
Ausgewogenheit zwischen den beiden Polen Weg und Ziel.

Was die Passgenauigkeit angeht, muss ein Sattel einem
Glacé-Handschuh entsprechen, so anschmiegsam muss er
sich unter den Sitzhöckern, den ausgeformten Wülsten des
knöchernen Beckengürtels, formen. Dabei ist nicht seine
Länge entscheidend für einen guten Sitz, sondern seine
Breite. Ein zu schmaler Sattel bietet den beiden Höckern nicht
genügend Auflagefläche und es kommt im Dammbereich
zu Schmerzen, Druckstellen und Hautreizungen bis hin zu
Abszessen. Andererseits destabilisiert ein zu breiter Sattel, der
auf den ersten Blick bequem anmutet, die Fahrposition und
ein schlingerndes Gefühl befällt einen in den Kurven. Selbst
bei gerader Fahrt fehlt die Stabilität, was in der Taille eine
Art Bauchtanz-Gefühl verursachen kann, im Schulter- und
Armbereich hingegen Verspannung. Zu breit oder zu schmal
– beides ist von Nachteil für die Wirbelsäule, die nicht mehr
ohne weiteres „einfedern" kann. Um die Sitzfläche exakt zu

bestimmen, rate ich zum Maßnehmen mit einem Sitzabdruck auf einem Wellkarton beim Fachhändler.

In jedem guten Radladen liegt dieses Stück Karton bereit. Der Kunde setzt sich einfach auf einen Hocker und schiebt die gewellte Pappe wie ein Filzkissen unter den Hintern. Unter dem Gewicht des Oberkörpers, verstärkt durch Ziehen an zwei seitlichen Griffen, drückt sich die wellig aufgeworfene Pappe platt und aus den beiden Dellen kann man deutlich den Abstand zwischen den beiden Sitzhöckern ersehen – und diesen millimetergenau ausmessen. Nun steht einer Sattelauswahl aus einem großen Sortiment nichts mehr im Weg. Fürwahr, das Sattelsortiment könnte nicht größer sein; so gibt es inzwischen sogar farbenfrohe Sättel, die sich zur Seite neigen können, die mit oder ohne Nasen, mit oder ohne Spiralfedern versehen sind. Und die Materialien in ihrer Beschaffenheit variieren, dass man aus dem Staunen nicht herauskommt.

Wenn der Mann Platz nimmt, zwängt sich augenblicklich etwas forsch zwischen seine Beine, was ihn bei der ersten Berührung irritieren, gar stören mag. Das ist die Sattelnase. Im schlimmsten Fall ist sie fehlerhaft, nämlich aufwärts gerichtet montiert, dann quetscht sie die 300 Läppchen im Hodensack und verengt das Reservoir der Samenzellen. Aus diesem Grund schwören immer mehr Männer auf einen Sattel mit Mittelrinne oder einer Öffnung zwischen den beiden Schambeinkufen.

Zwar ist bei Frauen die perineale Region nicht so prominent ausgebildet, aber bei ihnen können die äußeren Schamlippen gequetscht werden, was auf längeren Fahrten genauso schmerzt wie ein behinderter Hoden. Nach längeren Fahrten kommt es häufig vor, dass auch Frauen über Taubheit im Intimbereich, vom Venushügel abwärts, klagen. Um Abhilfe zu schaffen, weist das Sortiment spezielle Damensättel mit einer ovalen Öffnung in der Mitte oder einer durchgehenden Rille auf.

Wie wichtig der richtige Sitz für das Wohlergehen ist, wissen wir inzwischen. Noch erörtern müssen wir hingegen, welche Bedeutung ihm aus sexologischer und urologischer Sicht zukommt. Voller Tücken und schambehafteter Vorurteile steckt dieses Thema und was den Einfluss auf die Sexualität angeht, driften die Meinungen auseinander wie beim heiligen Streit um den Apfel der Versuchung: lockte die Schlange erst Eva oder ging ihr Adam als erster auf den Leim?

Der Urologe Vinod Nargund führt die Phalanx der Skeptiker an, für die das Radfahren in Hinblick auf die Bewahrung der Potenz eine überaus fragwürdige Sport- und Freizeitaktivität darstellt. Er meint belegen zu können, dass sich mehrstündiges Radfahren negativ auf Potenz und Zeugungskraft auswirkt. Zu dieser These gelangte er durch Studien an Dutzenden von zeugungsfähigen Probanden, die er mit Fahrrädern auf eine längere Distanz schickte. In anschließenden Kliniktests stellte er unter dem Mikroskop fest, dass sich bei den Männern die Spermien durch die Quetschung von Hoden und Nebenhoden und die erhöhte Körperwärme im Dammbereich träger bewegten als vor der Radfahrt. Außerdem bemerkte er eine verringerte Durchblutung im Genitalbereich, woraus er schlussfolgerte, dass Entzündungen der perinealen Schweiß- und Talgdrüsen möglich seien, ja, dass sich im schlimmsten Fall eitrige Furunkel bilden könnten. Soweit das Horrorszenario aus England, denn dort fand die Studie statt.

Da all diese Laboruntersuchungen unmittelbar am Ende einer Radfahrt vorgenommen wurden, liegen keine Fakten über den Zustand und die Vitalität von Spermien und Blutzirkulation nach der Regeneration im Ruhezustand vor. Selbstredend sitzt kein Mann über Stunden auf dem Sattel ohne zu pausieren und sei es nur auf ein Bier oder einen Energie-Riegel.

Anfangs sorgte die Londoner Studie für helle Aufregung unter rennradelnden Männern, doch die Angst vor der Fahrrad-Impotenz hat sich inzwischen weitgehend verflüchtigt.

Genauso verflüchtigt wie andere, heute belächelte Vorurteile aus den Anfängen des Radfahrens. In der Mitte des 19. Jahrhunderts wurde den radbegeisterten Frauen unterstellt, sie würden den Sattelsitz zur heimlichen Selbstbefriedigung nutzen, also als eine Art Dildo. Außerdem würde eine lange Radfahrt die Gebärfähigkeit nachhaltig schädigen.

Seit Radfahren zum Breitensport geworden ist, gehen Männer wie Frauen zum Glück viel gelassener mit dem lange tabuisierten sexologischen Aspekt des Radfahrens um. Erwähnenswert ist in diesem Zusammenhang allerdings noch eine amerikanische Studie, die die Londoner detaillierter beleuchtet. In diesem Fall klagten die Probanden nicht generell über Taubheit im Hodenbereich und Erektionsstörungen nach längeren Touren, sondern nur wenn die sportive Rennrad-Position in eine aufrechte Sattelposition verändert wurde, wodurch sich das Körpergewicht mehr von den Armen auf das Becken verlagerte.

Jedes aufgeklärte Kind weiß, dass Männlein und Weiblein verschieden gebaut sind. Aber erst seit einer Studie der Yale-Universität mit achtundvierzig Frauen, die sechzehn Kilometer in der Woche fahren mussten, wissen wir, dass Frauen auf Rennrädern viel eher über Taubheit am Beckenboden klagen als Frauen auf Holland-Rädern. Anders als beim Mann, kommt der weiblichen Anatomie die sportive, vorgeneigte Körperhaltung nicht entgegen.

Auch wenn sie die empirischen Daten verschieden interpretieren, belegen alle Studien übereinstimmend, dass bei männlichen wie weiblichen Vielradlern ein Taubheitsgefühl im Genitalbereich nach längeren Fahrten auftritt. Aber alle Probanden berichten, dass nach dem Absteigen vom Sattels, also während einer Pause oder am Ende einer Tour, im befreiten Dammbereich ein belebendes Kribbeln einsetzt, vergleichbar dem Kribbeln in einem eingeschlafenen Gliedmass. Kaum, dass also der Druck auf die perinealen Organe, die Muskulatur und das Gewebe nachlässt, normalisiert sich der Zustand in kurzer Zeit und hinterlässt keine längerfristigen Schäden, schon gar keine Genitalschädigung, die man alarmierend als Schamlippen-Reizstörung oder Fahrrad-Impotenz bezeichnen könnte.

Ernsthaft wurde die sexologische und urologische Bedeutung des Sattelsitzes erforscht, wider Erwarten auch von mir. Ja, am eigenen Unterleib machte ich Erfahrungen, von denen ich nun berichten möchte.

Wie jedes Jahr stand die Krebsvorsorge an. Aber diesmal lief nicht alles so glatt wie in früheren Jahren. Als der Urologe meine Prostata abtastete, bemerkte er, dass sie im Laufe eines Jahres größer als eine Kastanie geworden war. Um den Status des vergrösserten Sexualorgans abzuklären, empfahl er mir einen PSA-Test durch eine Blutabnahme. Mit leichtem Unbehagen willigte ich ein und wurde sogleich aufgeklärt, dass für einen aussagekräftigen Marker des Prostata spezifischen Antigens (PSA) im Zeitraum von zwei Tagen vor dem Test sexuelle Abstinenz zu praktizieren sei. Ansonsten würde der relevante Wert verfälscht.

Die zweitägige Keuschheit fiel mir nicht schwer und sexuell unbelastet erschien ich zur vereinbarten Blutabnahme, die durch einen Nadelstich in eine Vene in der Armbeuge erfolgte. Keine zwanzig Minuten später verließ ich die Praxis mit der Aufforderung, mich in zwei Tagen telefonisch nach dem Ergebnis zu erkundigen. Noch vor Ablauf der Frist wurde ich angerufen. Eine Stimme, die sich übertrieben sachlich gab, sagte durch den Hörer: „Herr Franz, ihr Wert ist stark erhöht, bitte kommen Sie gleich morgen zu einer weiteren Blutabnahme vorbei."

Gesagt getan. Am Morgen der vereinbarten Untersuchung lag München unter einem Tief und am Stachus schüttete es wie aus Kübeln. Zum vereinbarten Wiederholungstermin wollte ich nicht derangiert erscheinen und entschied mich gegen eine Radfahrt im Regen. Um trocken im Ärztehaus anzukommen, drängte ich mich in eine überfüllte Tram. In der

Praxis verlief die zweite Blutabnahme genauso routiniert wie die erste und achtundvierzig Stunden später wurde ich erneut angerufen. Diesmal klang die Telefonstimme geradezu heiter: „Alles in Ordnung, Herr Franz, Sie können beruhigt sein, bitte schauen Sie in einem Jahr wieder vorbei!"

Obwohl der Verdacht auf Prostatakrebs ausgeräumt war, beschäftigte mich der „Ausreißer" des ersten Markers noch länger. Mit einem Rest an Misstrauen ging ich ins Internet und las in einschlägigen Foren allerhand über den Krebs an der Vorsteherdrüse. Während ich über das Pro und Contra des PSA-Tests las, fragte ich mich immer wieder, was zwischen dem ersten und zweiten Arztbesuch anders gewesen war. Von einer Sekunde zur nächsten fiel es mir ein: das erste Mal war ich mit dem Fahrrad, das zweite Mal mit der Straßenbahn gekommen. Ansonsten war der Sachverhalt Enthaltsamkeit derselbe. Als medizinischer Laie fragte ich mich allen Ernstes, ob meine fünfzehnminütige, immer wieder von roten Ampelphasen unterbrochene Stadtfahrt den PSA-Marker manipuliert haben könnte?

Die Antwort fand ich nicht im Netz, sondern im Gespräch mit dem Urologen, den ich frei von der Leber weg anrief. Zum Glück bekam ich ihn persönlich an den Apparat und konnte ihm von meiner Überlegung erzählen.

„Jetzt wird mir einiges klar!", rief er in den Hörer. „Sie müssen wissen, dass beim Radfahren alle perinealen Organe, eben auch die Prostata, gepresst werden. Diese Belastung können sehr wohl den Test verfälschen. Anscheinend hat meine Assistentin versäumt, Ihnen zu sagen, dass Sie vor der Blutabnahme nicht Rad fahren dürfen."

So sind sie halt, die Ärzte, egal ob mit der Haut, der Hüfte oder der Prostata betraut! Zwar bekam ich das Geld nicht erstattet, aber immerhin konnte ich mein Gehirn füttern. Nicht durch Buchstaben, sondern durch Erfahrung am eigenen Unterleib, habe ich Wissenswertes über die inneren Auswirkungen des Radfahrens gelernt. Würde ich nun meine

Erfahrung als Beweis der Stimmigkeit des hermetischen Gesetzes, wie innen so außen, ins Feld führen, dann wäre diese Schlussfolgerung allerdings an den Haaren herbeigezogen. Und trotzdem sollten nach den inneren auch die äußeren Auswirkungen des richtigen Sattelsitzes berücksichtigt werden.

* * *

Auf längeren Fahrten kommt es gern zu Komplikationen am Allerwertesten. Kurz und knapp: man sitzt sich leicht wund. Und dieser Umstand kündigt sich mit einem Ziehen, Drücken und Brennen auf der Haut an. Wenn dann der Hintern brennt, ist es bereits zu spät für die Prophylaxe. Vorbeugendes Eincremen lautet deshalb das A und O der Pflege! Darüber war sich schon Mark Twain („Besorg Dir ein Fahrrad. Wenn Du lebst, wirst Du es nicht bereuen") im Klaren, als er sein erstes Velo kaufte. Gleichzeitig mit seinem ersten Rad erstand er eine Büchse Pond's Extrasalbe. In seinem Essay „Des Fahrrades Zähmung" gibt er zu, dass er die Salbe nicht gegen das Wundscheuern kaufte, sondern um die Abschürfungen von den Stürzen zu verarzten, die er sich beim Erlernen des Fahrens zuzog. Nun muss man wissen, dass Radfahren zu seinen Zeiten noch eine hohe Kunst war, denn die Leute mussten auf einem Hochsitz von Fahrrad balancieren. Damals saß man hoch über der Vordernabe, an der sich eine Pedalkurbel ohne Kettenübertragung drehte. Wundsitzen auf langen Strecken war anno 1855 noch kein Thema, dafür hatten die Pioniere auf kurzer Strecke mit dem Obenbleiben viel zu viel zu tun.

Längst hat das Niederrad das Hochrad abgelöst und die Hirschtalgcreme die ehrwürdige Pond's Extrasalbe. Statt Sturzwunden einzucremen, gilt es heute dem Wolf vorzubeugen. Das Fett aus den Talgdrüsen des Hirschs ist dafür besonders gut geeignet, da es sich wie eine zweite Haut über die Körperhaut legt und diese für viele Stunden schützt. Die feste, Kerzenwachs ähnliche Creme wird in der Regel mit Grüntee-Extrakt und Weizenkeimöl geschmeidig gemacht. Sie ist der weichen Vaseline überlegen, weil sie tiefer in die Hautschichten eindringt und nicht so schmierig fettet. Nicht ohne Grund schwören auch Kontrabassisten auf das weiße Fett, mit dem sie die Fingerkuppe ihres Zupffingers geschmeidig halten.

Wohlgemerkt, Hirschtalg dient der Prophylaxe und muss bereits vor dem ersten Pedaltritt satt auf die Haut aufgetragen werden. Wenn die Haut am Hintern bereits brennt und rot gescheuert ist, dann hilft nur noch Calendula, eine Wundsalbe aus den Zungenblüten der Ringelblume. An dieser Stelle wäre noch genügend Platz für eine Betrachtung über den größten Feind der großen Fahrt, den Muskelkater. Aber als Radfahrer mit vielen Kilometern unter dem Po, können Sie gewiss ihr eigenes Lied von diesem Leid singen.

Duo pedalis

Wo ein Wille ist, ist noch lange kein Weg. Den müssen wir erst finden. Seit wir unsere Räder aus dem Zugabteil zwei sturzgefährliche Metalltritte hinab gewuchtet haben, weiß ich, dass ein Wille vorhanden ist. Bei Ulrike und bei mir. Aber jenen Weg, der sich nicht nur durch die Willenskraft auftut, müssen wir erst noch finden. Irgendwo zwischen den Häusern der Salzburger Altstadt und verborgen hinter der nächsten oder übernächsten Ampel muss er sich verstecken. Entschlossen suchen wir am Bahnhofsplatz nach einem Hinweisschild auf den Radweg, dem wir die nächsten Tage folgen wollen.

Wild entschlossen, die Vergangenheit hinter uns zu lassen, werfen wir das Bayernticket, mit dem wir von München frech über die Staatsgrenze bis Salzburg gefahren sind, in eine Mülltonne neben dem Taxistand und steigen auf unsere bepackten Räder. Willensstark fahren wir los und hoffen auf eine Fügung.

Wie wir unserer Nase folgen, geraten wir in ein Wirrwarr von Bahngleisen und schon bald an die öde Betonfassade eines Parkhauses, vor dem uns das Rot einer Ampel empfängt. „Dort drüben!", ruft Ulrike, die voraus fährt. Sie löst die Hand vom Lenker und zeigt in Richtung des Ampelmasts auf der anderen Straßenseite. „Uli schau, dort hängt ein Schild für Fahrradfahrer!" Sie ruft so begeistert, als wäre ihr soeben ein Eichhörnchen auf den Lenker gehüpft.

Wir biegen ab und folgen der Offenbarung in weißgrünem Kleinformat. Auf dem Hinweisschild steht Oberanger 1,2 km. Ohne jemals vom Salzburger Oberanger gehört zu haben, folgen wir der angezeigten Richtung und hoffen auf ein weiterführendes Schild, auf dem Salzkammergut-Radweg steht. Um endlich den richtigen Weg zu finden, radeln wir langsam und voller Bedacht, in alle Richtungen spähend. Keine dreihundert Meter später mündet von rechts eine Straße in das Asphaltband ein. Wir bremsen und halten nebeneinander an. „In welche Richtung geht es wohl weiter?", frage ich Ulrike und blicke mich suchend nach einem Hinweis um. Sie schweigt, was mich befremdet, weil sie sonst nur in heiklen Situationen schweigt.

„Ich würde nach rechts abbiegen", schlage ich vor.

„Wir sollten fragen!"

„Aber ich sehe keinen Menschen weit und breit, den wir fragen könnten. Sollen wir vielleicht ein Auto anhalten?"

„Nein, wir biegen einfach nach rechts ab und folgen dem Straßenverlauf", sagt sie bestimmend und macht die allseits bekannte Navi-Stimme nach.

„Okay, Lady first."

Wer inmitten einer Häuserlandschaft die Fährte eines Radwegs sucht, verliert leicht den Geduldsfaden, weil er zu hastig drauflos fährt, um endlich der ummauerten Enge zu entkommen. Prompt übersieht er an einer Querstraße ein weiterführendes Schild. Oder er verfranzt sich in der Hektik, weil zu viele Hinweisschilder mit verwirrenden Ortsnamen aufgestellt sind. Häufig trifft ihn aber keinerlei Schuld, weil weiterleitende Hinweise an kleineren Kreuzungen oder Querstraßen schlichtweg fehlen.

„Mit der Rumsucherei hat das keinen Zweck, so kommen wir nicht weiter!" Ich werde ungeduldig. Ulrike schaut mich prüfend an und auf einmal hat jeder von uns dieselbe Idee: wir blinzeln hinauf ins Himmelblau und suchen nach der Sonne. Am Sonnenstand wollen wir alten Pfadfinder uns orientieren. Noch steht die gleißende Orientierung nicht im Zenit, noch befindet sie sich auf ihrem Morgengang von Osten in die Himmelsmitte. Und im Osten liegt das Salzkammergut, wohin es uns zieht. Wie wir nach oben sehen, finden wir unseren Weg oder besser: die grobe Richtung.

Ab sofort radeln wir noch wachsamer. Wir scannen die Fassaden und Kreuzungen nach weißen Hinweistafeln ab. Und entdecken allerhand weiße und bunte Schilder, nicht nur für Radfahrer, sondern auch für Fußgänger und Touristen. Leider zeigen diese entweder in die Richtung, aus der wir kommen, oder sie zeigen in eine Richtung, von wo viel Motorenlärm zu uns herüber dringt. Das muss die Bundesautobahn nach Wien sein. Da auch in Österreich die Autobahnen für Radfahrer gesperrt sind, fahren wir weiter geradeaus ohne abzubiegen und halten auch nicht suchend an. Wir radeln einfach weiter und gelangen allmählich in einen Sog, der uns wie von selbst in Bewegung hält. Wieder tauchen Schilder auf, aber wir fahren einfach wie hypnotisiert weiter. Schließlich zwingen wir uns zum Anhalten. Wir müssen einen Passanten fragen. Detailverliebt und für einen Fremden ziemlich verwirrend, beschreibt der einsame Salzburger den Weg hinaus aus seiner Stadt. Wie wir wieder in den Sattel steigen, überkommt uns ein Gefühl, das man Zuversicht nennen könnte.

Am Himmel über sanft geneigten Hängen zeigt sich kein Wölkchen, als wir durch die Schrebergärten der Vororte im Salzburger Osten gondeln. Idealste Wetterbedingungen spornen uns in unserem Vorhaben an! Vor allem aber sind wir der verwirrenden Beschilderung entkommen und fahren nun endlich auf dem Salzkammergut-Radweg zwischen Gärten mit Obstbäumen hindurch der grünen Weite von Viehweiden entgegen. An unserem ersten Tourentag brauchen wir weder ein Gewitter zu fürchten, noch müssen wir uns sputen. Für heute haben wir uns eine moderate Distanz von fünfzig Kilometern vorgenommen.

Ulrike führt. Gut gelaunt habe ich ihr die Vorfahrt überlassen. Freimütig soll sie unser Tempo bestimmen, mal schneller, mal langsamer, je nach Gusto und Kondition. In ruhigem Hüft-Rhythmus radelt sie vor mir her und wiegt sich anmutig in der Taille. Ihr Rücken strahlt Wohlbehagen aus. Das Gelbgrün ihres neuen Trikots und ihrer Radhose harmoniert mit dem

Sommergrün der Wiesen und mir kommt es vor, als hätte sie ihr fröhliches Outfit stilsicher auf das sonnengeküsste Salzburger Land abgestimmt.

Doch nach einer Weile wird sie unruhig und rutscht auf dem Sattel hin und her. Was drückt sie bloß? Schon Blasen am Hintern? Schon wundgescheuert, am ersten Tag? Von hinten sieht es aus, als wolle sie mal die eine, mal die andere Po-Backe entlasten. Wie sie mir später beichten sollte, drohte ihr in diesem Augenblick das Hinterteil einzuschlafen, deshalb sei sie so unruhig gewesen.

Vor vier Monaten, als wir mit unserem Vorbereitungstraining anfingen, fuhren wir recht flott über Land, weil wir gepäckfrei fuhren. Nun sind unsere Gepäckträger bepackt, was uns im Tempo hemmt. Aber jammern hilft nichts, für eine Wochentour braucht man eben belastendes Gepäck und an ein Begleitfahrzeug wollten wir gar nicht erst denken.

Als es am Vortag der Abfahrt ans Packen ging, musste ich Ulrike mit bettelnden Küssen davon überzeugen, die Pumps, den Haarfön, das Kaschmir-Plaid, das Bauchschläferkissen und eine große Glasflasche mit Haarshampoo, eben Utensilien, die Frauen gerne unter ihre Fittiche nehmen, daheim zu lassen. Sie zeterte und meinte, auf ihrer letzten Tour nach Wien wäre sie zwingend mit zwanzig Kilogramm Gepäck gereist. Mit noch mehr Küssen und mit der Süße von Engelszungen redete ich ihr ein, dass weniger Gepäck weniger Tretaufwand bedeuten und dass wir, da wir schon etwas gesetzter sind, unsere Kräfte einteilen müssten. Schließlich leuchteten ihr meine Lippenbekenntnisse ein und wir einigten uns auf eine maximale Gepäckträgerbelastung von zwölf Kilogramm – verteilt auf zwei Satteltaschen, den sogenannten Panniers, den Brottransporttaschen, die um 1870 von einem radelnden *Boulanger* zum Ausliefern von Baguette-Stangen erfunden worden waren.

Der Radweg muss sich der ersten Steigung stellen. Unbeeindruckt heizt die Augustsonne uns Aufwärtsradlern ein. Trotz Rippen im Helm, beginne ich auf der Platte zu schwitzen. Mir fehlen die Haare, die den tropfenden Schweiß auffangen könnten. Schon bald ist die Stirn klatschnass und Tropfen um Tropfen rinnen mir durch die Wimpern unter die Sonnenbrille und brennen wie Säure in den Augen. Wie ich nach unten schaue, sehe ich sogar Tropfen, die glitzernd hinter dem Vorderrad zu Boden fallen, wo sie als dunkle Flecken auf dem Teer zurückbleiben.

Ulrike fährt mit offenem Haar, ihr Hallo-Kitty-Helm hängt griffbereit am Lenker. Ihre weißblonde Frisur ist ungeschützt der Sonne ausgesetzt, weshalb sie am Abend über einen leichten Sonnenbrand auf dem Scheitel klagen wird. Mit einem Stirnschild aus edlem Panama-Stroh hat sie die Augen verschattet und schützt ihren hellen Teint vor der UV-Strahlung. Am feuchten Glanz auf ihrem Nacken sehe ich, dass auch sie gehörig schwitzt. Noch tritt sie kräftig in die Pedale, allerdings geht von ihrer Silhouette eine verdächtige Ruhe aus. Schon mache ich mir Sorgen. „Alles klar?", rufe ich über den Lenker nach vorne, wo der Radweg schnurstracks auf ein Wäldchen zuführt.

„Alles klar!", keucht sie, ohne den Kopf zu wenden, „Bin mir nur nicht im Klaren, warum ich so treten muss?"

Ich reagiere verwirrt. Was für eine Frage?! Ist die Frau irgendwie beschränkt? Ich kenne sie ja noch nicht allzu lange, aber eine verminderte Wahrnehmung ist mir bisher nicht aufgefallen. „Weil wir bergauf fahren", antworte ich betont sachlich.

„Echt?! Woran merkst du das? Ich dachte, das ist das Gepäck, was mich nach hinten zieht. Ich weiß einfach nicht, wenn's bergauf geht. Dafür fehlt mir das Gespür. Du musst wissen, ich habe eine visuelle Bergauf-Bergab-Schwäche. Das hab ich schon oft bei Fahrten auf der Autobahn festgestellt."

„Dreh dich mal um und schau nach hinten. Oder sollen wir anhalten?"

Zögernd dreht Ulrike den Kopf nach hinten, um die Steigung in ihrer ganzen Länge in Augenschein zu nehmen. Mich trifft der Schlag, ich blicke in ein schweißüberströmtes, hochrotes Gesicht.

„Tatsächlich, jetzt sehe ich es auch, der Weg führt bergauf!", ruft sie verwundert im Fahren.

Wie ich ihr krebsrotes Gesicht vor mir sehe, schlage ich vor Schreck gleich eine Pause vor. Schlagartig erinnere ich mich, dass sie unter leichter Hypertonie leidet und täglich ein halbes Tablettchen gegen zu hohen Blutdruck einnehmen muss. Hoffentlich springt ihr systolischer Wert nicht gleich über die hundertachtzig! Nochmals schlage ich eine kleine Erholungspause vor, aber sie drängt und so fahren wir ohne anzuhalten langsam weiter, weiter bergan. Dank ihrer Widder-Natur neigt Ulrike dazu, sich körperlich zu überfordern. Das ist gefährlich, denn solch ein überhitzter Zustand kündigt sich schleichend an und kann zu ernsten Herz-Problemen führen. Dass Ulrike einen sehr starken Wille besitzt, ist mir bereits auf unserer ersten Trainingsfahrt aufgefallen.

Als sie vor vier Monaten im seidengewirkten Faltenrock und einer goldblinkenden Gucci-Handtasche am Lenker in unseren Hinterhof geradelt kam, hätte ich im Leben nicht gedacht, dass wir einmal gemeinsam eine ganze Woche auf Radtour gehen könnten. Wie eine hübsche, blonde Prinzessin saß sie auf dem Sattel eines Aschenputtel-Rads und verwirrte den Sportradler in mir. Wie sie mir später gestand, musste ich ziemlich verständnislos geglotzt haben, vor allem als ich ihr armseliges Damenrad erblickte.

Mein abschätziger Blick auf ihr Gewand und auf die beiden Einkaufskörbe an ihrem schrottigen Rad sei ihr nicht entgangen, erzählte sie mir später spöttisch lächelnd. Aber sie sagte damals nichts. Sie dachte sich ihren Teil. Wortlos drehte sie den Spieß einfach um und musterte mich von oben bis unten. Sie sezierte sozusagen mein Erscheinungsbild und beichtete mir später, dass ich bei unserem ersten Radtreffen wie eine platte Werbefigur aus einem Radsport-Katalog vor ihr gestanden hätte.

Ja, das stimmte! Profimäßig herausgeputzt stand ich damals vor ihr: der Kopf steckte unter einem schwarzweißen Rippenhelm, auf der Nase trug ich eine windschnittige Racer-Brille, am Leib ein weißes Elastan-Trikot, an den Händen fingerlose Handschuhe, über der Hüfte eine hauteng, knielange Elastan-Hose mit Trägern und unterhalb der spindeldürren Waden weiße Radschuhe an den Füßen. Derart sportiv aufgemotzt war ich zur Jungfernfahrt mit der Gucci-Lady angetreten.

Sportlich durchgestylt radelte ich ihr sozusagen als Kontrastprogramm voraus. Ohne eingeschüchtert zu sein, folgte sie mit erhobenem Engelshaupt im wehendem Rock und dem goldblinkenden Gucci-Täschchen am Lenker. Gewiss fuhr sie nicht unflotter als die lang berockten Damen von anno 1870, die noch auf Herrenräder balancierten und sich Velocipeden nannten. Lachend beichtete ich ihr, dass ich sie anfangs für eine genusssüchtige und eher bewegungsfaule Frohnatur gehalten und ihr soviel Wadenkraft niemals zugetraut hätte.

„Aber warum?", wollte sie erstaunt wissen.

„Wegen deiner Aufmachung und, na ja, weil du etwas fest um deine Mitte bist!"

Sie lachte und nahm mir die unverblümte Bemerkung nicht übel. So radelten wir scherzend nebeneinander her und verstanden uns prächtig. Als wir uns gegen Abend in einem Biergarten mit einem leichten Weizen zuprosteten, gestand ich ihr: „Ulrike, ich bewundere dich für dein Durchhaltevermögen und möchte mich bei dir entschuldigen."

„Entschuldigung angenommen! Uli, ich empfehle dir in Zukunft weniger zu werten. Und deinen Ehrgeiz ernsthaft zu zügeln, ja?"

Die großen Biergläser ließen wir erklingen und stießen auf eine faire Radpartnerschaft an. Verschmitzt versprach sie mir, sich etwas für unsere nächste Ausfahrt zu überlegen.

Bereits eine Woche später kaufte sie sich ein weißes City-Bike mit türkisen Applikationen. Als Zugabe erhandelte sie sich noch ein Pärchen Gepäcktaschen und eine LED-Leuchte. Wirklich clever, die Ulrike!

* * *

Gut gerüstet gegen Wetterkapriolen, allerdings ohne Schnickschnack wie Fön, Plaid, Kuscheltier und Pumps zum abendlichen Flanieren, radelt sie jetzt mit höchstens zwölf Kilo, aufgeteilt auf zwei Panniers, vor mir in Richtung Salzkammergut. Auf dem ansteigenden Radweg fahre ich ihr hintendrein, gebremst von sieben Kilogramm in einer Tasche. Apropos Pumps! Nie wären sie zum Einsatz gekommen, weil wir nach dem Abendessen meist todmüde ins Bett sanken. Vorausgesetzt, wir fanden ein Bett. Doch darüber später.

Die Uhrzeit ist uns abhanden gekommen. Inzwischen fahren wir schon ziemlich lange, vermutlich wird es bald Mittag sein. Die Augustsonne heizt derart ein, dass ich den Herrgott anflehe, er möge eine Schatten spendende Jalousie vom Himmel herablassen. Zumindest für unsere noch immer andauernde Fahrt hügelaufwärts. Gebeugt, mit rundem Rücken, stemmt sich jeder von uns in die Pedale. Zielstrebig fährt Ulrike voraus und ich fahre so dicht auf, dass ich die grünen Karos auf ihrer Hose zählen kann. Nicht wegen des vermeintlichen Windschattens, sondern um ihr möglichst nahe zu sein.

Keiner spricht ein Wort, jeder schwitzt still vor sich hin. Beim Himmel sind wir wohl in Ungnade gefallen, kein Lüftchen schickt er uns vorbei. Und nicht einmal der Fahrtwind sorgt für

Kühle. So kriechen wir Schnecken nun schon eine ganze Weile bergan.

In sanftem Schwung führt der Radweg durch Wiesen und Bauminseln leicht, aber stetig aufwärts. Die Sanftheit der Hügellandschaft ringsum und die Ruhe der mittäglichen Hitze schläfern ein. Nur selten schrecke ich hoch, wenn uns andere Radfahrer überholen oder lenkernah den Hügel herabgesaust kommen. In Trance könnte die Lage nicht abgeklärter sein. Immerhin können in diesem Gemütszustand die Gedanken schweifen.

Aus der Leere im Hirn erschallen plötzlich Hoch-Rufe. Erstaunt höre ich begeistertes Klatschen von rechts und links dicht neben mir. Ich fahre plötzlich durch eine wogende Menschenmenge. Massen von Menschen jubeln mir zu und grüßen ausgelassen. Hochrufe „Ihre Majestät lebe hoch!" ertönen von allen Seiten, Kappen fliegen in die Luft, Hüte werden geschwenkt. Kinderaugen leuchten. Mein Volk jubelt mir zu, ich bin ihr Oberhaupt, ich bin Kaiser Franz Joseph! Schon bald werde ich mich mit meiner schönen Sissi vermählen.

So spinnt mein Kopf vor sich hin, während die Beine wie fremdbestimmt in Zeitlupe kurbeln und treten. Von wegen Sonnenstich, von wegen Halluzination! Die Szene, die sich hinter meiner Stirn abspult, entspringt der überlieferten Geschichte. Wir radeln nämlich auf jener geschichtsträchtigen Eisenbahntrasse, auf der sich anno 1853 der Kaiser der österreichisch-ungarischen Monarchie an der Seite von Sissi von einer kleinen Dampflokomotive den Hügel hinaufziehen ließ, um in die Sommerfrische von Bad Ischl zu gelangen.

Vergangen die Kaiserzeit, geblieben das Kaiserwetter auf einer umgewidmeten Trasse, auf der wir unsere eigene Lokomotive spielen dürfen. Doch irgendwann hat jedes Gedankenspiel ein Ende, spätestens dann, wenn Hunger und Durst den Radler ins Hier und Jetzt zurückholen. „Anhalten", rufe ich nach vorne, „lass uns eine Pause machen!"

„Gute Idee, ich muss sowieso was trinken." Ulrike hat eine Holzbank unter der tiefhängenden Krone einer Rotbuche erspäht und lässt ihr Rad ausrollen.

Puh! Bin ich froh. Offen gebe ich es nicht zu, aber ich habe vom zweistündigen Aufwärtsfahren Puddingbeine und bin über die Unterbrechung mehr als froh.

Kaum hat sie den Ständer am Hinterrad ausgeklappt, reißt sie auch schon die Wasserflasche aus der Halterung am Unterrohr und stürzt einen halben Liter Stilles Wasser in sich hinein. Ich bin nur hungrig. Meinen Durst habe ich während der Fahrt durch kleine Schlucke aus dem Trinkbalg im Rucksack auf meinem Rücken gestillt. Wir setzen uns auf die Bank und unsere Hintern frohlocken über die ausladende Breite des harten Holzbretts. Während das Kribbeln im Hinterteil verschwindet und der Puls sich beruhigt, genehmigen wir uns die erste Brotzeit. Hartgekochte Eier und Vollkornbrot, belegt mit Avocado-Scheiben. Wir mampfen genüsslich und sprechen kein Wort. Wir schauen talwärts, von wo die dunkle Schlange des Radwegs den Hang bis zu unserer Bank herauf gekrochen kommt, als hätte sie den würzigen Duft unserer belegten Brote gerochen.

„Hier fahren wir in einer Woche hinab. Was glaubst du, wie uns das Spass machen wird." Ich stupse Ulrike mit dem Ellbogen an.

„Wer weiß, ob ich das noch erleben werde?"

„Und ob, du wirst vor Kraft nur so strotzen, das verspreche ich dir. Von meiner letzten Alpenüberquerung weiß ich, dass man nach einer Woche richtig fit ist."

Ulrike nimmt erneut einen gewaltigen Schluck aus der Flasche, während ich am Schlauch meines versteckten Wassersacks nuckele. Unsere Ausrüstung ist etwas verschieden. Ich bin der Spartanische, sie die Komfortable. Warum auch nicht, wir sind ja auch keine Siamesischen Zwillinge. Wir haben uns darauf geeinigt, dass wir mit Genuss radeln wollen und haben uns für eine Woche nur zweihundert Kilometer (nach oben offen) als Plansoll vorgenommen.

Wir beißen in unsere Brote, während Rennradler an unserer Bank vorbei düsen. Selten grüßt einer. Dafür ernten wir ab und an ein wohlwollendes Lächeln, meistens von Frauen am Lenker. Unter Radfahrern ist es nicht wie unter Motorradfahrern, die selbst in voller Fahrt zumindest einen Finger zum Gruß vom Gas- oder Bremsgriff nehmen. Ganz selten hebt ein entgegenkommender Radfahrer die Hand oder nickt grüßend herüber.

Sind Radler Schofel? Nicht unbedingt! Vermutlich wird so selten gegrüsst, weil mittlerweile zu viele Leute aller möglicher Couleur und mit den unterschiedlichsten Ambitionen auf überquellenden Radwegen unterwegs sind und sich auf diesen meist beengten Trassen ein Zustand eingeschlichen hat, den wir vom Autofahren kennen. Machen wir uns doch nichts vor: Radfahren hat längst seine Exklusivität verloren und ist zu einem ganz alltägliche Freizeitvergnügen geworden, das Millionen um Millionen ins Freie lockt. Im Verlauf unserer Tour pendelt es sich ein, dass wir nur unseresgleichen, den bepackten Tourenfahrern, ein Kopfnicken oder ein grüßendes Winken schenken.

„Auf geht's", ruft Ulrike und räumt die Essenreste in eine mitgebrachte Tüte. Keine fünf Minuten später sitzen wir frisch gestärkt wieder auf dem Sattel. Sie auf einem schwarzen mit weichen Polsterbacken, ich auf einem weißen, schmalen, harten. Noch immer fahren wir hintereinander, weil der Radweg noch immer auf der ehemaligen Schmalspurtrasse verläuft und seine unbefestigten Ränder in der holprigen Wiese enden. Schon bald ist wieder jeder bei sich, als würden wir uns gar nicht kennen, aber die Gewissheit des Vorwärtskommens spinnt einen unsichtbaren Faden namens „Gemeinsames Tun" zwischen uns.

Das Duo ist mit seinem Energiehaushalt und der Arbeit der Beine vollauf beschäftigt. Es fährt im Partnermodus, einem

Modus, der anspornen, aber auch zügeln kann, ohne dass es vieler Vorschriften oder Empfehlungen bedarf. Genau darin liegt die Kraft des Paar-Radeln, egal ob man es als heterogenes oder homogenes Doppel betreibt. Paar-Radeln ist die ideale Form der Fortbewegung. Man fährt weder solo auf sich gestellt, noch ist man im Doppelpack unterwegs. Auf einem Tandem sind die Kräfte des Lenkens und Strampelns doch zu einseitig zwischen Lenker und Hintermann/frau verteilt und ich hätte im Rücken des anderen als „Heizer" Angst, die Autonomie über mein Steuern, Bremsen und Antreten zu verlieren. Andererseits ist mir das Radeln im Rudel genauso suspekt, denn das Gruppen-Radeln erfordert ein ganzes Regelwerk an Vorschriften und viel Disziplin, um das eigene Tempo auf das Tempo und Verhalten der anderen abzustimmen. Wir wissen doch: wer in der Gruppe etwas gelten will, muss mit den anderen Großmäulern mithalten können. So bin ich recht froh, dass Ulrike und ich als *Duo pedalis* unterwegs sind und behalte mein Glück nicht für mich. Ich lockere die Stimmbänder und fange an zu singen.

Schon höre ich von vorn: „Bitte nicht so falsch!"

Endlich verabschiedet sich die Steigung und bedankt sich mit einem leichten Gefälle, das in ein verschattetes und kühles Waldstück hinab lenkt. Wir lassen uns auf den Downhill ein, ohne beschleunigend zu kurbeln. Auf den nächsten zwanzig Kilometern folgt die Route zwischen Büschen hindurch dem Ufer eines verspielten Bachlaufs, der sich in den Wolfgangsee ergießt. Wir bedauern das Rinnsal, weil es so ausgezehrt daher geflossen kommt.

Der Talgrund, durch den wir inzwischen fahren, gleicht den Seiten eines aufgeklappten Buchs. Der Bach in der Mitte ist der Falz, die eingezäunten Weidewiesen rechts und links der durch Absätze aufgelockerte Textblock. Und wie zur Illustration zieren höher gelegene Wälder den Seitenrand der Lektüre. Wir radeln durch eine Landschaft, in der man lesen kann, vorausgesetzt man frönt einer Bewegung, die zur Mäßigung zwingt, eben dem Radfahren oder dem Wandern.

Durch die Windschutzscheibe eines Automobils ließen sich die aufgeklappten Buchseiten nur überfliegen, aber auf dem Rad kann man in der Landschaft lesen: einst war der Talgrund menschenleer und dicht bewaldet. Dann ließen sich Siedler nieder und rodeten den Wald, um Wiesen und Felder anzulegen.

Noch mitten im Lesen schlussfolgern wir: Der Rodung verdankt unser Radweg seine Existenz und wir ihm unseren zauberhaften Ausflug. Vor uns und zu beiden Seiten sehen wir Herden von Kühen. Auch Pferde, erstaunlich viele Pferde, und zweimal durchfahren wir verschließbare Koppeln von Reiterhöfen. Die hiesigen Bauern müssen reich sein. Nicht wegen der großen Kartoffeln, sondern wegen der bombastischen Euter ihrer Milchkühe am Weg.

Kaum merklich verlangsamt sich unser Tempo. Immer häufiger stoppt Ulrike und auch ich bremse und halte am Rand des asphaltierten Wegbands, um ein Foto von der Landschaft zu schießen. Zwar fahren wir schon bald wieder weiter, aber kaum merklich, wie auf Flüsterasphalt, schleicht sich die Müdigkeit in die Knochen und die gesamte Muskulatur. Die Beine treten schwerer. Nur mit anschwellendem Widerwillen stemmen sie sich gegen den Widerstand der Pedale. Erst sachte, dann aggressiver verspüre ich ein Brennen in den Oberschenkeln. Auf einmal fangen die Fußsohlen an zu kribbeln und plötzlich sind sie taub. Immer öfters muss ich unter der Fahrt die Schuhe aus den Klickpedalen drehen und die Beine ausschütteln, damit das träge Blut wieder fließen kann. Als pulsiere in mir ein ganzheitlicher Schmerz, beginnen nun auch die Handgelenke wehzutun. Nun ja, sie müssen auf einem Trekking-Rad ja auch viel mehr an Körperlast als auf einem Holland-Rad tragen.

Noch vor einbrechender Dämmerung erreichen wir das Hotel zum Grünen Baum am Kirchplatz von St. Gilgen. Unser erstes Nachtquartier. Wie ich auf dem Parkplatz hinterm Hotel anhalte, um mit einem finalen Beinschwung vom Bock zu kommen, fährt es mir ins Kreuz. Ein Schmerzblitz rast den Rücken hinab bis zur Wade. Verflucht wie das zündet! Ich beiße die Zähne zusammen und schlucke das Aua hinab. Ulrike soll nicht mitbekommen, wie dem Champion das Alter zusetzt. Immerhin ist sie acht Jahre jünger als ich. Mit einem Schnaufer, den sie als erleichterten Seufzer interpretiert, vertreibe ich die schlimmste Pein und mit leicht gekrümmtem Rücken schiebe ich das Rad die wenigen Meter vom Parkplatz zum Fahrradraum. Noch Stunden später fühlen sich die letzten Lendenwirbel an, als hätte ich stundenlang gebückt Unkraut gejätet. Da haben wir es, das Leid des Radfahrens – das Kreuz mit dem Kreuz!

Beim Radfahren schultert das Rückgrat, selbst wenn es korrekt eingefedert und nicht rundgebogen ist, eine nicht zu unterschätzende Last. Vor allem muss es in einer ungewohnten, gebogenen Position ausharren. Je sportiver die Lenkerstellung ist, je angewinkelter der Arm- und Handgriff den Lenker umschließt, desto mehr Körpergewicht verlagert sich aus der Hüfte auf die Rückenwirbel und Schulterblätter. Diese Lastverschiebung macht steif und ungelenk, wenn sie das Tagwerk eines Radausflugs über anhalten muss. Wie ich mich beim „Absatteln" der Panniers zur vollen Fußgängergröße aufrichte, kommt es mir vor, als wären meine Bandscheiben allesamt verknöchert. Tapfer gebe ich meinen Schmerz nicht preis. Weder stöhne noch schimpfe ich, sondern rede mir ein, eine heiße Dusche wird es schon richten.

Ulrike spürt mein Unbehagen, als wir uns und unser Gepäck auf das Zimmer schleppen. Liebevoll fragt sie mich: „Was hältst du von einer Fußmassage?"

„Dagegen hab ich nichts einzuwenden. Aber die Füsse sind eigentlich okay, es ist der Rücken, die mich plagt."

„Du musst wissen, die Reflexzone in der Mitte der Fußsohle ist der Wirbelsäule zugeordnet. Lass mich mal machen, ich weiß Bescheid."

„Na gut, Hauptsache morgen bin ich wieder fit", meint der schlappe Hecht, der sich in Gegenwart seiner fidelen Partnerin ein bisschen für seine anfängliche Großspurigkeit schämt.

In der Nacht erwachen wir im Wechsel. Unruhig wälzt sich jeder vom Rücken auf die Seite und von der Seite auf den Rücken. Ulrike stöhnt: „Hätt ich nur mein Bauchschläferkissen mitgenommen."

„Hätte ich nur mein Wasserbett dabei." Mir kommt es vor, als spürte ich Muskeln, die ich bisher noch gar nicht kannte. Fürwahr, wenn nicht nur die Stränge, sondern auch die roten und weißen Fasern der Muskulatur, die Sehnen und die Faszien rebellieren, dann ist es mit der Nachtruhe nicht weit her. „In der nächsten Nacht wird es besser, schlaf jetzt." Ich streichele ihr beruhigend über das Haar. Irgendwann besiegt das Sandmännchen den Muskelkobold und auch der geplagteste Tourenradler schlummert ein.

Den angepeilten Abfahrttermin verschlafen wir und stehen erst gegen zehn mit langen Gesichtern an einem geplünderten Frühstücksbuffet. Als das Fräulein mit der weißen Schürze unsere enttäuschten Gesichter sieht, beeilt es sich, die zünftigen Radgäste mit frischen Croissants und einer extra Portion Birchermüsli mit frischen Früchten zu versorgen. Super lecker, was sie da aus der Küche herbeizaubert!

Unser Appetit könnte nicht größer sein, vermutlich haben wir gestern über zweitausend Kalorien verbrannt. Mit gutem Gewissen greifen wir zu, trinken mehrere Tassen Milchkaffee und auch noch frischgepresste Säfte. Wir stillen nicht nur unseren Morgenhunger, sondern auch alle zu erwartenden Hunger. Schließlich schmuggeln wir auch noch belegte Brote vom Teller in die mitgebrachte, dezent unter dem Tisch platzierte Tupperdose. Als letzte Gäste verlassen wir das Schlaraffenland und entscheiden uns, vollgestopft bis zum

Kragen, für den Lift zu unserem Zimmer auf der letzten Etage. Jetzt heißt es, zügig uns und unser Gepäck zu richten.

Da es entlang des Wolfgangsees wieder heiß zu werden verspricht, entscheidet sich Ulrike in kluger Vorahnung, ihr langes Engelshaar in Zöpfe zu flechten. Währenddessen putze ich mir die Zähne und widme mich dem Packen der Panniers. Die schwereren Sachen wie Luftpumpe, Ersatzschlauch, Sportschuhe und Kulturbeutel verstaue ich am Boden der Packtaschen. Die Regenbekleidung kommt griffbereit nach oben. Flink hat sich Ulrike süße Zöpfe geflochten. Nur mit dem Pony tut sie sich schwer. Gestern hatten ihr die verschwitzten Haarsträhnen wie Spaghetti in die Stirn gehangen und sie wohl ziemlich gestört. So hat sie sich für heute etwas überlegt.

Aus ihrer geblümten Kosmetiktasche holt sie einen Haarreif heraus und schiebt ihn sich in den Bausch über der Stirn, um das Pony-Haar zu zähmen. Damit nicht genug! Um den perfekten Spangensitz zu finden, schiebt sie den roten Bogen mit den bunten Plastikblümchen mal höher, mal tiefer, mal mehr nach rechts, mal mehr nach links. Mit einer Schnute schaut sie in den Spiegel. Noch ist sie mit dem Spangensitz unzufrieden. Wieder zupft sie den Pony zurecht und gleich darauf fingert sie unwirsch den Haltebogen wieder aus dem Haar und steckt ihn erneut, diesmal höher, in den Haarbausch über der Stirn. Als hätten wir alle Zeit der Welt, probiert und hantiert sie minutenlang mit dem ultimativen Sitz der Spange.

Ihre Unentschlossenheit lässt bei mir den Geduldsfaden reißen: „Frau Spangerl, nun mach voran, bald fängt der Mittag an und wir sind noch keinen Meter gefahren."

Sie erschrickt über meinen harschen Ton und im Nu sitzt die Spange richtig. Anstatt böse zu werden, muss sie lachen. Amüsiert über die spassige Titulierung „Frau Spangerl" wie mir scheint. Aber wie ich sie abgekanzelt habe, muss ich sie doch auch ein bisschen gekränkt haben, denn noch länger sollte sie die Angelegenheit beschäftigen.

Mit gepackten Panniers verlassen wir endlich das Gast-zimmer, bezahlen ohne Radlerrabatt und manövrieren unsere Vehikel aus dem provisorischen Fahrradraum, wo auf der Eckbank das Küchenpersonal bereits sein Mittagessen verspeist.

Am zweiten Tourentag ist unser Wille trotz anfängli-chem Ziehen und Reißen und Ungelenkigsein ungebrochen. Allerdings haben wir vom weiteren Weg genauso wenig Ahnung wie am ersten. Aus dem Guide wissen wir nur, dass der Radweg am Westufer des Wolfgangsees entlang nach Süden führt. Vom Grünen Baum aus fahren wir eine abschüs-sige Straße zum Kirchplatz hinab und weiter abwärts zum Seeufer. In flotter Fahrt genießen wir den Blick auf alte Villen mit gedrechselten Veranden und gelangen zur Blumenpracht des Kurparks. Am Minigolfplatz sehen wir das erste Schild und haben die Gewissheit, dass wir uns auf dem richtigen Weg nach Bad Ischl befinden.

Im vormals kaiserlich-königlichen Kurbad kehren wir im Pavillon vom Café Zauner ein, das Ulrike noch aus ihrer Kindheit kennt. Dort mundet die Haustorte nach k&k-Rezeptur so gött-lich, dass uns nach der ersten auch die zweite Sahneschnitte auf der Zunge schmilzt. Als unsere zweite Bestellung kommt, schaut mich Ulrike an, als hätte sie ein schlechtes Gewissen. Da sie gern mit ihrer Figur hadert, versuche ich sie zu beruhi-gen: „Frau Spangerl, wir haben heute mindestens schon tau-send Kalorien verbrannt. Da dürfen wir uns doch diese kleine Sauerei gönnen!"

Sie nickt, sagt aber nichts. So ganz überzeugt scheint sie von meinem ökotrophologischen Wissen über Nähr- und Brennwerte wohl doch nicht zu sein. Nach dem reichlich spä-ten Snack radeln wir weiter zum Hallstätter See.

Viele Kilometer müssen wir durch lichten Wald zurückle-gen und merken erst spät, dass uns alles Liebliche in der Natur verlassen hat: die offenen Wiesen sind verschwunden, auch die sanft geneigten, welligen Hügel mit ihren Waldinseln auf dem Scheitel. Jenseits der Sanftmut gibt sich die Landschaft verschlossen. Schroffen und Felswände rücken heran, es kommt mir vor, als radelten wir geradewegs in einen enger und enger werdenden Felstrichter hinein. Weil wir immer nur nach vorne oder nach rechts und links und nicht nach oben geschaut haben, ist uns die Veränderung am Himmel entgangen. Oben, nicht sonderlich hoch, ballen sich mittlerweile Wolken zu gewaltigen Wolkenbergen zusammen. Erst als wir das windige Seeufer erreichen, fällt uns auf, dass es kühl geworden und die Sonne verschwunden ist. Fröstelnd halten wir an und ziehen die Windstopper über.

Seit Landschaft und Klima rauer geworden sind, fahren wir schneller. Ein gehetzter Wind, der uns von hinten bedrängt, und eine auffrischende Brise vom Wasser her versetzen unser Innerstes in Unruhe. Die Urelemente treiben unsere Beine an und sorgen für erhöhten Pulsschlag. Wir werden plötzlich ganz nervös, denn unerwartet ist *Direttissima* zu Ende. Gen Süden blockiert der Bergstock des Dachsteins unser Fortkommen am Westufer entlang. Keine Pedalumdrehung später: Irritation, Verwirrung bei Ulrike und mir – der Radweg mündet in die Autostraße. An einem Bahnübergang halten wir an und suchen ein Hinweisschild für die weitere Route.

„Dort drüben!", ruft Ulrike und zeigt auf eine Weggabelung, die sich im Schilf versteckt.

Über den Binsen sehe auch ich nun das Schild. „Einen scharfen Blick hat ja die Frau Spangerl!", frotzele ich noch guter Dinge, während ich nach hinten schaue. Misstrauisch mustere ich den Himmel in unserem Rücken. „Oh weh, schau mal nach hinten! Das sieht nach einem gehörigen Gewitter aus. Wir müssen schneller..."

„Ich kann nicht schneller! Die ganze Zeit trete ich schon wie eine Wilde. Ich glaube, es geht schon wieder bergauf."

Noch ahnen wir nicht, was uns schon bald erwarten wird. Immerhin hat uns das himmlische Kind gewarnt. Spätestens jetzt muss ich es sagen: anders als auf einer Autofahrt, kann auf einer Radfahrt das Sesselvergnügen ganz schnell auf der Strecke bleiben. Meistens dann, wenn man es partout nicht brauchen kann. In den nächsten zwei Stunden sollten wir hautnah erleben, wie einen die Natur mit einem Fußtritt aus der Komfortzone kicken kann.

Leicht nervös zwingen wir uns zur Seeumfahrung, die uns auf einen Umweg nach Osten lenkt. Zwischen versumpfter Uferböschung und sauer riechenden Wiesen umrunden wir den verlandeten See und verstehen nicht, warum wir auf eine näherrückende Felswand zufahren müssen. Wir ahnen Schlimmes, denn die Wand türmt sich direkt vor uns zur Barriere auf. Vermutlich wird der Radweg in einer Kletterpartie enden.

Als wir unterhalb des Felsens ankommen, sehen wir das ganze Ausmaß der Herausforderung: ein geschotterter Weg führt auf einem dürren Band so steil bergauf, dass wir absteigen und die bepackten Räder schieben müssen. Wie wir uns schnaufend ins Zeug legen, ertönt ein erstes Donnergrollen im Rücken, ein Grollen, das uns wie ein Peitschenhieb trifft. Hechelnd stampfen und rutschen wir hintereinander auf dem steilen Schotter schneckengleich bergan. Die Arme weit vorgereckt am Lenker, die Füße auf Höhe der hinteren Nabe, so kommen wir langsam bergauf. Der heftig gegen die Wand schlagende Wind verschluckt unser Schnaufen und Japsen. Noch hundert Meter bergauf, dann stehen wir keuchend auf einem winzigen Plateau und zittern beide am ganzen Leib – der Champion nicht minder als die Lady. Der Wetterumschwung wurde zum Lehrmeister des Champions, denn er wehte dessen Allüren ein für alle Mal fort. Seit jenem Wettersturz am Hallstätter See begegnet er der Lady auf Augenhöhe.

Aus der Höhe der Steilwand führt der geschotterte Grund ausgewaschen und halsbrecherisch abwärts, tief hinab zum Wasser und endet in einem Drahtverhau, der sich an stählernen Seilen am senkrecht abfallenden Seeufer entlang spannt. Die Holzbohlen, über die wir die Räder nur noch verängstigt schieben, wackeln und poltern und der Spalt zwischen ihnen erlaubt einen Blick in die Tiefe, wo grünschwarzes, windgepeitschtes Wasser gegen die Felswand schlägt. In unserem Rücken erhebt sich ein ohrenbetäubender Sturm und überfällt uns von hinten, rüttelt an den Rädern und will uns die Windstopper vom Leib reissen. So bedrohlich die Sturmfront uns attackiert, so fördernd wirkt sie sich auf unsere Beinarbeit aus. Als säßen wir auf E-Bikes mit Tuning, so locker kommen wir bei Rückenwind voran.

Trotz Windkraft von hinten erreichen wir die Schiffsanlegestelle unterhalb der Bahnlinie, von wo der Kurgast nach Hallstatt hinüberfährt, zu spät. Drei Minuten vor unserem Eintreffen hat das Fährschiff die Leinen losgemacht. Wir ärgern uns maßlos, aber gegen das Diktat eines ordentlichen Fahrplans ist man auch in Österreich machtlos. So bleibt uns nichts anders übrig, als die restliche Strecke um das Südufer des Hallstätter Sees zu radeln. Ein schiebender Rückenwind ist die einzige Genugtuung, die uns die Wetterfront gönnt.

Die tief eingeschnittene Berglandschaft, auf deren Sohle wir uns nahe beim See bewegen, erinnert an einen überdimensionalen Steintrog mit hoch aufragendem Rand. Ich male mir aus, wie im nächsten Augenblick von hoherer Hand über diesen Trog ein Deckel gestülpt wird, der den Blick und alles um uns herum verfinstert. Und genau das passiert: der Deckel, tiefgrau, beinahe schwarz, senkt sich über den See und lässt den nahen Dachstein einfach verschwinden. Die Gewitterfront hat den Berg, den See und uns gefangen. Die Vorstellung, festgesetzte Kleinstlebewesen in diesem Trog zu sein, ist beängstigend. Wir zwingen uns, den Blick nach vorne und nicht immer nach oben zu richten und unbeeindruckt weiterzufahren. „Come on, keep cool", würde ein Downhiller aufmunternd rufen.

Minuten nach unserem Eintauchen in einen aufgewühlten Laubwald, stülpt sich der Wolkendeckel so hermetisch über das Graugrün des Sees, dass von den Felswänden des gegenüberliegenden Ufers nichts mehr zu sehen ist. Wie verschluckt ist das Hallstätter Ufer, wo wir übernachten wollen. Unter riesigen Buchen sind wir Windkinder mutterseelenallein, nur der Sturm beliebt uns zu unterhalten, indem er aufbraust und an den Jacken und Rädern rüttelt. Jeden Augenblick kann ein Regenguss niedergehen. Zu allem Unglück dämmert es bereits. „Beeil dich!", rufe ich nach hinten, weil Ulrike zurückgefallen ist.

„Ich kann nicht schneller!", keucht sie. Und trotzdem – wie zum Trotz – steigt sie kurz darauf in die Pedale und stehend, im energischen Wiegetritt, kommt sie schnell näher. Wie sie zu mir aufschließt, entdecke ich ihre Stärke, ihre Selbstgenügsamkeit und ihr Zurechtkommen mit einer schwierigen Situation. Mitten im drohenden Unwetter wird mir klar: sie verfügt über erstaunliche Kraftreserven. Alle Achtung, die Frau hat Mumm! Beim Näherkommen ruft sie trotzig. „Sind wir überhaupt richtig?" Die Frage ist berechtigt, denn der Radweg schlängelt sich unübersichtlich zwischen Felsblöcken und verwilderten Bäumen mit hohen Kronen hindurch.

„Doch, doch, hinter der nächsten Ecke sieht es gewiss schon besser aus." Das rede ich mir ein, um sie und mich zu beruhigen.

„Halt mal kurz an!" Sie springt vom Rad und fingert die signalgelbe Regenjacke aus der Gepäcktasche. Innerhalb von Minuten fällt das Thermometer um mindestens fünf Grad. Wie sie die Nylon-Jacke überzieht, gibt sie mir einen Kuss. Aber ehrlich gesagt, empfinde ich diesen nicht unbedingt als Liebesbekundung, sondern eher als eine Lippendosis Baldrian. Wie ich den Kuss erwidere, scherzt sie: „Der Nährwert von Küssen könnte größer sein. Ich habe nämlich einen Bärenhunger."

Wo sie Recht hat, hat sie Recht. Immerhin ist es bald acht und unser Radtag ist immer noch nicht zu Ende. Seit dem süßen Snack in Bad Ischl haben wir nichts mehr in den Magen bekommen. Aber der Hunger muss sich gedulden. Erst müssen wir alles daran setzen, um nicht nass zu werden. Ich beschwöre meine Partnerin: „Wenn wir Gas geben, schaffen wir es noch trocken um den See."

Gut einsehbar zieht sich die Uferstraße in einer Schleife nach Hallstatt hinüber. Keine drei Kilometer. Und tatsächlich! Mit letzter Anstrengung retten wir uns durch einen Tunnel zum anderen Ufer hinüber, wo das uralte Fachwerkdorf wie ein geschecktes Schuppentier unter einer Felswand kauert.

Gerade als wir unsere Räder in den Eingang vom Post Hotel schieben und an der Rezeption das letzte freie Gastzimmer ergattern, fängt es zu tröpfeln an. Aber erst als wir in unserer Mansarde das Fenster aufstoßen, öffnet der geduldige Himmel seine Schleusen. Unglaublich! Diese Wassermassen, die rauschend, gar polternd und hämmernd auf die umliegenden Ziegeldächer niedergehen! Schon fürchten wir uns und beim Hinabschauen fragen wir uns: droht der Hallstätter See in den kommenden Nachtstunden über die Ufer zu treten und unser Uferhotel zu überfluten? Die schwarze Granitwand des Dachsteins ist inzwischen von weiß-schäumenden Sturzbächen wie von Adern durchzogen und der gotische Kirchturm vor unserem Fenster trieft aus allen Mauerritzen, als seien in den Wanden Wasserrohre geborsten. Erst im Morgengrauen wird der Himmel seine Schleusen wieder schließen. Aber verzogen hat sich die Front dann noch lange nicht.

Seit jenem Tourentag kennen wir ein Ritual: Ulrike lässt sich den Schlüssel geben und checkt das Zimmer, legt sich probehalber auf die Matratze und testet, ob das warme Wasser auch heiß und nicht nur als Rinnsal aus der Leitung kommt. Währenddessen schnalle ich die Panniers vom Gepäckträger und kümmere mich um die sichere und trockene Unterbringung der Räder. Anschließend folge ich ihr auf ein Zimmer, das nach fünf Minuten im Chaos versinkt und dessen Bad wenig später jedem Vergleich mit einem römischen Dampfbad standhalten kann.

Kaum haben wir geduscht und legere Kleidung angezogen, treibt uns der Hunger in den Speiseraum des Hotels. Wie bereits beim gestrigen Abendessen lässt mich der Blick in die Speisekarte verzweifeln: Fleischgerichte von der ersten bis zur letzten Zeile. Eine Horrorvision für einen eingefleischten Vegetarier. Anscheinend ist unser Hotel kein Einzelfall. Schon kommt mir der Verdacht, dass eine Fleisch-Lobby dem ganzen Salzkammergut den Speisezettel diktiert. Wer sich zwischen Salzburg und dem Dachstein fleischlos ernähren will, entdeckt gerade mal Eierschwammerl mit Semmelknödel oder Eierschwammerl mit Tagliatelle auf der Speisekarte der gängigen Hotels und Restaurants am Weg. Natürlich immer auch bunte Salate aller Art und zu jeder Jahreszeit. Aber nach einem Tourentag gelüstet es auch einen vegetarischer Magen nach etwas Warmem. So bestelle ich einmal Tagliatelle, ein anderes Mal Semmelknöchel, aber immer mit Schwammerl. Und während ich beim Ober lustlos bestelle, träume ich von einem raffiniert gewürzten Wok-Gericht mit Sprossen an Sesam-Tofu.

Mit einem Wolfshunger sitzen wir jetzt im Restaurant vom Hotel Post und warten auf den Kellner. Wie wir müde aus dem Fenster in die verregnete Nacht hinausschauen, tritt er endlich an unseren Tisch, um die Bestellung aufzunehmen. Gerade will ich meinen bescheidenen Wunsch loswerden, da kommt mir Ulrike zuvor und ordert: „Der Herr Eierschwammerl gedenkt den Serviettenknödel mit den Eierschwammerl zu nehmen." Überaus ernst sagt sie das zum Ober, während sie in meine Richtung mit dem linken Auge kniept.

Kaum hat sich der livrierte Herr weggedreht, müssen wir herzhaft lachen. So, ab jetzt habe auch ich meinen Spitznamen weg, sozusagen *on the road* geboren. Längst ist die gemeinsame Radtour vorbei, aber die Namen Spangerl und Eierschwammerl zaubern uns noch immer ein Lächeln auf die Lippen und wenn wir uns necken, sind die Spitznamen gleich parat.

Den kommenden Tag hätten wir eigentlich radfrei machen und unsere Glieder schonen wollen, doch wir müssen das Zimmer spätestens um zehn Uhr für eine chinesische Reisegruppe geräumt haben und ein anderes Hotel am Ort wollen wir nicht suchen. Also müssen wir uns den Zwängen des boomenden Pauschal-Tourismus fügen.

Beim Frühstück sieht es aus, als sei der See vor dem Hotelfenster im Nebel abgetaucht und als hätte sich der Dachstein über Nacht einen wattierten Wolkenmantel um die steinerne Schulter gehängt. Kleinlaut verdrücken wir das pauschale Omelette aus dem Blechbehälter, zwei gummiweiche Schnitten Brot und einen matten Automatenkaffee. Schlecht gelaunt sitzen wir uns gegenüber und kommen uns vor wie auf einer Radtour im schottischen Herbst. Draußen nieselt es seit Stunden und drinnen ist der Saal so ausgekühlt, dass die Heizung angedreht gehörte. Wir geben uns wortkarg, wir leiden beide unter Muskelkater.

„Das gestern war mir zuviel!", murrt Ulrike, „bis in die Nacht hinein fahren, das mach ich kein zweites Mal mehr mit. Heute nehm ich die Bahn. Bei dem saumäßigen Regen..."

„Nieselregen, übertreib bitte nicht...", gebe ich trocken zur Antwort.

„Schnürlregen, Nieselregen und weiß was für Regen, das ist mir ganz egal, ich fahr bei so einem Sauwetter nicht weiter! Schon gar nicht über einen Pass. Du kannst ja alleine fahren, wir treffen uns dann in Bad Aussee."

„Na gut, dann werd ich eben alleine nass", grummele ich und werfe die Papierserviette auf den abgegrasten Frühstücksteller.

Tassen und Teller scheppern als Ulrike sich mit einem Ruck erhebt, ihre Handtasche schnappt und sich dem Ausgang zuwendet. Hintereinander hasten wir aus dem Speisesaal, wo unter Tellerklappern die Krumen eines armseligen Touristen-Büffets abgetragen werden. Am Treppenabsatz hat das Muffeln ein Ende, der muskuläre Schmerz eint uns und jeder nimmt den anderen an der Hand, weil jeder beim Treppensteigen hinauf in die Mansarde unter jenem berüchtigten Katarrh in den Oberschenkeln leidet, der sich meistens am dritten Tourentag meldet. Oben trösten wir uns gegenseitig und schaffen es in erstaunlich kurzer Zeit, unser Zimmerchaos in drei Taschen verschwinden zu lassen. Nach Bezahlen mit Karte und einem knappen Gruß ziehen wir unsere Räder aus einem üblen Verhau und bepacken sie vor dem Hotel im Regen.

Die Köpfe unter Kapuzen versteckt, den Rest des Körpers wasserabweisend verpackt, schmuggeln wir uns wenig später, die Fahrräder auf dem Gehweg schiebend, an einem Stau auf der Hauptstraße vorbei. Hinter hin und her titschenden Scheibenwischern sehen wir gelangweilte, verbissene und abgeklärte Gesichter. Aha! Anscheinend kann auch Autofahren im Nieselregen unkomfortabel sein! Wie bei den Autofahrern ist auch unsere Stimmung im Keller, nein, in einem überfluteten Keller! Keiner spricht ein Wort, jeder ist irgendwie undefinierbar schlecht gelaunt. Vermutlich ist daran nicht einmal das Wetter, sondern der Muskelkater schuld, der alle Endorphine in Beschlag genommen hat.

Nach der Erfahrung unserer beiden Tourentage weiß jeder von uns, dass er sich auf den Anderen hundertprozentig verlassen kann und dass es immer möglich ist, dass morgen die Sonne wieder scheint und dass das verregnete Gestern der Vergangenheit angehört. Doch dieser Gedanke ist im Moment nur ein stiller Wunsch, im Moment verspüre ich nur wie mir Regentropfen kalt übers Gesicht rinnen. Ulrike hat die Kapuze über ihren Hallo-Kitty-Helm gestülpt. Sie bräuchte sich eigentlich nicht zu beklagen, denn der Regenschutz hält ihr Engelshaar trocken. Hintereinander fahren wir wie wir gekommen sind, um das Südufer herum zur Bahnstation von Obertraun.

„Sollen wir uns wirklich trennen, Frau Spangerl?"

„Ja, schau dir doch das Sauwetter an."

„Na gut, dann telefonieren wir uns zusammen", schlage ich vor.

Ulrike nickt und beeilt sich, um in den soeben eingefahrenen Regionalzug zu kommen. Mit einem bepackten Fahrrad ist das gar nicht so leicht, vor allem wenn die Tritte des Einstiegs in den Waggon steile sechzig Zentimeter in die Höhe führen. Als sie aus eigener Kraft das Rad ins Innere gewuchtet hat, dreht sie sich in der offenen Tür nochmals um und wirft mir zum Abschied noch rasch einen Handkuss zu.

„Bis bald! Bei Sonnenschein!", rufe ich ihr noch hinterher. Schon schließt sich mit einem Zischen die automatische Tür. Alleine stehe ich im Regen und habe jetzt einiges vor. Sobald die Gischt die roten Rücklichter des Zugs getilgt hat, öffnet sich die Schranke des Übergangs und ich steige in die Pedale. Kaum habe ich mich im Sattel eingerichtet, spüre ich Unmut in mir aufkeimen, auch einen klitzekleinen Neid auf meine Partnerin, die sich clever im warmen Waggon chauffieren und mich alleine strampeln lässt.

Um mit dem Tropfen Seelengift fertig zu werden, prügele ich die Pedale. Wie das Rad unter meinen wütenden Tritten Fahrt aufnimmt und die Reifen auf dem nassen Asphalt zu zischen anfangen, geht es mir gleich besser. Die schlechte Laune schleicht sich und der Blick durch die tropfnasse Brille wird gnädiger. Um so gnadenloser tritt mir nach einem Kilometer der Passanstieg entgegen und ein Wasserteppich, der sich von der Gegenfahrbahn ausgerollt hat, will mich ins Rutschen bringen. Es rauscht und spritzt als ich ihn überfahre, aber ich gebe Acht und komme nicht ins Schlingern. Aber ich bremse auch nicht, ich zeige dem Anstieg die Faust und komme auf der kurvigen Autostraße, von der der Radweg bald abzweigen wird, rasch höher.

Bei Regen einen Pass zu fahren, heißt immer: klatschnass in der Höhe anzukommen! Nicht nur von außen wird man nass, sondern auch von innen. Kaum, dass die Auffahrt einen zu fordern beginnt, spürt man wie der innere Glutofen angefacht wird und wie die Schweißdrüsen ihre Poren öffnen. Willkommen in der Gore-Tex-Sauna! Unter dieser Textilie, die die Werbung als den perfekten Regenschutz anpreist, schwitzt man leider aufgrund der verschweißten Nähte erheblich und fühlt sich von der „Atmungsaktiv"-Werbung regelrecht verarscht. Zum Glück wird die feuchte Hitze auf der Haut von außen durch den Regen gekühlt, durch einen wohltuenden Regen, der der Gesichtshaut schmeichelt! Ja, der Regen, der aus den Baumkronen auf mich nieder rieselt, mildert die Hitze im echauffierten Gesicht und wirkt wie eine Kompresse.

Nicht zum ersten Mal werde ich nass. Eine Himmelsdusche gehört nunmal zum Radfahren wie die Speiche zur Nabe. Zum Glück ist Regen nicht gleich Regen. Da begegnet uns der feingestäubte Regen, der belebt. In seiner Aura atmet es sich freier, denn die durchtränkte Luft ist geschmeidig wie Seide. Im Moment regnet es feingestäubt und es kommt mir vor, als seien meine Lungenflügel vergrößert, als fließe mehr Sauerstoff in mich hinein und mache mein Treten weicher als weich. In solch einem versöhnlichen Regen zu fahren, ist halb so schlimm, vorausgesetzt, die Fahrt dauert nicht länger als vier Stunden und am Ende der Fahrt kann man gleich in frische Wäsche und trockene Schuhe schlüpfen.

Natürlich gilt es nichts zu beschönigen und trocken zu reden. Fraglos ist jede Regenfahrt entbehrungsreich. Vor allem, wenn man in Starkregen gerät. Selbst bei zwingend verlangsamter Fahrt macht einen ein monsunähnlicher Guss halb blind und durchweicht die Klamotten. Für diesen *worst case* sollte man immer eine Brille mit hellen Gläsern bei sich tragen. Scheibenwischer wären noch besser! Aber wo kriegt man die schon her?

Die Bäume entlang des nun steil aufwärts führenden Radwegs, ihr Laub und die Rinde der Stämme, glänzen wie frisch lackiert und der aufgeweichte Kies unter meinen Reifen riecht als sei die Erde vergoren. Der saure Geruch sticht in der Nase und treibt mich an. Sauer macht einen anscheinend unternehmungslustig. Ohne Halt fahre ich höher und horche in den Hangwald hinein.

Eine Regenfahrt ist niemals eine Fahrt in Stille. Die Töne, die vom Himmel fallen, platzieren einen mitten in einem Konzert. Bei Platzregen spielen Blechinstrumente *fortissimo* dicht am Ohr. Kaum, dass der Starkregen abebbt und Schnürlregen einsetzt, ertönt das Tremolo von Pauken. Sobald dieser Regen in feinsten Nieselregen übergeht, könnte man schwören, die Auf- und Abstriche auf den Saiten von Violinen und Cellos zu hören.

Als ich am höchsten Punkt vom Schotterweg wieder auf die geteerte Autostraße einbiege, ist das Konzert verklungen und bei der Abfahrt höre ich nur noch das Rauschen des Fahrtwinds, der die Regentropfen von den Jackenärmeln verscheucht. Am Ende der Talfahrt erblicke ich einen Polizisten neben seinem Dienstwagen am Fluss bei der Straße. Im Vorbeifahren schnappe ich Wortfetzen auf. Der Hüter des Gesetzes ermahnt einen Kanuten in seiner gelben Schale, sofort die Gefahrenzone, die braun aufgewühlten Fluten, zu verlassen.

Während der Fahrtwind die äußere Membran der Gore-Jacke rasch trocknet, wird das feuchte, hautnahe Milieu darunter kühler und kühler. Das einsetzende Frösteln am ganzen Körper ist ziemlich fies. Aber auch die fieseste Unannehmlichkeit geht vorüber, rede ich mir ein und strample schneller. Wenig später blinzelt die Sonne zwischen den Wolken hervor und nur noch hässliche Schlammspritzer auf dem weißen Rahmen zeugen von der Regenfahrt über den Pass. Allerdings darf ich eine Unannehmlichkeit nicht verschweigen – das Biotop in den durchnässten Schuhen. Auf einer Regenfahrt ist es unvermeidlich, dass die Füße im feuchten Milieu erkalten und zu allem Überdruss die Blase zu Pinkelpausen gedrängt wird. Ohne Frage wird sie beim Radfahren gereizt. Aber eine Reizblase hat man oder hat man nicht. An solch einer Veranlagung ändert auch eine Regenfahrt auf dem Fahrrad nichts.

Wie ich ins Zentrum von Bad Aussee hineinfahre, höre ich schon Ulrike sagen: „Na, bist du gut über den Pass geschwommen?"

Keine zehn Minuten später nehmen wir uns am Kurpark in die Arme. „Du bist ja ganz trocken!", sagt sie erstaunt. In ihrem Blick verfängt sich der vertraute Schelm, aber auch ein neugewonnener Unternehmungsgeist, der sich nach vernünftigem Pausieren bei jedem einstellt. Sie schnappt sich ihr abgestelltes Rad und wir schieben unsere bepackten Räder zu einem kleinen Café, in dem ich verborgen unter dem Tisch meine Schuhe und Socken abstreife und trocknen lasse. Wir plaudern so eine Stunde, genehmigen uns zwei Tassen Kaffee und zwei Stück Kuchen und schon bald zeigt sich wieder die Sonne. Guter Dinge setzen wir unsere Tagesetappe zum Gundlsee fort, wo wir in einem in die Jahre gekommenen Garni-Hotel das letzte Doppelzimmer ergattern.

Mitten in der Nacht erwache ich. Im Zimmer, hinter den Fensterläden, ist es stockfinster, nur Ulrikes ruhiger Atem sorgt für einen Hauch von Leben. Der Rücken schmerzt vom Becken bis zum Nacken und das im Liegen, weil die durchgelegene Matratze der Wirbelsäule nicht die geringste Stütze bietet. Wie ich mich vom Rücken auf die Seite drehe, merke ich, dass der Schmerz nicht aus den Bandscheiben strahlt, sondern in der rechten Wade lodert. Im Halbschlaf beuge ich das Knie und ziehe das Bein näher ans Becken heran, um die harte Wade weich zu kneten. Der sanfte Druck tut gut und schläfrig strecke ich das Bein wieder lang. Verdammt, das war ein Fehler! Augenblicklich ziehe ich es wieder an, um die Härte aus den Muskeln zu kriegen. Zu spät, ein Krampf schießt ein und trifft mich wie ein Stromschlag. Der ganze Muskelstrang um Schien- und Wadenbein bäumt sich auf und schnellt zurück wie ein überdehntes Gummiband. Ich könnte aufjaulen, schreien, brüllen, flennen. Augenblicklich muss ich was unternehmen. Aber was? Liegenbleiben ist Gift. Ganz langsam wälze ich mich aus der Matrazenmulde und setze mich in Zeitlupe an der Bettkante auf. Verflucht, jetzt geht es erst richtig los. Auf einen Schlag ist das rechte Bein knüppelhart und die Folter nicht mehr zu ertragen. Ich zwinge mich zum Aufstehen, auch wenn mir jetzt übel wird. Aber ich muss ins Bad gelangen, um jeden Preis. Als laufe ich über Glassplitter, setze ich die rechte Ferse auf dem Teppichboden auf, ziehe das linke Bein nach und humpele im Dunkeln los. So schnell wie möglich muss ich zu den Magnesium-Tabletten kommen. Wieder ein Stromschlag, wieder verhärtet sich ein ganzer Muskelstrang und wird zum Brett. Mein Stöhnen weckt Ulrike.

„Was hast du?"

„Nichts, ich muss nur aufs Klo. Schlaf weiter, es ist noch früh." Kaum, dass ich gelogen habe, zuckt erneut ein Krampf durch die Wade und züngelt bis zur Hüfte hoch. Es fühlt sich an, als sei tief drinnen Gewebe gerissen. Mich ans Waschbecken klammernd, finde ich im Dunkeln die Brausetabletten und das Zahnputzglas. Mir zittern die Hände, wie ich die Verpackung aufreisse. Gleich zwei Tabletten werfe ich ins Glas, um so schnell wie möglich die Elektrolyt-Balance wiederherzustellen. Noch bevor sie ganz aufgelöst sind, stürze ich den prizzelnden Trunk in mich hinein und muss prompt niesen. Völlig fertig, immer in Angst vor dem nächsten Schub, humpele ich zur durchgelegenen Matratze zurück und lege mich hin, als hätte mein letztes Stündchen geschlagen. Bloß keine provozierende Bewegung! Atme in den harten Muskel hinein! beschwöre ich mich.

Bald beginnt das Magnesium zu wirken, die Muskelfessel löst sich, die Wade wird locker. Erschöpft schlafe ich wieder ein. Am nächsten Morgen erinnert nur noch ein mineralischer Geschmack auf der Zunge an den Krampf in der Nacht. Ein gutes Frühstück, bei dem wir wie an den Morgen zuvor unsere Proviantdose dezent aber randvoll mit Butterbroten und zwei hartgekochten Eiern füllen, stimmt uns auf den neuen Tourentag ein. An diesem neuen Tag wollen wir es ganz gemütlich angehen lassen und nach dem vielen Regen die Sonne genießen.

Nach einem Schlängelkurs am Kösslbach entlang, überqueren wir eine stark befahrene Bundesstraße und biegen auf ein verwaistes Asphaltband ein, das wir für einen Schleichweg halten. Weit gefehlt, unsere Vermutung! Die Vicinalstraße können wir keine zehn Minuten für uns beanspruchen, denn sie gehört der todesmutigen Spezies der Motorradfahrer. Während wir uns geräuschlos in den Pedalen mühen, lärmen ganze Horden zum Greifen nahe an uns Leisetretern vorbei. Als wir in Weißenbach das Ufer des Attersees erreichen, klingeln uns noch immer die Ohren und aus der Nase ist die Benzol-Note auch durch mehrfaches Schneuzen nicht wegzukriegen.

Wie zur Belohnung entdeckt Ulrike ein Freibad, das der sozialistischen Jugend gehört. Wir sind versöhnt, denn der Eintritt ist gratis und zwischen den Birken am Seeufer geht es geruhsam zu. Wir parken die Räder auf der Liegewiese und verbringen den restlichen Nachmittag faulenzend im Gras. Noch vor Einbruch der Nacht finden wir einen Bauernhof mit Fremdenzimmer, der an unserem Radweg zurück nach Salzburg liegt.

Beim Aufwachen am nächsten Tag merken wir beide, dass sich unsere Muskeln weich anfühlen. Weich und geschmeidig, nicht gummiartig und keineswegs schlapp. Erstaunlich, nach dem üblen Wadenkrampf der letzten Nacht. Auch die Steifheit in den Knochen sowie die Kurzatmigkeit der letzten Tage sind verschwunden. Anscheinend haben wir auf der zurückgelegten Strecke Kondition aufgebaut. Ein klein wenig stolz gehen wir die siebzig Kilometer lange Tagesetappe an und haben uns schon bald warm gefahren.

Zur Hochsaison radelten wir ins Salzkammergut, ohne viel über die touristischen Umstände zu wissen. Unsere Überlegungen kreisten, vermutlich etwas zu beschränkt, allein ums

Radfahren. Unsere Wir-fahren-auf-gut-Glück-Strategie sollte sich am vorletzten Tourentag rächen.

Gegen Abend erreichen wir den Mondsee und schauen uns entlang der Strecke nach einer Übernachtungsmöglichkeit um. Bald kommt es uns vor wie ein Fluch: am Balkon oder am Gartentor der Pensionen entlang des Radwegs empfängt uns immer wieder das Schild „Besetzt". Schließlich halten wir bei Sterne-Hotels, die es im Salzkammergut zuhauf gibt, an und betteln um ein Zimmer. Aber auch hier werden wir aus Platzmangel abgewiesen.

„Das bringt alles nichts, wir fahren einfach weiter", schlage ich ziemlich genervt nach mehreren Absagen vor.

„Ganz recht, dann fahren wir eben bis Salzburg, wenn die unser Geld nicht haben wollen", erwidert Ulrike zerknirscht.

Also fahren wir weiter und weiter und weiter. Schon beginnt es zu dämmern und mit dem Abtauchen der Sonne hinter Salzburg wird es gleich empfindlich kühl. Um wenigstens den Hunger zu stillen, kehren wir in einem Gasthaus ein und essen tüchtig – nicht zu Abend, sondern zur Nacht. Wer weiß, wo wir uns bald wiederfinden werden? Durch die Finsternis fahrend? Neben den Rädern im Gras liegend? Die Position des Kleinen Bären und des Großen Wagens erratend? Wie unser alkoholfreies Weizen zur Neige geht, greift Ulrike zur Stress-Zigarette.

Eine Weile schweige ich und schaue ihr beim Rauchen zu. „Wenn wir weiterfahren, kommen wir frühestens um Mitternacht in Salzburg an. Was machen wir dann mit dem Rest der Nacht? So todmüde wie wir dann sind!" Bei der Vorstellung, noch mindestens dreißig Kilometer durch die stockdustere Nacht fahren zu müssen, wird es mir ganz mulmig. Hektisch fange ich gleich an, meinen Rucksack zu packen, um keine Zeit zu verlieren.

„Dann setzen wir uns eben auf eine Bank im Wartesaal im Bahnhof und steigen in den ersten Zug nach München."

„Lass uns erst noch weitersuchen", bettele ich, „durchfahren können wir immer noch."

Nach dem Bezahlen des Abendessens – Wiener Schnitzel für Frau Spangerl, Teigwaren mit Soße für Herrn Eierschwammerl – kleiden wir uns für die Nachtfahrt ein. Alle verfügbaren Klamotten ziehen wir in Schichten über und stecken die LED-Lampen an die Lenker. Dank Zwiebeltechnik warm verpackt, starten wir und folgen dem Westufer des schwarz daliegenden Mondsees. Der Nachthimmel ist wolkenverhangen, die Gegend, durch die wir uns tasten, stockfinster. Nur langsam kommen wir voran. Auf einmal ruft Ulrike, die vor mir fährt: „Lies mal das Ortsschild."

Ich schließe zu ihr auf und lese im Strahl ihrer LED-Lampe „Schwarzindien".

Verwirrt schaut jeder drein und überlegt. Aber einen klaren Gedanken zu fassen, dafür ist es zu spät, nur noch wundern können wir uns, wundern über soviel Exotik mitten im lieblichen Seenland. Uns vorwärts tastend tauchen wir in die nächtliche Siedlung ein. Erst unter den Lichtkegeln der Straßenlaternen kommen wir zügiger voran. Als wir zwischen den ersten Häusern und Villen von Schwarzindien hindurchfahren, finden wir es schon ziemlich seltsam, dass sich solch ein biederer Siedlungsverbund einen derart exotischen Namen leisten kann. Aber wir sind zu fertig, um über die Hintergründe der Namensgebung zu rätseln. Hinter meiner Stirn ist nur noch Raum für drei Gedanken: hinlegen, Beine langstrecken, schlafen.

Wie wir der beleuchteten menschenleeren Uferpromenade folgen, entdecken wir linker Hand eine rote Leuchtschrift an einer Giebelfassade. Ein Hotel! Das Erdgeschoss ist noch hell erleuchtet und die Eingangstür steht einladend offen. Befremdlich! Aber vielleicht erweist sich das Licht als Hoffnungsschimmer. Wir halten an und treten in den Speisesaal, wo eine dicke Frau die Frühstückstische eindeckt. Kleinlaut äußern wir unser Anliegen. Müde schüttelt sie den Kopf und meint voller Anteilnahme: „Tut mir leid, wir sind ausgebucht!" Sie muss die Niedergeschlagenheit und Erschöpfung in unseren Augen entdeckt haben, denn sie wendet sich nicht von uns ab, sondern fügt hinzu: „Warten Sie mal, ich hab da eine Idee!" Sie zieht ihr Handy aus der Kittelschürze und telefoniert. Schon schöpfen wir Hoffnung, doch noch ein Schlafplätzchen zu ergattern.

Keine fünf Minuten später steht ein langhaariges Bürschlein vor uns und lächelt Ulrike an als sei sie die Lottofee. „Sie können in meinem Camping-Bus nächtigen, wenn Ihnen das nicht zu einfach ist. Die Matratze ist groß genug für zwei, ich war mit meiner Freundin schon bis in Portugal mit dem Bus."

Wir sind zuversichtlich. „Na denn, schauen wir uns das fahrbare Himmelbett an." Ulrike hat ihren Humor wieder gefunden.

Die Dunkelheit wirkt wie Kosmetik. Erst bei genauem Hinsehen zeigt sich die ungeschminkte Wahrheit: der VW-Bus hat über die Jahre allerhand von seinem nostalgischen Oldtimer-Charme eingebüßt. Die Nummerntafel fehlt und wohl auch eine Stoßstange. Abgemeldet steht er in verblichenem Schwarz inmitten von metallic-glänzenden Karossen auf dem Hotelparkplatz.

„Okay, den nehmen wir", sagen wir mehr erschöpft als erfreut. Während wir die Fahrräder vom Gepäck befreien, schafft die Wirtin frisches Bettzeug quer über den Platz heran und mit einem „Gute Nacht" verschwindet sie gleich wieder zwischen den Autos ihrer Gäste.

Nach den Anstrengungen des Tourentags schlafen wir rasch ein. Aber bei Sonnenaufgang sind wir schon wieder wach. In unserem „Camping auf Rädern" ist es empfindlich kühl geworden. Blech isoliert halt nicht die Bohne. Wie ich in die frühe Sonne blinzele, sehe ich ringsum einen milchigen Beschlag auf den Autoscheiben. Ob das wohl Raureif ist? Egal, auch wenn es schneit oder gefriert, ich will es gar nicht wissen und kuschele mich fest an Ulrikes Seite in die Decke ein. Zum Glück erwärmt sich das Blechdach erstaunlich schnell und wir dämmern wieder ein.

„Erinnerst du dich an den ersten Tag?", fragt mich Ulrike nach dem Aufstehen.

„Ja, wir irrten durch Salzburg."

„Richtig! Und anschließend quälten wir uns auf dieser alten Eisenbahntrasse verdammt lange bergauf", sagt sie und seufzt, weil sie sich an die Mühsal erinnert.

„Diese Trasse fahren wir heute hinab. Darauf freu ich mich schon…"

„Das wird ein Fest."

Keine zwei Stunden später rollen unsere Räder ohne unser Zutun auf Salzburg zu. Wie ich mich im Sattel zurücklehne, die Hände vor lauter Übermut vom Lenker löse und freihändig den Fahrtwind schnabuliere, stelle ich mir vor, ich säße auf einem *Perpetuum mobile*, auf einem mechanischen Wunderwerk, das sich ständig und aus sich heraus bewegt. Schade, denke ich, als ich mal bremsen muss, warum ist das nur eine Idee meiner schweifenden Gedanken, warum kann das nicht in Echt auch so sein? Nun ja, ich sollte mich in Zufriedenheit wiegen, immerhin herrscht Kaiserwetter und das genüssliche Bewegtwerden am Ende unserer Tour ist doch auch nicht übel.

Filmriss

Seltsam! Es kommt mir vor, als sträube sich mein Fahrrad. Das kühle Metall des Rahmens fühlt sich an, als wehre es sich gegen meinen Zugriff. Aber nur für den Bruchteil einer Sekunde. Schon packe ich den Rahmen am Unterrohr und verdränge den Gedanken, ein Stück Metall könne zum Leben erwacht sein und sich gegen meinen zupackenden Griff wehren. Ohne einen weiteren Gedanken auf das Seelenleben meines Trekking-Bikes zu verschwenden, schultere ich es und steige die Kellertreppe hinauf, um mich im Hof in den Sattel zu schwingen.

Wir haben Juli und es scheint, die Sonne wolle uns nicht nur heute, sondern auch morgen und die kommenden Tage verwöhnen. Für einen passionierten Radler Grund genug, um aus der schweratmenden Stadt hinauszufahren. Bereits nach einem Kilometer im Grünen sättigt die gute Luft die Lungen und gibt den Beinen eine aufbauende Infusion. Der Radweg ist menschenleer zu dieser frühen Stunde. Ich komme flott voran und im Handumdrehen habe ich das steile Isar-Ufer erklommen. Oben begrüßen mich die Fachwerkgiebel von Jagdschloss-Imitationen und die Flachdächer der Bungalows hinter Hecken. Aber das gefällige Menschenwerk zwischen den alten Buchen sehe ich heute nur aus den Augenwinkeln. An diesem prächtigen Sonnentag will ich so schnell wie möglich ins brache Bauernland kommen und mich nicht mit Häusergucken aufhalten.

Das Teerband entrollt sich schon bald zwischen eingezäunten Wiesen und lädt zum Tempo-Machen ein. Ich schalte in den größten Gang und trete ins Zwiegespräch mit meiner Kondition; ich will wissen, wie gut sie sich seit der letzten Ausfahrt entwickelt hat: Daumen hoch oder Daumen runter?

Die Sonne brennt mir auf den Pelz und der Schweiß rinnt bereits aus allen Poren. Am Lenker wird auf dem Display neben den beiden Schaltgriffen links der dritte Strich und rechts der neunte angezeigt – die größten Gangvarianten meiner Kettenschaltung. Der digitale Tacho zeigt die Zahl 35 als ich auf eine Weggabelung zuhalte. Blick voraus, entdecke ich einen einsamen Radfahrer, der an dieser Gabelung sein Tempo zu drosseln scheint. Als würde er herangezoomt, wird seine Silhouette bei Tempo 35 rasch größer und schon ist sie gestochen scharf. Im Näherkommen erkenne ich einen grauschwarzen Helm, ein buntes Trikot und kurze hautenge Hosen.

Weil ich in diesem Augenblick mit meinem Konditionstest beschäftigt bin, treibe ich den Pulsschlag weiter in die Höhe, so heftig, dass vor mir die Silhouette des anderen Radlers verschwimmt. Wie aus dichtem Nebel leuchtet plötzlich vor meinem inneren Auge eine Warnlampe auf: Achtung, der Typ will ausscheren. Brems! Nun brems schon!

Der Radfahrer an der Abzweigung zögert. Unschlüssig überlegt er, ob er geradeaus weiterfahren oder nach links abbiegen soll. Würde er abbiegen, würde es bei meinem Tempo krachen. Würde er weiterfahren, käme ich links an ihm vorbei. Was tun? Trotz der Warnlampe im Kopf, genieße ich noch immer das ungezügelte Tempo. Erstmals erlebe ich jenen *point of no return* – die Lustschwelle kurz vor dem Orgasmus, an der es kein Zurück mehr gibt. Ich bin von der Tempolust besessen. Jetzt zu bremsen, das käme einem *coitus interruptus* gleich.

Noch immer befindet sich der Zögerling in Warteposition und überlegt, ob er nach links abbiegen oder geradeaus weiterfahren soll. Er hört mich nicht kommen, weil ich wie berauscht das Klingeln vergesse und auch nicht „Achtung" rufe, auch weil aus meiner Nabe kein Klack-Klack-Klack oder sonst ein metallenes Geräusch ertönt. Unaufhaltsam rausche ich auf ihn zu. Der Crash wird kommen – unvermeidlich, wenn er jetzt ausschert. Und tatsächlich: er dreht das Vorderrad nach links. In Zeitlupe registriere ich diese fatale Entscheidung.

Rechts ragt eine kantige Leitplanke zwischen Radweg und Autostraße empor und versperrt mir das Durchkommen. Nach links will er gleich ausscheren, also ist auch diese Seite blockiert. Wie er Anstalten macht, sich mit dem linken Fuß vom Boden abzustoßen, explodiert ein Kommando, ein einziges Kommando, in meinem Kopf: bremse, bremse sofort! In Panik widerhallt dieser Befehl im ganzen Körper. Die Beine unterbrechen das Rotieren, der Rücken versteift sich, die Hände verkrampfen, die Finger verkrallen sich in die Bremsgriffe und mit einem Ruck ziehen sie diese zusammen. Die Öldruckbremsen greifen noch bissiger als bissig und augenblicklich blockieren die Laufräder und mit ihnen das ganze Rad.

Die Katastrophe nimmt ihren Lauf: Das Hinterrad verliert die Bodenhaftung, ich werde aus dem Sattel katapultiert, so heftig und rasend schnell, dass ich die Orientierung über oben und unten verliere. In hohem Bogen fliege ich über den Lenker des sich überschlagenden Rads. Eine akrobatische Meisterleistung! Schlagartig verdunkelt sich alles um mich herum. Das Sonnenlicht ist wie ausgeknipst und nur aus weiter Ferne höre ich gedämpft ein metallisches Scheppern und einen Schrei. Meinen Rücken entlang züngelt ein brennender Schmerz bis hinauf unter das Schädeldach, wo er dumpf explodiert. Blackout! Filmriss! Bewusstlos für den Bruchteil einer Sekunde!

Das Hirn muss einen Rüttler abbekommen haben, für den Moment eines Fingerschnippens müssen sich die grauen Zellen allesamt verabschiedet haben, als der Schädel auf den Asphalt auftitschte – und zwar ungeschützt. Bekanntlich ist eine Schildkappe kein Helm.

Wie nach einem ultrakurzen Wegnicken blinzele ich ins Licht. Wieder ist es hell, aber meine Umgebung nehme ich nur verschwommen wie durch eine ölig verschmierte Brille wahr. Als ich mich im Sitzen aufrichte und aufschaue, mustert mich von schräg oben ein fremdes Augenpaar. Noch immer benommen wie nach einem Kinnhaken widme ich mich meinem Körper: ich ziehe die Beine an und strecke sie wieder lang – alles okay. Dann drehe und dehne ich die Arme, sie sind noch heil. Aber etwas ist komisch! Die Hände fühlen sich taub und pelzig an, als hätte ein Arzt mir eine Betäubungsspritze in die Handwurzel verpasst. Ich blicke genauer hin und entdecke die Bescherung: Wie krumme, graue Holzstöckchen ragen die Zeigefinger aus den fingerfreien Handschuhen hervor. Schockbenommen drehe ich die Hände und stelle fest, dass der rechte und der linke Zeigefinger nach unten weggebogen sind, als gehörten sie nicht zur Einheit der Hände, als seien sie selbständige, schlecht angeschraubte Komponenten. Wie ich die Bescherung anstarre, beginnt das Blut pochend in die Fingerspitzen einzuschießen.

Gebrochen? Ausgerenkt? Von Minute zu Minute wird mir übler, schon allein vom Hingucken. Die Augen müssen immer wieder hinschauen, wie scheußlich verunstaltet die Fingerglieder von den Handtellern abstehen. Mühsam pule ich die Handschuhe ab und kann es kaum fassen, die vormals schlanken und geraden Zeigefinger stehen nicht nur krumm vom Handteller ab, sondern schwellen zusehends an und werden knallrot.

Der Andere steht neben mir, sein Rad liegt quer zur Fahrtrichtung an der Weggabelung. Aus weit aufgerissenen Augen glotzt er mich wie ein grünes, vom Himmel gefallenes Männchen an. Während ich mich mühsam aufrichte, höre ich eine heisere Stimme sagen: „Wer von hinten kommt, muss aufpassen! Äh, sorry, mich trifft keine Schuld."

Da ich ja wirklich auf den Mund gefallen bin, bringe ich zu meiner Rechtfertigung nichts über die Lippen, nicht mal ein Stammeln. Erst später, erst beim Wegfahren, fällt mir die Antwort ein: „Du wolltest nach links abbiegen, deshalb hättest du vor dem Abbiegen ein Handzeichen geben müssen."

Aber vorerst halte ich den Schnabel, zu arg schmerzen die verunstalteten Finger. Auch die linke Ohrmuschel, der Kopf und die linke Schulter tun verdammt weh. So ruiniert wie die verbogenen Zeigefinger aussehen, bekomme ich jetzt richtig Angst, denn sie gehören zum Werkzeug, mit dem ich mein Geld verdiene. Noch immer benommen, dämmert mir, dass ich mich schleunigst in eine Notfall-Ambulanz bewegen müsste. Oder sollte ich die beiden Zeigefinger beherzt an den Kuppen packen und sie in ihre ursprüngliche Position zurückbefördern? Mit einem Ruck würden sie gewiss wieder in die Gelenke des Mittelhandknochens zurückschnappen. Zumindest liest man von solchen Praktiken in den Tagebüchern von verunglückten und in eine ausweglose Situation geratenen Abenteurern immer wieder. Aber ich bin zu feige. Eine solche chiropraktische Rosskur traue ich mir nicht zu, auch weil ich nicht weiß, ob die Finger verstaucht oder gebrochen sind. Im Fall eines Bruchs würde das Einrenken den Zustand meiner Werkzeuge gewiss nur noch verschlimmern. Matt höre ich meine Stimme mehr zu mir als zu ihm sagen: „Ich muss ins Krankenhaus."

So schnell wie möglich will ich seinen lüstern-neugierigen Blick auf meine krummen Finger loswerden und schwinge mich, am ganzen Körper zitternd, auf das erstaunlich heile Rad. Die verbogen abstehenden Finger sehen bereits wie aufgepumpt aus. Als ich die Lenkergriffe umfasse, fährt mir auch noch ein heftiger Schmerz in die linke Schulter. Erst jetzt schaue ich mir die nackte Haut unter dem T-Shirt genauer an. Schwarz marmoriert vom Straßendreck ist die Schürfwunde an der Schulterkuppe und abgehobelt hängen blutende Hautfetzen an den Rändern. Hautwunden heilen rasch, rede ich mir ein und radle den Weg auf dem hohen Isar-Ufer in die schweratmende Stadt zurück.

Allmählich beruhigt sich der Puls, das Blut kommt wieder in den gewohnten Fluss. Dafür nehmen die Schmerzen an den Händen, der Schulter und am Schädel zu, auch wird mir im Fahren kotzübel. Vermutlich habe ich mir eine Gehirnerschütterung zugezogen.

Wie ich unter dem nachlassenden Schock zurückfahre, kann ich meine Gedanken sortieren. Mal wieder habe ich Glück im Unglück gehabt, schließlich war ich helmlos über den Lenker gesegelt und nur dank guter Reflexe habe ich den Frontalsturz mit den Händen abgefedert. Vermutlich habe ich die Arme wie beim Köpper vom Einmeterbrett nach vorne gestreckt und so instinktiv eine Schädelfraktur verhindert.

In der Ambulanz vom Marien-Krankenhaus bringe ich mit krakeliger Schrift die Papierformalitäten hinter mich. Kleinlaut füge ich mich in mein Elend und setze mich im leeren Warteraum auf einen Stuhl nahe der Tür. Da vor mir noch ein weiterer Unfallpatient auf Hilfe wartet, komme ich nicht sofort dran. Vermutlich steht mir längeres Warten bevor. Konfrontiert mit dem anschwellenden Schmerz in den Fingern, habe ich im stillen, leeren Raum Zeit zum Nachdenken. Will der Unfall mich belehren? Ist er der Zeigefinger einer höheren Macht? Oder nur das Update, um eine verhakte oder antiquierte Software zu überschreiben?

Wie ich so auf dem Stuhl mehr hänge als sitze und den Verbremser Revue passieren lasse, streicht meine rechte Hand reflexartig den linken Arm entlang und legt sich unter dem Ellbogen auf einen Knubbel von wildem Fleisch, gut verheilt, aber immer noch spürbar. Wie ich über die alte Wunde streiche, erinnere ich mich.

*　*　*

Wegen einer verschmähten Jugendliebe fuhr ich vor vielen, vielen Jahren mein erstes Fahrrad mehr oder weniger zu Schrott. Der Unfall geschah kurz nach meinem vierzehnten Geburtstag. Als Schüler wollte ich mit Marlies aus der Parallelklasse gehen und setzte alles daran, ihr näher zu kommen. Dafür wählte ich anfangs die Große Pause aus. Aber in der Großen Pause gehörte ihre Vorliebe mehr ihrem Butterbrot als meinen Avancen. Dabei war Marlies keineswegs verfressen, sie war gertenschlank und mit ihren grünen Augen recht hübsch. Vom Gemüt her war sie eher zurückhaltend und schüchtern, vielleicht war das der Grund für ihr mangelndes Interesse. Vielleicht hatte sie auch heimlich ein Auge auf einen anderen Jungen geworfen. Die genauen Umstände habe ich leider vergessen. Vergessen werde ich allerdings nie, was damals im April passierte.

Nachdem wir bereits mehrere Monate ins selbe Gymnasium gingen, nahm ich mir endlich ein Herz und radelte zu ihrem Haus am Galgenberg. „Marlies, ich will mit dir gehen!" Diese Worte hatte ich mir lange zurechtgelegt und während der Fahrt immer wieder leise vor mich hingesprochen.

Wie ich mit meinem schicken Herrenrad, einem weißen Hercules, um das Haus ihrer Eltern kurvte, kam sie, wie es der Zufall wollte, mit ihrer besten Freundin die Straße von der Bushaltestelle entlang geschlendert. Kaum, dass ich die Mädchen sah, gab ich Gummi. So angeberisch wie es ein hibbeliges Bürschlein mit vierzehn und verdrehtem Kopf eben tut. In voller Fahrt hielt ich auf die beiden zu und trat sogar noch im Stehen in die Pedale. Die Räder drehten sich schneller und schneller, schon war ich ihnen auf zehn Meter nah. Kaum, dass ich den Schreck auf ihren Gesichtern erblickte, trat ich mit voller Kraft auf die Rücktrittbremse. Noch glaubte ich, der Powerslide gelinge, da mähte mich bereits das Unglück um.

Weg ist die Balance. Schräg durch die Luft segelt das Rad, bevor es scheppernd auf den Boden kracht. Als die harsche Bremsung die Nabe blockiert, überholt das Hinter- das Vorderrad und das Zweirad, mit mir obendrauf, gerät ins Rutschen. Zu blöd! Die Schleudergefahr durch die fiesen Steinchen des Rollsplits habe ich nicht bedacht. Metallteile und Schutzbleche scheppern, als sie auf dem Asphalt aufschlagen. Hilflos stürze ich seitlich zu Boden und drifte um die eigene Achse. Wieder scheppert es, als mein Hercules gegen eine Gartenmauer kracht. Zwei, drei Meter schliddere ich über den rasiermesserscharfen Split, der mir den Hemdstoff aufreißt und sich als Muster in die Haut des Ellbogens und des Unterarms frisst. Am Arm blute ich wie angestochen, im Gesicht ist eine Backe aufgeschürft und ein Hosenbein zeigt auf voller Länge einen hässlichen Schlitz. Der linke Lenkergriff und, was ich erst beim Aufrichten des Rads bemerke, das linke Pedal sind verbogen. Mit zwei, drei Hammerschlägen lassen sie sich wieder in Form bringen. Ich muss mich beruhigen, deshalb rede ich mir den Schaden klein. Noch im Schock komme ich rasch auf die Beine, packe das Rad und richte es mit einem Ruck auf. In Richtung der Mädchen, die mich aus aufgerissenen Augen anstarren, murmele ich so etwas wie „t'schuldigt". Ohne mich nochmals umzugucken, schleiche ich humpelnd davon.

Während ich mein Hercules, dessen Vorderrad quietscht und eiert, nach Hause schiebe, male ich mir aus, wie mein Vater schimpfen, vermutlich sogar toben wird. Immerhin hat er mir ja das schöne weiße Rad zum Geburtstag geschenkt. Doch das Donnerwetter bleibt aus, der Vater ist im Laden mit den dringlichen Wünschen der wartenden Kundschaft beschäftigt. Wegen der Abschürfungen an Arm und Backe werde ich in die Arztpraxis in unserer Straße geschickt, wo man den Notfall gleich versorgt: Mit Jod und großen Pflastern. Der Doktor sieht die Angst in meinen Augen, deshalb verpflastert er die Wunde nur stramm, anstatt sie zu nähen. Die Ränder der Schürfwunden verheilen tadellos, nur am Ellbogen beginnen wildes Fleisch und überschüssige Haut zu wuchern.

Wie ich jetzt in der Ambulanz des Marien-Krankenhauses über meine erste Radwunde streiche, fühlt sich die Haut wie ein schorfiges Pockenmal an. Und wie ich so über früher nachdenke und mich frage, ob es im Leben immer wieder zu den gleichen Verwerfungen kommt, wird neben mir die Tür aufgestoßen und eine Krankenschwester ruft harsch meinen

Namen in die Stille des leeren, weißen Warteraums. Mit einem herrischen Wink befiehlt sie mir, ihr zu folgen. Sie wartet nicht auf mich, sondern marschiert auf Abstand den Flur entlang. Kleinlaut folge ich ihr in die Bleikammer, wo ein Röntgen-Roboter einen Arm empor reckt, als wolle er mich begrüßen. Alles geht nun zack, zack. Eine kalte, kiloschwere Bleischürze wird mir über das Trikot gelegt und ich muss meine Hände ohne zu wackeln in die elektromagnetische Strahlung richten.

Wenig später belegen schwarzweiß beleuchtete Folien, die ich nach der Entwicklung ausgehändigt bekomme, dass *Phalanx proximalis* und *Phalanx media* der rechten und linken Hand nicht gebrochen sind. Die Leidtragenden des dummen Überschlags sind die Bänder und Sehnen, die die Skelettknochen der äußeren Fingerglieder in den Gelenkpfannen stabilisieren und führen. Die belichteten Folien händige ich dem Notarzt aus, der sie in einen beleuchteten Schaukasten an der Wand hängt. Mit ruhiger Stimme analysiert er die entwickelten Lichtspuren: „Sie haben sich eine Verstauchung zugezogen, aber keinen Bruch."

„Da bin ich aber froh!"

„Na ja, Sie brauchen zwar keinen Gips, aber eine Verstauchung kann sich langwieriger hinziehen als ein Bruch. Na, dann wollen wir mal die Kleinen zurechtrücken."

Kaum habe ich mich in meinem verschwitzten Radtrikot vor ihn hingesetzt, sticht er mit einer dünnen Spritzennadel in die dick angeschwollenen Zeigefinger und kurz darauf verflüchtigt sich der Schmerz. Nun müssen wir uns gedulden – der Patient und auch sein Arzt. Beide schauen wir der Krankenschwester zu, wie sie mit brauner Jodtinktur die Schürfwunde an meiner Schulterkuppe reinigt. Drei Minuten sind verstrichen, da langt der Doktor mit beiden Händen zu. Zweimal ertönt ein leises „Knack" zwischen seinen Fingern und die beiden zu Wurstfingern mutierten Holzstöckchen sitzen wieder an ihrem angestammten Platz. Noch bevor ich etwas dagegen einwenden kann, stülpt die resolute

Schwester durchlöcherte Metallschienen über die eingerenkten Zeigefinger, damit sie starr fixiert sind.

Nach dreißig Minuten Wartezeit, zwanzig Minuten Röntgen und zehn Minuten Behandlung bin ich verarztet und kann wieder aufs Rad steigen, das am Sattel eine kleine Abschürfung aufweist und, wie sich erst bei der Inspektion herausstellen sollte, am Hinterrad einen Achter. Sehr, sehr vorsichtig radele ich heimwärts und vermeide zu bremsen. Als allerdings eine Ampel auf Rot springt, lässt sich das Krümmen der Finger zum Bremsen nicht vermeiden. Prompt fällt eine der Bandage-Tüten ab. Ich sehe im Verlust ein Omen und streife auch die andere ab und werfe beide in die Straßenkantel. Aus Erfahrung weiß ich, dass fixierte Gelenke schnell versteifen können, deshalb habe ich auch den zweiten lädierten Finger aus der metallenen Tüte befreit. Natürlich gebe ich auf der weiteren Fahrt doppelt Acht.

Die aufgedunsenen Zeigefinger schwollen nach einer Ruhephase, in der ich auch am Tage das Bett hütete und immer wieder schlief, ab und verwandelten sich in Körperteile, die man als Krummfinger bezeichnen könnte. Nach drei Tagen war die Schwellung dank Arnika-Umschlägen und Arnika-Globuli verschwunden und sowohl der rechte, als auch der linke *Index* an der Hand ließen sich wieder beugen und strecken.

Heute bilden sie, leicht kurvig und etwas knubbelig, wieder ein Trio mit anatomisch korrekten Daumen und Ringfingern. Nicht gerade ansehnlich und kosmetisch schön, aber immerhin schmerzfrei und alltagstauglich.

Ich bilde mir ein, dass ich seit dem Unfall dazugelehrt habe. Seit dem fatalen Verbremser fahre ich helmlos nur noch zum Brötchenholen und wenn ich einmal richtig heizen will, dann nur noch auf gerader, menschenleerer Bahn – immer unter Helmschutz. Auch beschäftige ich mich seit dem fatalen Salto mit dem Thema Entschleunigung viel stärker als zuvor. Zu guter Letzt vermeide ich, mit vorgerecktem, gar anklagendem Zeigefinger auf andere zu zeigen und deren Sagen und Tun zu werten, gar abzuwerten. Kurzum, der glimpflich ausgegangene Sturz ließ mich rücksichtsvoller und überlegter werden. In der Tat lernte ich fürs Vorwärtskommen im tagtäglichen Leben und begriff auch, was Albert Einstein einst meinte: Mit dem Radfahren ist es wie mit dem Leben. Man muss sich angemessen vorwärts bewegen, um nicht das Gleichgewicht zu verlieren.

Seit jenem Julitag sind drei Sommer ins Land gegangen. Wieder fahre ich bei Sonnenschein ohne mit mir zu hadern und ohne Hast die alte Strecke ab und genieße den Blick zwischen den Laubkronen hindurch auf alte Villen, Wiesen und den grünen Fluss, der mir entgegenströmt, ruhig und stetig, als gäbe es für ihn keine Missgeschicke. Erleichtert stelle ich fest, dass die Erinnerung an die Fingerlandung zu verblassen beginnt. Getilgt ist sie allerdings nicht. Wenn ich die Tür zu unserem Fahrradkeller öffne und an mein Trekking-Rad herantrete, warte ich manchmal noch darauf, dass es sich gegen meinen Zugriff sträubt, so als wolle es mich warnen.

Wadenkampf

Lange, verdammt lange Strecken zu radeln, ist in Mode gekommen. Wenn nicht gleich die vierzigtausend Kilometer um den Bauch der Erde, so doch von Alaska bis Feuerland oder von Paris bis Peking. Von Münster nach Istanbul ist auch eine beliebte Strecke. Immer mehr passionierte Radfahrer gönnen sich eine Auszeit. Selbst Pensionäre folgen dem Drang, extrem ehrgeizige Touren anzugehen und erst Monate, gar Jahre später mit einer mordsmässigen Wadenleistung in ihr vermietetes oder verwaistes Heim zurückzukehren.

Jeder, der schon mal über Tage, Wochen und Monate gestrampelt ist, wird bestätigen, dass der Schlüssel zum Langstrecken-Erfolg das Gespür fürs Portionieren ist! Das Durchhalten gelingt am besten, wenn man die große Weite in individuell genehme Etappen aufzudröseln versteht, was nichts anderes heißt, als Ruhetage einzuplanen und – besonders wichtig – Anspannung und Entspannung harmonisch aufeinander abzustimmen. In trefflicher Klarheit besagt ein chinesisches Sprichwort: „Wer Berge versetzen will, sollte mit dem Wegtragen kleiner Steine beginnen."

Unerfahren wie ich war, machte mir eine Strecke von über tausend Kilometern Angst. Eine solche Entfernung wollte ich nicht alleine angehen. So fragte ich den einen und anderen, der mir als Companion geeignet erschien: „Was hältst du davon, mit mir nach Kroatien zu radeln?"

Kaum hörten die Leute „Kroatien", kräuselten sich Falten auf ihrer Stirn und die meisten schauten mich an wie ein Auto. „Mit dem Rad? Von München nach Kroatien? Das ist aber verdammt weit!"

Niemand kam auf die Idee, die zugegeben beachtliche Portion von tausenddreihundert Kilometern in leicht genießbare Tagesrationen aufzuteilen, und ich gewann den Eindruck: je größer sich die servierte Portion an Strecke anhörte, desto verzagter wurden die Befragten. Vermutlich kam es ihnen vor, als servierte ich ihnen so etwas wie einen gewaltigen Berg Essen. „Nicht so schlingen! Iss langsamer und teil dir das Essen ein!" Mit solchen Worten werden gern Kinder bei Tisch ermahnt.

Auch eine ausgedehnte Radtour sollte ähnlich ermahnend angegangen werden, auch sie sollte wie eine üppige Mahlzeit in Happen und manchmal auch Häppchen eingeteilt werden. Nur dann führt sie zum Erfolg.

Ein Tourenradler darf sich tagsüber niemals auspowern, um dann am Abend beim Bierchen oder Ingwertee wieder zu Kräften zu kommen. Für seine Radreise muss er die betuliche und langanhaltende Bewegung in einem Kontinuum von Zeit und Raum favorisieren und jedem explosiven, auf Tempo angelegten Krafteinsatz abschwören. Das erfordert in der Regel ein Umdenken, ja, einen ernsthaften Lernprozess, an dessen Ende die Erkenntnis steht, dass die entschleunigte Bewegung dem explosiven Schnellsein überlegen ist. Das auf die Weite angelegte Vorwärtskommen erfordert sogar eine Rebellion gegen die gängigen gesellschaftlichen Normen wie schneller, effektiver, cleverer, besser. Kurzum, gegen das Mehr der Norm. Ein echter Radwanderer ist also ein Rebell gegen die vorherrschende Wachstums-Ideologie und weit mehr als nur ein Aussteiger oder Abenteurer auf zwei Rädern.

Besonders auf den ersten Tritt einer Radwanderung gilt es großen Wert zu legen, denn erst auf ihm können die nachfolgenden Tritte aufbauen. Aber dieser erste Tritt wird weder vom rechten noch vom linken Fuß initiiert, sondern vom Kopf. Hoch über den Füssen zündet der Initialfunke, im Kopf entscheidet sich nach Abwägen und Überlegen, ob aus einer Laune ein großes Unternehmen erwachsen kann. Allerdings benötigt der initiierende und durchhaltende Wille einen Kameraden, den man landläufig Kondition nennt.

Nun ist Radreise nicht gleich Radreise. Wer nicht nur autark fahren, sondern auch autark nächtigen möchte, kommt um ein schwer beladenes Trekking-Rad nicht herum. An der Lenkergabel hängen in diesem Fall zwei kleine und am Gepäckträger zwei große Gepäcktaschen, eine Last, die ab dem ersten Meter allerhand Reibungswiderstand beschert. Schließlich wiegen Zelt, Schlafsack und Isomatte alleine schon an die zehn Kilo. Dazu der Butangas-Kocher, das Camping-Besteck, Klamotten, Pannenwerkzeug und viele Utensilien, die sich gewichtstechnisch wie von selbst addieren. Zugegeben, diese Variante der äußersten Selbstgenügsamkeit ist ungemein preiswert. Aber eben auch gewichtig: fünfzig Kilogramm kommen hierbei locker zusammen.

Die von mir favorisierte Variante – auch sie kann genügsam gestaltet werden – ist ohne Frage teurer. Dafür eben auch flotter. Bei der Komfort-Variante lässt man sich bedienen, man übernachtet mal im Hotel, mal in einer Pension oder im Privatzimmer. Das kostet um einiges mehr, aber preisbewusst lässt sich auch hier das Budget gestalten.

Für die „leichtfüßige" Variante hole ich aus dem Keller nur ein Pannier, das ich einseitig links hinter mir am Gepäckträger festklicke, und wähle minimalistisch aus: ein Teflon-Handtuch, ein ausgetretenes Pärchen Converse, Badeslip, Regenjacke und kurze Regenhose, Windstopper-Blouson, Strumpfhose, zwei Unterhosen, Söckchen, eine Jeans als Ausgehhose und zwei ansehnliche T-Shirts für den Abend. Für die Pflege braucht die männliche Haut kaum Kosmetika und statt eines Kulturbeutels benötige ich nur eine kleine Plastiktüte. Üppig versorge ich mich allerdings mit Cremes. Die wichtigste Creme ist die Hirschtalgsalbe für das allmorgendliche Buttern der Sitzhaut, dann eine Calendula-Salbe für Wunden aller Art und schließlich eine Creme mit Sonnenschutzfaktor 30 für die nackten Beine, Arme, Wangen und Nase. Solch ein Nomadengepäck bringt nicht mehr als sieben Kilogramm auf die Waage und verzeiht locker das Büchslein Grüntee, das auf jeder Reise dabei ist. Einen leichten Rucksack, in den ein blauer Drei-Liter-Balg mit Trinkschlauch passt, habe ich mir neu für die Kroatien-Reise gekauft. Helm, Handschuhe, Trikot und Radlerhose aus Elastan und Klickpedal-Schuhe besitze ich noch von der letzten großen Tour.

Zum minimalistischen Gepäck gehört eine gute Vorbereitung.

Durch kontinuierliches Training steigerte ich im Verlauf eines Monats, indem ich zweimal wöchentlich meine Hausrunde fuhr, das Pensum von vierzig auf siebzig Kilometer pro Fahrt. Auf der letzten Trainingsrunde simulierte ich die zu erwartenden Bedingungen eines normalen Tourentages: am Rahmen waren die Steckbleche und ein schlanker Gepäckträger montiert, im Rucksack auf meinem Rücken gluckerten zwei Liter Wasser aus der Leitung – naturell und frei von Elektrolyten. Für den kleinen Hunger hatte ich zwei Müsli-Riegel eingepackt und im großen Rucksackfach steckte noch die Regenbekleidung. Was die Strecke anging, wählte ich die Abwechslung: mal Steigung, mal Gefälle, mal Feldweg, mal Asphalt, und schaute, dass ich immer wieder auf Radwege ausweichen konnte.

* * *

In der Früh des 28. August schaut die Sonne nur ab und an hinter regenschwangeren Wolken hervor, als könne sie das alltägliche Drama nicht mehr mit ansehen. In der verparkten Auenstraße schiebt sich Blech an Blech Meter um Meter auf eine Ampel zu. Auch ich schaue auf den Stau. Anteilslos, denn gleich bin ich weg, in einer halben Stunde lass ich die Radlhauptstadt München mit ihren Autostaus und peinlichen Verkehrsbaustellen hinter mir.

Aber zuvor muss ich mich erst noch radfertig machen. Im Flur ziehe ich mir ein Schweißtuch über den frischrasierten

Schädel, erst dann stülpe ich den Helm darüber. Den Hintern habe ich bereits im Badezimmer dick mit Hirschtalg eingecremt, selbst auf das rote Sitzpolster der Gore-Tex-Hose habe ich einen Batzen gedrückt. Bei den ersten Schritten kommt es mir vor, als schwimme mein Hintern in zerlassener Butter und die Elastan-Hose fühlt sich an, als wäre sie voll. Gewiss, in eine so ekelig gebutterte Hose zu steigen, erfordert Überwindung, aber der Profi weiß, dass sich auf einem Sitzfleisch, das an Tatar erinnert, keine Strecke machen lässt. Wer sich prophylaktisch eincremt, muss sich später nicht mit Schmerzen plagen oder im schlimmsten Fall gar die große Fahrt kleinlaut abblasen. Der Ekel ist also das kleinere Übel.

Den weißen Rippenhelm auf dem Kopf, den wassergefüllten Rucksack auf dem Rücken und das gepackte Pannier in der Hand, ziehe ich die Wohnungstür hinter mir so leise wie möglich zu. Der Morgen ist noch jung und das Haus soll nicht geweckt werden. Wie sich der Schlüssel im Schloss dreht, spüre ich in der Magengrube ein mulmiges Gefühl. Aha, anscheinend bin ich nicht frei von Versagensängsten! Für den Gang durch den Hausflur und die Treppe hinab würde ich mich am liebsten in Luft auflösen, ungern will ich den Hausfrieden stören. Aber bei jedem auch noch so behutsamen Schritt lärmen die Scharniere an den Schuhsohlen als hätte ich Kavalleriestiefel an den Füssen. Natürlich habe ich auch bei meinen Nachbarn angeklopft, ob einer mitfahren möchte. Doch alle haben verneint – aus diesem und jenem Grund. So möchte ich mich jetzt rasch verdünnisieren, bevor sich jemand das Maul über den Einzelgänger aus der oberen Etage zerreißt.

Ruhig liegt der morgendliche Hinterhof da, als ich die schwarzrote Tasche am Gepäckträger festhake und das Spiralschloss aufschließe, das ich extra für die Tour gekauft habe, weil es im Gegensatz zum pfundschweren Gliederschloss nur hundertfünfzig Gramm wiegt. Seit frühster Jugend sind mir Abschiede zuwider, deshalb bin ich im Handumdrehen startklar und verschwende keinen Blick zurück. Ich schau nur erwartungsvoll nach oben. Der Himmel gibt sich bedeckt, weder lacht noch weint er. Also ausgewogene Bedingungen für den ersten, beherzten Tritt auf dieser weiten Reise.

Das Fahrrad rollt an, das Werk beginnt. Wie ich auf den Lenker hinabblicke, bricht sich im Chromglanz ein Sonnenstrahl. Ein aufmunterndes Signal? Ein Himmelszeichen? Gewiss wird der erste Tag ein guter Tag! Beruhigt kann ich das Ampel- und Schilder-Ghetto und alles Vergangene hinter mir lassen, den ganzen Bürokram und auch die eine oder andere Erinnerung.

Über eine Steinbrücke quere ich die Isar, um in die östlichen Vororte zu gelangen. Mehr als vier Kilometer lenkt mich der Radweg, weiß-grün beschildert, entlang der Autostraße aus München hinaus. Nach einer halben Stunde treten die streng gefügten Häuserverbände zurück und wenig später bricht die urbane Versiegelung rechts und links des Radwegs auf. Endlich drängt das schmale Asphaltband an Wiesen heran und zerteilt Äcker voller Maisstauden.

Auf dem offenen Feld bin ich augenblicklich von der Leine: nun können die Augen in die Nähe und in die Ferne schauen, der Blick kann schweifen, während die Arme stabil auf den abgestützten Händen ruhen. Nur die Beine bewegen sich locker und rhythmisch im Kreis. Sobald die erste Steigung am Hang der Mangfall überwunden ist und der Radweg wieder abwärts führt, dürfen auch sie ausruhen und zum Lockern rückwärts kreisen. Ich genieße dieses entspannte Gefühl, aber ich werde nicht übermütig. Nein, ich mache mir nichts vor: in zwei Tagen wird es mit der Lockerheit vorbei sein, das weiß ich vom Training. Spätestens am dritten Tag wird sich Muskelkater einstellen, so bin ich auf den zu erwartenden Schmerz gefasst.

Stundenlanges Pedalieren strengt die gesamte Beinmuskulatur von den Zehen bis zur Hüfte an, so sehr, dass am Abend die Oberschenkel brennen. Dagegen hilft nur ein abendliches *workout*-Programm mit ausgleichendem Dehnen oder ein Sauna-Besuch. Radfahren ist eben Körperarbeit, die fordert, aber sie ist auch förderlich, sie bringt einen aus eigener Kraft voran und lässt einen jeden noch so brennenden Muskelkater überwinden. Dafür ist das Vorwärtskommen weitaus mehr als nur die Überwindung einer räumlichen Distanz, als das Runterreissen von Kilometern. Vorankommen aus eigener Kraft ist nichts anderes als die Überwindung von Stillstand, was auch als Umbruch, als Entwicklung hin zu Veränderung und Wandel bezeichnet werden kann.

Schwach dringt das Rauschen von fließendem Verkehr an mein Ohr und auch das Brummen schwerer Motoren. Der Gesang von Autoreifen und Zylindermotoren mischt sich mit dem Wind, der mich seit dem Verlassen des Ghettos der Schilder und Ampeln begleitet. Der monotone Gesang dringt von der Bundesautobahn an mein Ohr und gibt mir die Gewissheit, dass ich mich auf dem richtigen Weg gen Südosten befinde, denn der Radweg verläuft parallel zur großen Autostraße auf die Alpenbarriere zu. Allmählich verebbt der Zivilisationsgesang und nur noch der Wind umspielt mein Ohr. Nach knapp zwei Stunden gehört das dünne graue Band, das mich durch Wiesen und Wälder immer näher an die Bergkulisse heranlenkt, ganz alleine mir und in der Kühle des Morgens komme ich flüssig voran. Nur einmal muss ich mit der Disziplin kämpfen – an der Kirche von Aying, wo es aus gepflegten Gasthäusern schon morgens köstlich nach Schweinebraten und frischem Fassbier duftet. Aber ich sage zu mir: „Uli, am Abend erwartet dich in Österreich eine große Portion feinster Servietten-Knödel."

Wie beim Essen hüte ich mich, gleich am ersten Tourentag zu übertreiben und mehr als hundert Kilometer hinzulegen. Ich will mich nicht vollstopfen, aber einen guten Appetit muss ich schon zeigen, denn das Menü für den ersten Tag beinhaltet die Grenzüberschreitung. Am Nachmittag muss ich bei Oberaudorf im Inntal die österreichische Grenze, die zum Glück nur noch auf der Karte existiert, passieren, um noch vor der Dunkelheit am Walchsee anzukommen.

Aber erst einmal geht es das Flusstal der Mangfall entlang, der Alpenbarriere unaufhaltsam entgegen. Richtung Rosenheim scheint der Radweg für Senioren gemacht, er umrundet selbst sanfte Hügel und geht jähen Steigungen aus dem Weg. Wie durch einen Bauerngarten führt er durchs Voralpenland und ist beruhigend eben. Ich komme gut voran und schließlich auch bei mir an.

In der Regel ist das Außen besetzt von allerlei Geräuschen. Vom lärmenden Verkehr, von der Geschäftigkeit der Anderen, vom Klingeln überholender Radfahrer, von Kindergeschrei, vom Bellen eines Hundes, vom Rauschen eines Bachlaufs, von Vogelgezwitscher, vom Knattern des Windes und manchmal auch von prasselndem Regen. Wer nun Stunden um Stunden radelt, wird mit der Zeit gegen die vielen Störenfriede von außen immun. Ja, das Außen verliert an Bedeutung, während das Innen an Bedeutung gewinnt.

Ein regelmässiger Pulsschlag und ein hörbar fließender Atem bestimmen jetzt das Befinden und ein einziger Faktor wird zum A und O des langandauernden Fahrens – der Atem. Ihm seine Unruhe, sein Stakkato zu nehmen, ihn zum Fließen zu bringen und in einen gleichmässigen Rhythmus zu lenken, ist der Schlüssel zur Ausdauer auf einer langen Tour.

Gewöhnlich spricht man nur von der Kondition, nicht aber vom Atmen, mehr noch, vom richtigen Atmen. Diese Einseitigkeit ist ein Fehler, denn wer die Kunstfertigkeit des Atmens nicht beherrscht, wird in letzter Konsequenz auch mit der besten Kondition scheitern. Wir Stadtmenschen haben in der Hektik unseres ummauerten Alltags die Beziehung zum bewussten Atmen verlernt und meinen deshalb, wir würden geatmet und bräuchten uns nicht um das Atmen zu kümmern. Vordergründig scheint es auch so zu sein. Tatsächlich aber ist das bewusste Atmen eine hohe, zum Glück aber erlernbare Kunst.

Als ein Kind, das im Mangel der Nachkriegsjahre geboren wurde, litt ich an Keuchhusten. Da die Besuche beim

Kinderarzt weder Linderung noch Heilung brachten, verfrachtete mich mein Vater zur Genesung ins Allgäu. In den Bergen ging es mir bald besser. Ich bekam wieder Luft und wie ein vor dem Ertrinken Geretteter, erlebte ich Wochen später die Leichtigkeit des freien Atmens. Erst viele Jahre später sollte ich verstehen lernen, dass der Atem unsere eigentliche Nahrung und elementarer als essen und trinken ist.

Wie ich jetzt auf das steinerne Monument des Zahmen Kaisers zufahre, fließt die schnabulierte Luft kühlend über die Zunge und sickert durch die Stimmritze und die Luftröhre in die Lungen hinab. Aber nicht nur bis in deren Spitzen, sondern tiefer, bis in die bauchtiefen Atemräume und in die Flanken hinab. Das Atmen im tänzerischen Rhythmus des Fahren übertönt die Geräusche von außen und kommt mir vor wie der Soundtrack aus dem Inneren einer gesund arbeitenden Maschine. Nach geraumer Zeit richtet sich die Aufmerksamkeit wieder auf das Außen und ich halte an, um mir die Beine im Geh-Modus zu vertreten. Nach einer Picknick-Rast hinter Rosenheim folge ich dem Inn flussaufwärts und erneut bietet sich im ruhigen Fahren die Gelegenheit, über die Kunst des Atmens zu sinnieren.

Der Atem und der Akt des Atmens halten uns am Leben und verhindern das Sterben. Das ist doch eine Binsenweisheit, mag der eine oder andere sagen. Okay, aber nichts desto trotz sollten wir unser Atmen hinterfragen, nicht nur auf dem Rad, sondern auch im täglichen Leben. Atmen wir nur beiläufig? Atmen wir, dass es gerade mal für den Alltag taugt oder atmen wir, als würden wir die Luft wie ein Lebenselixier trinken? Die Kunst des richtigen Atems hat viel mit Imagination zu tun: man stelle sich vor, der Atem sinke bis zu den Fersen hinab, wo er kurz verweilt, um anschließend als verbrauchte Luft wieder seinen langen Weg nach draußen zu finden. Auf einer Radfahrt fällt das bewusste Atmen leichter als beim Spaziergang oder beim Nordic-Walking. Beim Radfahren atmet man „gestützt": die Bauchdecke kann durchhängen und das Rückgrat ist leicht gebogen, was dem Brustkorb erlaubt, sich aufzuspannen. Wer an einer Hohlbrust oder Rundschultern leidet, spürt auf dem Rad eine befreiende Dehnung der Rippen.

Über die ersten beiden Haltstationen – Walchsee und Zell am See – gibt es eigentlich nichts Atemberaubendes zu berichten. Oder doch?! Ein Erlebnis ist hängengeblieben, nur ein Detail: In Walchsee geriet ich in einen Pulk trainierender Triathleten, die mich in ihrem Windschatten und mit der Erkenntnis zurückließen: Radfahren ist nicht gleich Radfahren, ja, auch das Radfahren verfeinert und verästelt sich wie alles in der modernen Zeit.

Ohne Blasen, ohne Sturz und ohne Wehwehchen erreiche ich Zell am See. Hier gönne ich mir endlich den heiß ersehnten Teller Knödel und quartierte mich in einem preiswerten Bike-Hostel ein. Soweit so gut, aber alles noch kein Kracher. Um die bis dahin zurückgelegten zweihundert Kilometer durch Bayern und Tirol braucht man nicht viel Aufhebens machen. Grob gesagt führt die Süd-Ost-Route meist an Flüssen entlang und in hörbarer Nähe zur Autobahn verliert man nie den Kontakt zur Zivilisation. Rückblickend kann ich für die zurückliegenden Tage von einem Warmfahren sprechen, vom Auftakt zum nun anstehenden Wadenkampf.

Am dritten Tourentag bin ich an der Schranke der Großglockner-Mautstraße angelangt. Erstmals muss ich mir Mut machen: „Auf geht's Alter, den Glockner packst du auch!" Leichter gesagt als getan. Noch nie bin ich eine zwölf Kilometer lange Himmelsrampe hochgeradelt, noch nie habe ich mich auf dem Rad so ins Zeug gelegt. Wie ich die Hinweistafel studiere, frohlocke ich. Noch vor dem Wadenkampf erwartet den Schwaben in mir eine Belohnung: er darf die Himmelsrampe mautfrei hochfahren. Während die Autofahrer das Portemonnaie zücken, frage ich mich, soll ich verschnaufen? Nein, noch bin ich in Schwung, noch treibt mich die Zuversicht ohne Halt weiter, weiter bergan.

In meinem Rücken schrumpfen die Gebäude der Maut-station langsam auf Puppenstuben-Format. Dafür wächst sich vor dem Lenker das Asphaltband zu einem grauschwarzen, immer und immer wieder geflickten Teppich aus, der am steiler werdenden Abhang zu kleben scheint. Noch hundert Meter! Dann bedeckt der gewunden daliegende, abgeschabte Teppich eine Rampe, deren Ende gipfelwärts ragt. Das erste Verkehrsschild, auf das ich in Zeitlupe zufahre, dokumentiert die Steigung dieser Rampe: 12 Prozent!

Hinter dem wettergegerbten Schild gehe ich aus dem Sattel. Doch bevor ich den Hintern hebe und mich in die Pedale stelle, schalte ich zwei Gänge höher, um den Druck auf die Pedalarme und Zahnblätter zu erhöhen. Nur so kann man das Einbrechen mit den Pedalen vermeiden.

Als ich mein erstes Rad bekam, war am Lenker das niedliche Hebelchen einer Dreigang-Nabenschaltung von Fichtel & Sachs montiert. Das Trekking-Rad, in dessen Pedale ich mich jetzt stehend und nach Atem ringend stemme, verfügt über eine Shimano-Kettenschaltung mit siebenundzwanzig Gangkombinationen. Wohlgemerkt Kombinationen, nicht Gängen, was immer wieder fälschlicherweise gleichgesetzt wird. Selbst am tollsten Rennrad gibt es keine Schaltung mit dreißig oder mehr Gängen, obwohl die Werbung dieses Märchen immer wieder neu erzählt. Wegen Überschneidungen sind es meist achtzehn bis zwanzig echt nutzbare Übersetzungen, die die Bezeichnung Gänge verdienen.

Selten schaut man während der Fahrt nach unten zu den Füßen und bekommt deshalb nicht mit, was beim Schalten passiert. Dabei ist der Vorgang faszinierend, denn zwischen den Beinen agiert eine kleine Zahnradfabrik namens Tretkurbel-Antrieb zwischen Kurbelgarnitur und Ritzelpaket bzw. Kassette. Sobald durch den Schaltvorgang die Kette am Tretlager über einen kleineren Zahnkranz läuft als hinten an der Nabe, lässt der Pedalwiderstand nach und man kommt bergauf leichter voran. Dank einer breiten Zahnblatt-Kassette an der Hinterradnabe mit bis zu neun Ritzeln können Rennradler Steigungen von zwölf Prozent auch sitzend wegstecken. Will man hingegen bergab oder auf der Ebene schnell fahren, muss man mit Hilfe des Umwerfers am Schaltwerk die Kette vorne auf das größte und hinten auf das kleinste Blatt heben.

Kaum stehe ich aufrecht in den Pedalen, wird aus der bisher ruhig ausbalancierten Fahrt ein Schaukeln im Wiegetritt. Mit Ausschlägen nach rechts und links balancierend komme ich langsam, langsam höher. Sofort wird es anstrengend, ich reisse die Lippen auseinander und schnappe nach Luft. Am ganzen Leib komme ich mir vor wie eine hechelnde Zunge. Stoßartig atmend, mit weit aufgerissenem Mund erreiche ich die erste Kehre.

Ab jetzt schlängelt sich die Passstraße zehn Kilometer bergauf, zehntausend Meter, mal gerade, mal gewunden in Serpentinen. Mit jedem Meter, den ich stehend im Wiegetritt überliste, höre ich mich schnaufen wie ein Ochse. Welch ein Jammer, was für eine Schande! Dahin, zerstoben die schöne Theorie vom richtigen Atmen, vom Atmen bis hinab zu den Fersen! Flach und panisch, als müsste sich die Lunge wie beim Tauchen über einen engen Schnorchel versorgen, versuche ich mehr Sauerstoff anzusaugen. Ich ringe, ich schnappe nach Luft, als hätte mir der Glockner die Hände um die Gurgel gelegt und wollte mich bezwingen bevor ich ihn bezwinge.

Ab Kehre Acht geht es ans Eingemachte! Plötzlich ertönt von innen ein Kommando: „Durchatmen!" Es ist die Stimme des Willens, die wie ein Feldwebel kommandiert: „Schnauf nicht so! Atme ruhiger und nicht so flach, nicht so stoßartig! Vergiss nicht das Ausatmen! Mensch, das ist doch kein Ausatmen! Raus mit der verbrauchten Luft, sonst machst du gleich schlapp!" So rechthaberisch kommandiert der Wille und quält mich sadistisch.

Aber nicht nur der Wille meldet sich ab Kehre Acht. Eine zweite Stimme ertönt in mir, sanft flehend: „Halt an! Halt doch endlich an, nur ganz kurz, dann kriegst du wieder Luft. Du brauchst eine kleine Pause! Nur kurz!" Schon stecke ich, der vermeintliche Herrscher über meine Sinne, mitten in einem Konflikt.

Mit jedem erklommenen Meter verstärken sich die körperlichen Sensationen und scheinen dem Flehen und Betteln rechtzugeben: Das Herz hämmert und presst hitziges Blut durch die Adern, während in den Beinen Tausende von Ameisen hin und her zu laufen scheinen. Das Rückgrat unter dem Rucksack mit dem gefüllten Wasserbalg fühlt sich an, als stecke es in einem Schraubstock. Wieder bettelt es in mir drin: „Halt an! Nur kurz verschnaufen!"

Der Konflikt im Kopf ist fürchterlich, nicht zum Aushalten. Gleich droht er mein Bewusstsein in zwei Teile zu spalten. Soll ich dem eisernen Willen folgen oder dem Flehen nachgeben und anhalten? Soll ich vor dem inneren Schweinehund kapitulieren?

Trotz der zunehmenden Erschöpfung packt mich die Wut, als mir auf einmal klar wird, dass dieser Sauhund von Schweinehund mich wie ein Spion von der ersten Stunde der Tour an begleitet hat. Während der zurückliegenden Tage der Tal- und Hügelfahrt hat er geschwiegen und sich tief drinnen auf die Lauer gelegt. Erst jetzt, am dritten Tag, kurz vor Kehre Neun, schlägt er an und winselt: „Halt an! Nur kurz!" Verzweifelt schnappe ich in der Verwirrung nach Luft, denn eigentlich will ich der Stimme meines Willens folgen: ich will nicht absteigen, noch nicht, erst weiter oben, dann ja.

Aus Erfahrung weiß ich, wenn mich der Schweinehund jetzt rumkriegt, dann hat er für den Rest der Bergfahrt gesiegt. Zwangsläufig werden die Pausen dann immer häufiger und länger. Noch ringt mein starker Wille mit ihm, noch ist nichts entschieden, weder in Hinblick auf weitermachen noch auf nachgeben. Ich kämpfe mit mir, ich will diesen Hund ignorieren. Doch es hilft alles nichts, er bettelt und zerrt am guten Vorsatz als wäre dieser ein Wurstzipfel am Haken.

Vor lauter Unentschlossenheit überkommt mich Hektik und sofort purzeln die Atemzüge wie Fallobst. Heillos beginnen die Lungen zu flattern und nach Luft zu schnappen. Schon agieren sie so plump, dass die roten Blutkörperchen nur noch mangelhaft mit dem Fitmacher O2 versorgt werden. Der Wille durchzuhalten hat sich in Luft aufgelöst – ich kapituliere.

Mit großer Überwindung drehe ich den linken Fuß aus dem Klickpedal, die Fußspitze kommt auf dem abschüssigen Asphalt zum Halt. An einem steilen Stück komme ich zum Stehen. Sofort geht es mir besser. Beide Hände an den Bremsen, lasse ich das Rad nach links auf meine Schokoladenseite kippen und befreie nun auch den rechten Schuh mit einem „Klick" vom Pedal. Wackelig, mit pumpender Brust und zitternd, schwinge ich das rechte Bein über den Sattel. Endlich stehe ich neben meinem Rad als sei ich ein Greis am Rollator.

In der Verlängerung der weißen Markierung des Fahrbahnrands erblicke ich in einiger Entfernung ein blaues, verbeultes Hinweisschild mit einer großen weißen Neun. Aber die Kehre Neun ist immer noch zweihundert Meter entfernt. Der Wille wollte mich bis dorthin treiben, bevor mich der Schweinehund zum vorzeitigen Anhalten und Absteigen zwang.

Ob wir es wollen oder nicht, der innere Schweinehund macht uns allen zu schaffen. Selbst der größte Schweinehund-Hasser, ob er will oder nicht, kann unter extremer Belastung zum Hundefreund werden. In der Regel schlummert der Hund tief drinnen in der Brust eines jeden, doch bei der kleinsten Willensschwäche reisst er an der Kette und schlägt fordernd an. Auch wenn wir alle dieses Tier in uns haben, wissen doch die wenigsten, dass der Begriff des Schweinehunds von der Treibjagd stammt.

Immerhin der Treibjagd der alten Griechen verdankt die Welt den Begriff Schweinehund. Ihre für die Eberjagd abgerichteten Hunde nannten die Jäger der Antike Sau- oder Schweinehunde. So bürgerte sich schon sehr früh der Begriff „innerer Schweinehund" als Allegorie für die Willensschwäche *Akrasia* ein. Kein Geringerer als Aristoteles, Schüler des Platon, befasste sich mit der Problematik des Nachgebens, mit *Akrasia*, und formulierte: eine Person handelt nach einem bequemen und ihr genehmen Schema, obwohl sie sich darüber im Klaren ist, dass ein anderes Handeln besser für sie wäre.

Nun war Aristoteles ein überaus moralischer Philosoph, der hohe ethische Ansprüche an die Selbstbeherrschung stellte. Kein Wunder also, dass er seine Zeitgenossen ermahnte: jeder, der seinem Schweinehund nachgibt, verzichtet auf sein Glück. Oder wie er es ausdrückte: auf die Unterstützung durch den guten Dämon *eudaimonia*.

Noch immer stehe ich mit zitternden Beinen auf der weißen Markierung des Fahrbahnrands und beuge mich über den Lenker, um die verbrauchte Luft loszuwerden, um sie quasi auszuwerfen. Wie der Oberkörper so über den Lenker hängt, verspüre ich Erleichterung und nach kurzer Zeit verschwindet das Pumpen unter den Rippen. Der Schweinehund zieht sich kleinlaut in die Bauchhöhle zurück. Kaum, dass ich wieder Kraft schöpfe, frage ich mich, warum konnte mich dieses miese Tier besiegen?

Vermutlich entsprach das Anhalten zweihundert Meter vor Kehre Neun einem inneren Schema charakterlicher Bequemlichkeit, vielleicht auch der Angst, gesundheitlichen Schaden zu nehmen. Wer weiß!?

Allmählich beruhigt sich der Atem und das Zittern verschwindet, aber zurück bleibt etwas, das sich wie schlechtes Gewissen anfühlt. Hätte ich mich bis zur selbstgesetzten Zielmarke, der Kehre Neun, durchgebissen, hätte ich gewiss auf diesen zweihundert Metern eine neue Souveränität erlangt, rede ich mir ein. Verdammt noch mal, der scheiß Hund hat mir die Genugtuung über diese Leistung vermasselt! Sein Sieg über meine Willenskraft lässt mich nicht los, ich hadere mit meinem Nachgeben, mit einem alten Schema, das man auch Verweichlichung nennen könnte. Zum Glück zischt mir ganz unerwartet ein produktiver Gedanke durchs Hirn. Womöglich war das Schwächeln gar nicht so tragisch! Womöglich wollte mich der Sauhund vor der mir eigenen Schwäche der Selbstüberschätzung schützen, womöglich wollte er mich warnen, damit ich mich nicht überanstrenge! Immerhin hat sein Betteln ja durchaus fürsorglich geklungen.

Jetzt aber genug des Räsonierens! Ich muss mich beeilen, für den Nachmittag ist ein Wettersturz auf der Passhöhe vorausgesagt. Um Himmelswillen! Schneefall Ende August! Jetzt spielt auch noch die Natur verrückt und will mich womöglich in die Knie zwingen.

Beruhige dich! Eine Alpenüberquerung ist nun mal kein Zuckerschlecken und auch nicht planbar wie eine Kaffeefahrt; das sage ich mir beim Befahren der zwölften von 36 Kehren. Immerhin komme ich inzwischen im Kriechgang ganz gut bergauf voran. Irgendwann steige ich wieder ab und schließe im Gehen mit mir Frieden. Kaum, dass ich den Ehrgeiz losgelassen habe, werde ich ruhiger und schon mache ich beim Schieben des bepackten Rads eine freudige Entdeckung unter meinen Schritten: rosa und weiß blühende Alpenblumen drängen in den Ritzen des schwarzen Teers ans Licht und beweisen, dass sich die Natur nicht so leicht abtöten lässt.

Seit ich begriffen habe, dass man auch mit einem geschobenen Rad vorankommen kann, bin ich gelassener geworden und der Anblick von Lokalmatadoren, die auf gepäcklosen Rennrädern an mir vorbeiziehen, kann weder Verdruss noch Missgunst in mir provozieren. Irgendwann steige ich wieder auf und stemme mich tief durchatmend in die Pedale. Mal sehen, welche Distanz ich bis zum nächsten Anfall von *Akrasia* schaffen werde.

Seit dem Passieren von Kehre Zwölf hat sich etwas verändert. Ich begegne dem Berg gelassener, leidenschaftsloser und in der steil ansteigenden Passstraße sehe ich nicht mehr einen Gegner, der sich mir in den Weg stellt. Dafür kehre ich das Augenmerk nach innen und widme meine ganze Aufmerksamkeit dem Atem und plötzlich kommt mir eine Idee. Hinter Kehre Zwölf verweigere ich mich dem bisherigen Boss der Bergfahrt, dem Willen. Als Herr über meinen Körper kündige ich ihm, ja, mit einem energischen Atemzug entlassen ich ihn und ersetze ihn durch den Atem als neuen Boss des Glockner-Unternehmens.

Bei aller Schinderei, ich komme tatsächlich besser vorwärts und die Abstände zwischen *stop* und *drive* vergrößern sich trotz zunehmender Steigung. Mit Freude stelle ich diese Veränderung fest. Immer wenn mir die Anstrengung die Gurgel zuzuschnüren beginnt, peile ich ein krüppeliges Tännlein, einen zerzausten Busch oder das nächste Kehrenschild an und schwöre, bis dorthin zu fahren und erst unmittelbar an dieser Landmarke abzusteigen. Auch lerne ich dazu und spinkse nicht mehr alle paar Minute zur Passhöhe hinauf. Da ich inzwischen nur noch Schritttempo fahre und im kleinsten Gang aufwärts kurbele, sehe ich die meiste Zeit auf meine Schuhspitzen, unter denen das Teerband zäh bergab zu fliessen scheint. Auch wenn es anfangs nur wenige Meter sind, um die ich die Distanzlatte nach vorne verschiebe, spüre ich doch eine aufkeimende Euphorie und wage ganz leise, ganz sachte zu triumphieren: ich schaff's!

Von Kehre zu Kehre verfestigt sich die Zuversicht und schließlich siegt die Freude an der erbrachten Leistung über die Qual. Als Rat möchte ich hier anfügen: eigentlich sollte einem diese Zuversicht nie ganz verlorengehen und immer wieder den Einstieg in eine neue Etappe bestimmen. Auf keiner noch so kurzen Etappe sollte man bis ans Limit gehen. Jede Etappe sollte beendet werden, bevor man völlig ausgepowert ist. Immer wieder gilt es, den Rhythmus der kleinen Reserve zu finden, auch wenn eine innere Stimme einen beschwört, mach weiter, es läuft gerade so gut.

Auf einmal geschieht alles von alleine. Treten und Gehen zerfliessen, ein Wind kommt auf, ein Wind aus allen Richtungen. Anspornend umspielt er mich und erfüllt mich auf wundersame Weise von innen. Gleichwohl hetzt er aus dem Tal herauf und fällt mir in den Rücken, aber auch vom hohen Horizont rollt er auf mich zu. Ohne mein Zutun verlieren Bewegung, Tempo, Höhe und Richtung an Bedeutung: Alles wird eins. Überdeutlich gewahrt das Auge plötzlich die Bergnatur und das Ohr das Rauschen des Gipfelwinds. Bald wird die Quälerei ein Ende haben, das spürt mein Körper, umspielt vom himmlischen Kind.

Mit neugewonnenem Elan taste ich mich durch einen düsteren, nasskalten Tunnel vorwärts auf einen Lichtpunkt zu. Wie beim langsamen Öffnen einer Objektivblende vergrößert sich der helle Lichtpunkt mit jedem Meter. Ab jetzt kann es sich nur noch um Minuten handeln, dann habe ich es geschafft. Das Tunneldunkel im Rücken, durchflutet ein unbeschreibliches Glücksgefühl jede Faser, jede Zelle meines Körper und ein herausgepresster Schwall Luft, ein Jauchzer, beendet die Schinderei. Welch ein Fest der Glückseligkeit! Welch ein lustvolles Atemspiel am Hochtor auf 2504 Metern über dem Meer!

Den legendären Alpenpass schaffte ich, weil ich den anfänglichen Boss des Unternehmens, den Willen, auf halber Strecke entließ und durch den Atem als neuen Boss ersetzte. Darüber hinaus musste ich lernen, Treten und Atmen in harmonischen Einklang zu bringen. Später ging es dann darum, das Atmen zu vertiefen und gleichzeitig die Balance zwischen Fahren (im Stehen oder Sitzen) und Gehen zu erlangen. Damit nicht genug! Am Berg wandte ich dieselbe Taktik an wie auf der gesamten Tour – ich unterteilte und zerlegte das große Ganze in Einzelteile und wie von selbst verlor die Totale ihre Schrecken.

Den Himmel, dem ich mich auf der Passhöhe so nahe fühle, verschleiern griesgrämige Wolken. Verschwitzt wie ich bin, ist mir seit der Fahrt durch den Tunnel kalt. Es kommt mir vor, als sei das Thermometer in Minuten um zehn Grad gefallen. Am exponierten Rastplatz auf dem Grat zerzaust ein Sturm das braun versteppte Gras der hohen Matten und wie ich nach Westen schaue, galoppieren Gewitterwolken heran. Mit rascher Hand ziehe ich mir das nasse Hemd über den Kopf und pule aus der Tasche am Gepäckträger den Windstopper, den ich in kluger Voraussicht ganz nach oben gelegt habe. Die trockene Membran, diese kleine Belohnung, auf der feuchten nackten Haut zu spüren, tut unendlich gut. Mitten im schneidenden Windbad fühle ich mich versorgt und aufgehoben. Es ist schon verblüffend, wie leicht die Ansprüche mit der Anstrengung schrumpfen und Bescheidenheit im Bewusstsein einkehrt.

Eine göttliche Belohnung breitet sich nun vor dem Vorderrad aus, eine Abfahrt von über vierzig Kilometern. Solch eine lange Abfahrt ist weit mehr als nur eine Belohnung für einen qualvollen Aufstieg. Solch eine enorm lange Abfahrt aus einer Höhe von zweitausendfünfhundert Höhenmetern gibt einem das Gefühl der Schwerelosigkeit und ist am ehesten mit Gleitschirmfliegen zu vergleichen. Umrauscht vom Fahrtwind wird der Pilot lang anhaltend gestreichelt, ohne dass er sich dafür mit Anstrengung revanchieren muss. Wohlgemerkt, man sollte den *Downhill* nicht anders angehen als den *Uphill*, man sollte ihn in Etappen unterteilen und nicht explosiv in einem Satz hinab hasten.

Nach den ersten wackeligen Metern gegen die Windböen vom Tal, kommt das bepackte Vehikel von selbst in Schwung. Welch ein Fest! Die Pedale ruhen und trotzdem geht es flink und immer schneller bergab. Kein Treten mehr, kein Zwiegespräch mit dem inneren Schweinehund, kein Keuchen, Hecheln oder Schnaufen, die Lippen könnten nicht sanfter ruhen. Im Handumdrehen hat sich der Puls beruhigt, was immerhin für eine blendende Kondition spricht.

Obwohl plötzlich alles so einfach ist, bleibt der Kopf alarmbereit und die Muskeln erschlaffen nicht in Faulenzer-Manier.

Nichts geschieht im Übermut. Mit dem Aufnehmen an Fahrt vergegenwärtige ich mir meinen CW-Wert: ziemlich katastrophal. Ein Katzenbuckel wird Abhilfe schaffen. Vorsichtig stemme ich die Ellbogen auswärts und ziehe den Nacken ein. Im Nu werde ich windschlüpfriger. Erwartungsvoll überantworte ich mich der Schwerkraft und der gewaltigen Dynamik des Luftwiderstands: Ab einer Geschwindigkeit von 32 km/h muss ich immerhin 500 kg Luft pro Minute verdrängen. Ich lasse es springen und von Minute zu Minute steigert sich das Tempo: 40, 50, verwegene 60 km/h schätze ich nach dem Gefühl.

Der Abenteurer liebt solch ein erfrischend leichtes Spiel, bei dem ihm der Asphalt hundertmal schneller als jedes Fitness-Laufband entgegen geschossen kommt. In der Unmittelbarkeit mit den Elementen erlebt er eine betörende Leichtigkeit, so als rase er durch eine brausende Windwand der Schwerelosigkeit entgegen. Aber Vorsicht! Jetzt bloß nicht das Mütchen kühlen! Schon heißt es bremsen, denn ein Gefälle von zwölf Prozent beschleunigt bei einem Gesamtgewicht von neunzig Kilo raketenmässig.

Jäh kann das prickelnde Intermezzo in einer Hals- und Bein-Bruch-Serenade ausklingen. Ein Reifenplatzer, ein Stolperstein, ein Ölfleck oder ein Riss der Bremszüge könnte, ja, könnte fatale Folgen haben. Solche und ähnliche Horrorszenarien schießen dem Abwärtsflitzenden gerne durch den Kopf und verunsichern den Angsthasen. Doch Tempo heißt in der Konsequenz noch lange nicht Sturz. Wenn man sich auch in diesem Fall in Achtsamkeit übt, kommt es nicht gesetzmässig zur Katastrophe. Achtgeben ist bekanntlich ein weites, streitbares Feld. Aber zumindest über ein Utensil – einen echten Sturzhelm und keinen kappenartigen *helt-pro* Helm – lässt sich in diesem Fall nicht diskutieren.

Das Fahrrad musste nicht neu erfunden werden, aber die Bremsen. Vieles wurde in den letzten Jahrzehnten in der Radtechnik erneuert, verbessert und patentiert, aber als wirklich bahnbrechend erwies sich nur eine Neuerung: die hydraulische Öldruckbremse. Zeig mir deine Bremsen und ich sag dir, ob du ein gutes Rad fährst! Wer sich einem zwölfprozentigen Gefälle in die Arme wirft, weiss, dass spätestens bei Kilometer fünfzehn die Handgelenke und die Finger von der Arbeit an den Bremsgriffen wehtun und im kalten Fahrtwind gnadenlos verkrampfen.

Für Sekunden schließe ich die Augen. In voller Fahrt dringen nur das Singen des Reifengummis und Windgeräusche an mein Ohr. In Gedanken stelle ich mir vor, wie sich Freiherr Karl von Drais im Jahr 1817 als erster Mensch auf zwei rollenden, lenkbaren Holzrädern gefühlt haben muss. Auch wenn sein Laufrad noch verdammt viel Reibung produzierte, schaffte er doch durch den Wechsel zwischen Beinlauf und Beinsprung die fünfzig Kilometer vom badischen Karlsruhe nach Kehl am Rhein schneller als eine vierspännige Postkutsche. Wie ein Luftakrobat muss er sich gefühlt haben, als er sich mit den Füßen vom Boden abstieß und das Laufrad unter seinem Hintern bis zum nächsten Beinsprung rumpelnd vorwärts rollte. Das Gefühl, dass man in der Bewegung loslassen kann, empfand der tüftelnde Freiherr gewiss als ebenso beglückend wie sein radelnder Nachfahre auf der Glockner-Abfahrt. Oder wie ein Kind, dessen erstes eigenes Vehikel ein gummibereiftes Laufrädchen ist.

Bei all diesen Gedanken präsentiert sich einer als paradox, dass nämlich Abwärtsfahren schieres Nichtstun in Bewegung ist. Die Beine ruhen oder spielen rückwärts kreisend mit dem Kettenblatt und trotzdem findet das Rad seinen Weg den Hang ins Tal hinab. In spätestens zehn Minuten werde ich im sommerlichen Kärnten ankommen, knapp 1200 Höhenmeter tiefer in Heiligenblut. Erst dort werde ich wieder anhalten, erst dort haben sich Finger und Handgelenke eine Pause vom Bremsen verdient.

Im Hoteldorf Heiligenblut bremse ich mich völlig aus, um für einen Imbiss zu pausieren. Auf einer windigen

Hotelterrasse setze ich mich als einzelner Gast an einen weiß-gedeckten Tisch und gönne mir die Speckknödel und ein alko-holfreies Weizen. Nach dem Verzehr der schweren Speise à la Carte muss ich leider feststellen, dass mich der Hunger noch immer plagt. Meinen knurrenden Magen vertröste ich auf den Abend und verspreche ihm, dass wir im Gasthaus von Lienz zur Belohnung richtig schmausen werden. Aber bis Lienz müssen wir uns noch am Riemen reissen, denn am Ende des flach auslaufenden Mölltals versperrt der Iselsberg den Rutsch nach Lienz hinab.

Wie ich mit Blick auf meine Wetter-App feststelle, ist für den gesamten nächsten Tag in Kärnten Dauerregen angesagt. So entschließe ich mich beim Einchecken am Abend, den nächs-ten Tag im Gasthaus auszuruhen, und buche gleich noch die Halbpension für morgen dazu. Wie ich nach dem Abendessen den Verlauf des Glockner-Tags rückblickend dokumentiere, erstelle ich den Beweis, dass ambitioniertes Fahrradfahren nicht nur für einen großen, sondern für einen Bärenhunger sorgt. Happengenau notiere ich ins Tourenbuch: drei Eier, drei Käsebrote, zwei Bounty, acht Kekse, eine Tomatensuppe mit drei Scheiben Brot und ein gehäufter Teller Spaghetti mit Shrimps. Wohlgemerkt, das alles stopfte ich nach einem reich-haltigen Frühstück an einem einzigen Tag in mich hinein. Wer will bei dieser Speiseliste noch behaupten, dass man auf einer Radtour überschüssige Pfunde wegstrampeln kann. Nein, das ist bloßes Wunschdenken! Abnehmen auf einer kräftezehren-den Tour ist und bleibt eine Illusion.

Bis auf den archaisch klingenden Namen Hermagor sind mir die Namen der Kärntner Ortschaften entlang der Drau entfallen. Zur Entschuldigung mag gelten, dass ich als Durchreisender gekommen und nicht geblieben bin. Wachsam in Hinblick auf Ortsnamen war ich nur an den Kreuzungen von Radwegen. Mehrmals übersah ich an diesen vertrackten Stellen vor lauter Hinweisschildern die nächstlie-gende Richtung. Schließlich blieb mir nichts anderes übrig, als mich im Kuddelmuddel eines gut gemeinten Schilderwalds am Lauf der Sonne zu orientieren, um der vorgesehenen Richtung gen Südosten zu folgen. Wenn es die Sonne nicht gut mit mir meinte, orientierte ich mich am Lauf eines Flüsschens, dem der Radweg häufig wie ein kleinerer Bruder folgte.

Ohne Zwischenfälle erreiche ich nach einem verregneten Fahrtag ein vergessenes Land, wo sich einst die germanische, römische und slawische Kultur vermengten – das Dreiländereck Kärnten, Friaul und Slowenien. Eingeprägt hat sich ein zweiter Pass in den slowenischen Dolomiten, dessen gepflasterte Kehren noch von russischen Kriegsgefangenen im Zweiten Weltkrieg angelegt worden waren. Der Vrsic-Pass ist nochmals zwei Prozent steiler als der Glockner, dafür um einiges kürzer und nicht so hoch getürmt.

Die vierzehnprozentige Steigung zehrt nicht allzu sehr an meinen konditionellen Kräften, weil ich sie wohlwissend in Etappen des Fahrens und Gehens aufdrösele und nun vorrangig auf den Atem achte. Im Nieselregen muss ich das Kopfsteinpflaster gehend und das Rad schiebend hinter mich bringen, so spiegelglatt bauen sich die Kehren vor dem Vorderrad auf. Wie ich mich durch einen Lärchenwald aufwärts kämpfe, umhüllt mich nasskalter Dunst und je höher ich komme, desto dichter schließt mich das Gespinst kühlender Tröpfchen ein. Auf 1611 Metern beträgt die Sicht keine fünf Meter, so dass ich nicht lange an der Passhütte verweile. Gleich nach dem Stopp wechsele ich die Wäsche und schlüpfe in ein trockenes Shirt und den Windstopper. Einige Schlucke eiskaltes Wasser nuckele ich aus dem Schlauch, der knapp vor meinem Mund baumelt, und genehmige mir die zweihundert Kalorien eines Power-Riegels. Genug der tristen Nebelrast, eine kurvenreiche, erholsame Abfahrt ins Flusstal der smaragdgrünen Soca erwartet mich.

Slowenien ist ein kleines waldgrünes Land, ein Land, in dem die Menschenmassen und auch die Radwege fehlen. Das mag niedlich klingen, aber auf den schmalen Überlandstraßen

nervt es gehörig, wenn einem entgegenkommende Autofahrer aus nächster Nähe ins Auge blicken und wenn der
seltene Radfahrer alle Naselang von hinten angehupt wird.
Zähneknirschend halte ich durch, auch wenn ich mich ab
und zu vor dem Touchiertwerden fürchte. Aber ich freue mich
auch, als ich die wärmer und wärmer werdende Luft der Adria
als laues Lüftchen um die Nase spüre. Wie ich mich in Richtung
Meer als Pilotfischlein in unmittelbarer Nähe zu den blechernen Heckflossen der Automobile bewege, fällt mir bald auf,
dass erstaunlich viele Renaults durch das kleine Land rollen.
Am Abend erkundige ich mich in der Pension in Novo Gorica
nach dem Grund der französischen Invasion: „Warum fahren
hier so viele Renaults? Gibt es bei Ihnen ein spezielles Leasing
für diese Autos?", frage ich die Pensionsdame.

„Nein, eher nicht", antwortet die Wirtin auf meine dümmlich anmutende Frage, „aber schon unter Tito wurde hier in
Lizenz der R 4 gebaut. Diese Tradition hat Renault nicht fallen-
gelassen. In der alten, jugoslawischen Fabrik werden immer
noch Renaults zusammengebaut."

Mein Hippie-Herz macht einen Satz, als ich das höre. „Ja,
ja, der R 4! Das war ein toller Wagen. So einen fuhr ich auch
in den siebziger Jahren. Mit seiner großen Heckklappe war er
ohne Frage die bessere Ente!" Nach einem netten Plausch in
der mir vertrauten Sprache verabschieden wir uns. Zeitig bin
ich auf meinem Zimmer, denn am nächsten Tag muss ich früh
raus, immerhin steht heute das Überqueren der kroatischen
Grenze auf dem Fahrplan.

Umzingelt von Renaults aller Altersklassen radele ich frühmorgens unter einem aschgrauen Himmel in Novo Gorica
los und erreiche bei Sonnenschein die Stadt Divaca, die sich
als Balkan-Schleuse für italienische Diesellaster entpuppt. Im
Hab-Acht-Modus haste ich die letzten vierzig Kilometer entlang, stets auf der Hut, dass mich kein Laster vom Randstreifen
drängt. Ich habe Glück und alles verläuft unfallfrei. Mit abgas-
gepudertem Gesicht erreiche ich die kroatischen Grenze.

Obwohl Kroatien längst zur Europäischen Union gehört, muss ich den Personalausweis vorzeigen. Aber das ist ein Kinderspiel, verglichen mit dem Auffinden der Straße ans Meer.

„*Voziti bicikl*?", fragt der Beamte in seiner Muttersprache als wäre er blind.

„Gewiss fahre ich Fahrrad! Aber bitte sagen Sie mir, wo genau darf ich langfahren?", will ich von dem sturen Grenzbeamten in seinem Glaskasten wissen. Meine Frage soll Klarheit schaffen und ist keinesfalls verarschend gemeint. Beim Anblick der unmittelbar an der Grenzstation beginnenden Autobahntrasse bin ich nämlich total irritiert, weil ich schwören könnte, dass auch auf einer kroatischen Autobahn ein Radfahrer nichts verloren hat.

Wie ich die riesige asphaltversiegelte Einmündung zur Autobahn unmittelbar vor meinem Vorderrad betrachte, antwortet er mir durch das perforierte Sprechloch seines Glaskastens: „Werter Herr, Sie müssen dort rechts ein Stück an der Leitplanke entlang gehen, dann kommt ein Durchlass in der Leitplanke und dahinter ein kleiner Weg, der zu einem Tunnel unter der Autobahn hindurch führt. Wenn sie da entlang fahren, gelangen sie auf die alte Straße nach Rijeka. Gute Reise, *sretan put!*"

Auf der alten Straße geht es flott voran, weil ich Mutterseelen alleine auf sanft geneigtem Gelände der ersehnten Adria entgegenrolle. Begrüsst vom Rauschen einer Phönix-Palme halte ich an, um das verschwitzte Shirt gegen ein Trägerhemdchen zu tauschen und um die bleichen Arme, Schultern und auch den vorgebräunten Nacken mit UV-Faktor 30 einzucremen. Die inzwischen erarbeitete Kondition lässt mich schon bald wieder ruhig atmend in die Pedale treten. Wie ich auf der einsamen Straße gen Süden Kilometer um Kilometer abspule, kann ich ausgiebigst den Gedanken nachhängen. Anders als im Büro, wo jeden Moment das Telefon klingelt oder eine Email mit einem „Pling" eintrudelt oder einer der netten Kollegen seinen Kopf durch den Türspalt steckt und mir auf die Finger guckt, ob sie faulenzen oder beschäftigt sind.

Die hohen Alpen und das kleine Land verabschieden sich ganz unspektakulär und recht nüchtern, dafür setzen mir schon bald die mediterranen Breiten zu, vor allem die adriatische Sonne. Ehrlich gesagt, macht mir ihre durchdringende Strahlkraft inzwischen sehr zu schaffen. Zwar trage ich in kluger Voraussicht einen Wasservorrat von zwei Litern mit. Aber bei der zunehmenden Tageshitze reichen zwei Liter schon bald nicht mehr aus. Spätestens ab morgen werde ich den blauen Balg randvoll mit drei Litern Wasser füllen müssen. Das im Rucksack verborgende Trinksystem, das ich ursprünglich für Skitouren kaufte, hat sich von Tag zu Tag zum liebsten Begleiter gemausert. Der Trinkschlauch kommt mir inzwischen vor wie eine nährende Sonde, deren Ventil knapp vor dem Mund endet. Mühelos kann ich je nach Bedarf in verträglichen Portionen trinken und benötige nicht mal eine Hand dazu. Wer hingegen Trinkflaschen benutzt, muss zum Nachfüllen anhalten und zum Verstauen der benutzten Flaschen einhändig oder freihändig lenken und kurz nach unten schauen. Diesen Umstand empfinde ich als kompliziert und wenig kommod.

Beim Antritt in der Früh von Tag Sieben elektrisiert mich sofort der Blick auf den Wandel der Natur. Sofort bin ich hellwach, obwohl es erst sechs Uhr morgens ist. Verschwunden – das satte Wiesengrün, verschwunden auch das Tannenschwarz der Wälder, verschwunden sogar das warme Rot von Ziegeldächern. Wo tags zuvor noch Wiesen, Hügel, Wälder und Dörfer das Panorama prägten, liegt mir zu Füßen nun ein blauer Spiegel, weit wie der Horizont und zart blinkend im frühen Morgenlicht.

Der Atem stockt wie ich die Adria, das Meer des warmen Blaus, erblicke. Ich recke den Kopf und lasse den Blick schweifen. Das blaue Meer scheint grenzenlos. Gegen den Horizont verschmilzt es mit dem Azur des ungetrübten Himmels als seien beide blutsverwandt. Der Anblick ist an Schönheit nicht zu überbieten, ich komme aus dem Staunen nicht heraus und prompt: verliere ich für einen Moment die Beherrschung über das Rad. Lieber wollen die Augen vagabundieren, als sich auf die Verwerfungen des aufgequollenen Asphalts zu heften.

Als ich allerdings gezwungen bin, die Hafenstadt Rijeka zu durchqueren, kommt mir diese Fahrt wie eine Kasteiung, wie eine Bußfahrt vor. Für eine halbe Stunde quäle ich mich durch die Niederungen einer längst vergessenen Hektik. Vorwärtsgepeitscht von Menschen- und Motorenlärm beeile ich mich, dem Gewimmel zu entfliehen. Als ich die Bucht von Bakar erreiche, wird es wieder still – zu still. Die wohltuende Ruhe entpuppt sich als Friedhofsruhe, als Botin der Tristesse. Tatenlos erstarrt ragen die rostigen Kranarme bankrotter Werftanlagen in den Himmel, als ich bei Senjska auf die Magistrale nach Split einbiege.

Die frischgeteerte Autostraße lenkt mich bis dicht ans Meer heran, ich trete schneller und voller Zuversicht, ab jetzt trennen mich nur noch vierhundert Kilometer von meinem Ziel. Ab jetzt werde ich die nächsten sechs Tage unter einem wolkenlosen Himmel der Küstenlinie folgen als sei sie mein Kompass. Ab jetzt lenke ich mein tapferes Rad konsequent nur noch in eine Richtung, nach Süden. Stopp! Süden ist eine zu grobe, zu oberflächliche Richtungsangabe, denn die Küstenstraße verläuft alles andere als schnurgerade gen Süden. Die kroatische Küste schlängelt sich ziemlich nervös von tief eingekerbter Bucht zu noch tiefer eingekerbter Bucht über sechshundert Kilometer gen Süden bis Dubrovnik. Wie ich nun in eine Bucht hinein oder aus ihr herausfahre, ab jetzt bis ans Ziel werde ich das warme Blau der Adria nur noch für Momente aus den Augen verlieren.

Ab jetzt beginnt gegen sechs Uhr am Abend eine Inszenierung zu meiner Rechten, die ich seit Stunden herbeisehne: mit sinkender Sonne belebt sich der blaue Spiegel, weil jede noch so kleine Welle erschauert und blinkt. Immer gegen Abend fängt das warme Blau an, sich vor der errötenden Sonne im anschwellenden Wind zu wiegen und vor der weißen Steininsel Rab aufzuschaukeln. Vom ersten bis zum fünften Sonnenuntergang entlang der Küste werde ich Zeuge, wie die blaue Wasserhaut mit dem Verschwinden des Tages zu einer silbern glitzernden Fischhaut mutiert. Später noch am Abend, kurz vor dem Abtauchen des Feuerballs, erschauert die Adria ein letztes Mal und für kurze Zeit changiert das Flaschengrün der großen Tiefen mit dem Türkis zu Füßen der Inselfamilie.

So dicht an einem Meer entlang zu fahren, dass du die Fußspitze jederzeit ins Wasser tauchen kannst, baut eine innige Beziehung zum Wasser auf. Aber nicht automatisch wirst du mit ihm vertraut. Die Ruhe, die dieses große Element ausstrahlt, erwächst nicht aus der bloßen Nähe, nein, um ruhig zu werden, bedarf es außer der Nähe auch der Langsamkeit. Erst wenn du mit velozipedischer Langsamkeit der blauen Weite folgst, stellt sich die Ruhe ein. Erst dann erlebst du dieses Glück des universellen Einsseins mit der Natur.

Auch wenn dich die Magistrale mancherorts aus den Duftwolken von Thymian, Lavendel und Rosmarin entführt und dich im Schweiße deines Angesichts zur Maccia des karstigen Velebit-Gebirges hinauf dirigiert, schlägt dich der blaue Spiegel mit seiner goldenen Bordüre aus den Inseln Rab, Pag, Pasman, Uglian und Murter so sehr in seinen Bann, dass du dich auch hoch oben einem Schauer nicht verweigern kannst. Absichtslos, ganz wie von selbst, geschieht etwas mit dir beim bloßen Schauen auf dieses ewig weite, scheinbar horizontlose Meer: es ziehen märchenhafte Bilder auf, du entflechtest alte, verworrene Gedankenstränge, dir fallen längst vergessene Lieder ein. Sogar das Sprechen mit dir selbst gelingt ganz mühelos. Kaum zu glauben! Nur durch seine Anwesenheit stärkt das große Blau dein Durchhaltevermögen und macht dich in der Seele leicht.

Auch wenn du eine so lange Tour solo durchstehst, bist du doch nie allein. Von morgens bis abends begleitet dich die Natur, zupackend und unmittelbar. Mit jedem Tag kommst du ihr näher und großmütig weiht sie dich in ihr Wesen ein. Ohne Attitüde weiht sie dich ein. Und schon wirst du belohnt für deine Ausdauer und bescheidene Langsamkeit. Mit den Tagen auf dem Rad wächst ohne dein Bestreben in dir ein Glück wie es dir im gewöhnlichen Leben niemals zufliegen kann.

Wohlbehalten erreiche ich nach zwölf Tagen Fahrt und zwei Tagen Ruhe jene weiße Stadt, die in einem römischen Kaiserpalast über Jahrhunderte gewachsen ist. Wie ich am alten Hafen von Split von meinem tadellosen Rad steige, rauschen über mir die Palmkronen, während sich ihre Schatten ein Bad im warmen Blau gönnen. Versonnen spitze ich die Lippen und stimme leise, noch schüchtern, in den Gesang der mediterranen Breiten ein.

Angekommen am Ende der Tour, empfinde ich eine große Leichtigkeit, denn alles geschah ganz ohne Krampf. Wie ein Schlafender, der ausgeruht erwacht, erreiche ich nach eintausenddreihundert Kilometern mein Ziel, die Insel Brac, die die Einheimischen Otok Brac nennen. Hier kann ich bleiben, solange ich will, das ist meine Belohnung. Aber daran denke ich jetzt nicht, erst einmal streife ich das durchgeschwitzte Trikot ab und auch die abgewetzte Gummihose, die müffelnden Socken und die Radschuhe. Nackt tauche ich ein in das dalmatinische Meer und lasse mich faul von seinem warmen Blau wiegen und schaukeln.

Kreuz und quer

Ganz schön gereizt werden die Sinne eines Menschen, der nach längerer Zeit aus der ländlichen Idylle in die Enge der Großstadt heimkehrt. Von morgens bis in die Nacht wird das Trommelfell bombardiert vom Lärm des stehenden oder fließenden Verkehrs, vom drängenden Hupen der Taxis, vom Tatütata des Streifen- oder Notfallwagens und von Maschinen, die Straßen reparieren und Baustellen bedienen. Autoabgase benebeln die Nase und lassen eine metallische Note auf der Zunge zurück. Nicht weniger belastend, macht das Puzzle an Formen und Farben dem Auge zu schaffen. Bereits nach kurzem Verweilen inmitten von hohen Bauten und dunklen Straßen vermisst der Ankömmling den freien Blick des ungezwungenen Seins.

Wer nun auf dem Fahrrad von außen in die Urbanität eindringt, fühlt sich bereits am Speckgürtel der Stadt von Radfahrern bedrängt, die ihn zielorientiert und emsig überholen. Diese Stadtradler wirken gehetzt und abgestumpft, als hätte sie das alltägliche Gewusel auf Radwegen, auf verstellten Straßen und verstopften Kreuzungen zu stummen und anteillosen Statisten werden lassen. Gewiss trägt auch eine immer länger werdende Latte von Regularien zu diesem bedenklichen Gemütszustand der Radbürger bei.

Ein Landradler, der in die lärmbesetzte und eng bebaute Großstadt hineinfährt, muss sich wie ein Velociped von Anno 1870 fühlen, nämlich deplatziert und verwirrend fremd inmitten der anbrechenden Moderne. Bedächtig wollten die Velocipeden von einst radeln, hatten sie doch nichts anderes im Sinn, als gutgelaunt vorwärts zu kommen. Auf bauchigen Luftreifen Pferdedroschken zu überholen und gemütlich durch die Gegend zu gondeln, stellte für sie das Höchste der Gefühle dar. Ernsthaft frage ich mich: warum können die Vorfahren in ihrem harmlosen Bestreben nicht Vorbild für die City-Biker von heute sein?

Obwohl Radfahrer inzwischen in Schwärmen durch die Straßen der Stadtlandschaft ziehen, müssen sie sich noch immer mit den Brosamen vom Tisch einer saturierten Autogesellschaft begnügen. Zugegeben, etwas üppiger fällt die Zuwendung inzwischen schon aus, verglichen mit jener belächelten Situation in den siebziger Jahren und früher. Heutzutage können die Fahrradfahrer mehr Freiheiten am Straßenrand und im Schatten des Berufsverkehrs einfordern. Auch dürfen sie inzwischen Radwege und auf Nebenstrecken vereinzelt auch eigene Radspuren, die früher zu den Autospuren gehörten, benutzen. Aber verglichen mit seinem rasch wachsenden Anteil am gesamten Verkehrsaufkommen, fristet der urbane Radverkehr noch immer ein bescheidenes Dasein. Und dabei erlebt jeder Stadtmensch an Werktagen, dass die Masse der privaten Autos mehr zur Verstopfung als zur Gesundung der aufgeblähten Städte beiträgt. Fairerweise muss man erwähnen, dass dieses Dilemma vor allem aus dem Ballast der Vergangenheit herrührt.

Kaum, dass die Trümmer des Zweiten Weltkriegs weggeräumt waren, setzte sich in Westdeutschland die Doktrin durch, die zerbombten Städte müssten im Geiste einer Autokultur wie sie bis dahin nur die Vereinigten Staaten kannten, wiederaufgebaut werden. Wie autozentriert das Denken nach 1945 funktionierte, lässt sich am Kölner Wiederaufbau exemplarisch belegen. Anstatt die Stadtstruktur entlang des Rheins vielschichtig zu gestalten, entschied man sich für eine vermeintlich zukunftsträchtige Lösung und legte mitten durch die Domstadt einen vierspurigen Teppich für den modernen Autoverkehr. So zeigt sich seit den Aufbaujahren das Kölner Zentrum geteilt, nein, martialisch zersäbelt. Längst hat man den grundlegenden Fehler erkannt, aber inzwischen fehlen die Gelder zur Behebung der historischen Bausünde, die verharmlosend Nord-Süd-Fahrt genannt wird.

Nicht anders in Stuttgart. Auch hier machten die Stadtplaner einen Diener vor dem Automobil. Verständlich, immerhin stand in Stuttgart-Bad Cannstadt die Werkbank von Daimler und Maybach und herausragende Auto-Tüftler arbeiteten hier. Aber musste es gleich eine Rollbahn breite Schneise sein, die brachial durch die zertrümmerte Stadtmitte gelegt und verharmlosend B14 genannt wurde. Auf deren acht Spuren quält sich heute zu Stoßzeiten der Verkehr dahin und täglich kommen am Neckartor bis zu 80.000 Feinstaub-Sünder vorbei.

Nach dem Wegräumen der Trümmer wurde in allen deutschen Großstädten planerisch versäumt, Korridore für den Radverkehr, Großparkplätze, begrünte Verweil-Oasen für Flaneure und autofreie Zonen für Fußgänger anzulegen. Kurzum, der neu zu verteilende Verkehrsraum wurde in einer günstigen Stunde der Geschichte dem Automobil zugeteilt. Ein forschender Blick über die Grenze in die benachbarten Niederlande und auf die autofreie Norrebrogade in Kopenhagen, die dichtbefahrenste Rad- und Bustrasse der Welt, hätte den Gründungsvätern der deutschen Republik geholfen und ihr Blickfeld über die Windschutzscheibe hinaus erweitert.

Bekanntlich ist es zum Umdenken nie zu spät. Auch heute noch sind radikale Lösungen möglich, Lösungen wie sie die Stadt Münster mit einem städtischen Radring und einem modernen Rad-Parkhaus am Hauptbahnhof initiierte. Doch die deutsche Autoindustrie („Tausende Arbeitsplätze gehen verloren"), die gelbe Auto-Lobby und die Herrschaften mit den schwarzen, roten und gelben Parteibüchern glauben im Grund ihres Herzens noch immer an die Omnipotenz des Automobils.

Erfreulicherweise versuchen seit einigen Jahren die nachrückenden Beamten in den Stadtreferaten die Fehler der

Aufbaujahre („Freie Fahrt für freie Bürger") rückgängig zu machen und arbeiten an Konzepten, von denen vor allem der städtische Rad- und Personenverkehr profitiert. In den Referaten werden höchst amtliche Verkehrsverträglichkeitsuntersuchungen erstellt, Einbahnstraßen geöffnet, Spielstraßen angelegt, Tempo-30-Zonen ausgedehnt und Einkaufsstraßen autofrei und mit Grün bepflanzt konzipiert. Nach jahrelangen hartnäckigen politischen Grabenkämpfen gelingt es sogar, dem Autoverkehr hie und da Radspuren abzuzwacken oder überbreite Gehwege in breitere Radwege umzuwidmen. Womit sich die neue Beamtengeneration allerdings schwertut, ist das Umwidmen von ganzen Straßen und Plätzen, um diese an Sonntagen und zu speziellen Ereignissen oder gar für immer autofrei zu bekommen. Erfreulicherweise erhält der öffentliche Nahverkehr Jahr für Jahr einen höheren Stellenwert und Fahrgäste werden mit einem klug kombinierten Ticket-App für das Smartphone belohnt. Alles lobenswerte Initiativen – ohne Frage!

Aber leider hängen alle Maßnahmen zur wohnlichen Gestaltung der Großstädte vom Wohlwollen von politischen Parteien und Wirtschaftslobbyisten ab. Stattdessen müsste endlich die ungeschminkte Wahrheit parteiübergreifend gesagt und gelebt werden, dass nämlich das Fahrrad innerstädtisch das bessere Fahrzeug ist. Mal abgesehen von Trambahnen, U-Bahnen und Bussen auf speziellen Trassen, doch diesen droht das Geld auszugehen.

Jahr für Jahr geben die Städte Millionen für Werbebroschüren, Radfahrnächte, Fahrrad-Flohmärkte, kostenlose Rad-Sicherheitschecks und Referenten aus, nur um an den gute Willen die Autofahrer zu appellieren und sie zum Umsteigen aufs Fahrrad zu bewegen. Aber die Macht der Gewohnheit ist zäher als das werbewirksame Beknien: „Leute kommt zur Vernunft und lasst das Auto stehen!" Auch im Jahr 2012 betrug der motorisierte Individualverkehr immer noch 84 Prozent am innerstädtischen Verkehrsaufkommen.

Dass alle so zäh am Lenkrad kleben, hängt nicht mit der Blechkarosse an sich zusammen, sondern mit dem Auto im Kopf. Mit dem mentalen Auto. Wohlstand, Freiheit, Unabhängigkeit, Tempo, Potenz – all diese Gefühlsmomente schwingen im Auto-Denken mit und verschaffen dem Auto eine derart ungeheuerliche Macht und psychische Einflussnahme auf Leben und Lebensstil. Mehr noch als Frauen sind Männer auf alles, was zur Autowelt gehört, von Klein auf konditioniert. Wie anders ist zu verstehen, dass Krabbelkinder bereits „Auto" plappern, noch bevor sie ihre autovernarrten Väter mit „Papa" ansprechen können. Der Griff in die Spielkiste der zukünftigen Chauffeure fördert nicht nur ein Auto zutage, sondern Dutzende, manchmal gar Hunderte. Und wie viele Fahrräder verbergen sich in der Spielzeugkiste unter all den Polizeiautos und Feuerwehren? Ich möchte behaupten null und nochmals null. Jedes Elternteil wird kleinlaut eingestehen, dass der Nachwuchs, kaum, dass er laufen kann, zum Geburtstag oder zum Christfest ein Bobby Car geschenkt bekommt. Kurzum, die deutsche Autonarretei beginnt bereits in der Kinderstube und setzt sich beim Wohnraum fort, der oftmals nicht viel größer als der Hubraum der Familienkutsche ist.

Die Gefährlichkeit des Auto-Virus ist gesellschaftlich virulent. Selbst in den Sprachgebrauch sind unzählige Termini rund ums Automobil eingeflossen: Autonarr, Autobahn, Autofriedhof, Kraftfahrer, Verkehrsmittel, Ringstraße, Ost-West-Tangente, Unterfahrung, Querspange. Diese und viele andere Begriffe belegen, dass um das „heilige Blechle" eine ganze Sprachpyramide entstanden ist. Dagegen hat es das Velo – immerhin das ältere Kind – gerade mal zum alltagstauglichen Sportgerät gebracht. Am erfreulichsten dürfte wohl sein, dass sein Benutzer, der Radler, einem verwässerten und gesüßten Bier als Namensgeber dient.

Okay, in den letzten Jahrzehnten hat das Fahrrad zwar sein Arme-Leute-Image abgestreift und gilt inzwischen als

Lifestyle-Produkt, als schickes Accessoire der Wohlstands-gesellschaft. Aber niemals wird der Glamour des Autos eine Tretmühe umwehen, niemals wird sich das schickste E-Bike zum Adäquat des E-Autos mausern können. Mit Blick auf die verflossenen Jahre tut diese Erkenntnis wirklich weh. So bleibt uns Radfahrern nichts anderes übrig, als die Kluft zwi-schen dem Auto und unserem Vehikel hinzunehmen und uns langfristig optimistisch zu geben. Mir fällt die Zurückhaltung nicht schwer, denn ich bin mir ganz sicher: das letzte Wort ist noch nicht gesprochen! In dem Maße wie in Zukunft eine neue Kultur der Langsamkeit entstehen und sich die Welt ent-schleunigen wird, in dem Maße wird das Fahrrad an Prestige und gesellschaftlichem Einfluss gewinnen. Vermutlich wird auch schon ein Energie-Notstand genügen, um dieses genüg-same Vehikel im Fahrstuhl der Werte-Ordnung nach oben zu befördern.

Wer nun durch die Großstadt radelt, spürt mit zunehmen-der Verkehrsdichte die Anspannung in sich wachsen. Kaum zu glauben, die Nerven sind manchmal bis zum Zerreissen angespannt. Je zäher sich der Mix aus Autos, Motorrädern, Rollern, Bussen, Trambahnen, Fahrrädern, Kinderwägen, Hunden und Fußgängern verquirlt, desto offensichtlicher wird: die Großstadt ist nichts anderes als eine überfrachtete Riesenkreuzung, auf der es drunter und drüber geht, weil gewaltige Menschenmassen aus verschiedenen Richtungen aufeinander treffen und keiner von seinem in Eile einge-schlagenen Weg abweichen will. Da sich auf dieser Kreuzung die Wege von vielen, sehr vielen Individuen treffen, ent-steht eine erzwungene Nähe, die auf Duldung und Distanz basiert. Bedingt durch den begrenzten Raum, sind deshalb unzählige Ichs gezwungen, sich zu einem kollektiven Wir zu formen. Das erfordert von jedem Einzelnen viel Toleranz. Erfahrungsgemäss ist dies von vielen bereits zuviel verlangt.

Wer sich mit dem Rad auf der Kreuzung Großstadt bewegt, muss verdammt aufpassen. Beim Passieren parkender Autos muss er auf eine deftige Ohrfeige gefasst sein – auf eine aus heiterem Himmel aufschwingende Autotür. Wer nicht klug um einen dicken Autohintern, der aus einer Parknische ragt, einen respektablen Bogen beschreibt, muss ebenfalls mit Blechberührung rechnen. Selbst beim Überholen von parkenden Autos mit eingeschalteter Warnblickanlage ist äußerste Vorsicht geboten. So geht es von Hindernis zu Hindernis an einem fort weiter. Keine Sekunde darf man träumen oder kurz abwesend sein. Hundert oder zweihundert Meter voraus lauert auf der zweiten Spur ein gelber Paketzusteller und knapp daneben auf der Gegenfahrbahn ein kaffeebrauner Kastenwagen, ein Paketzusteller von der Konkurrenz.

Die Hektik auf der Riesenkreuzung Großstadt hat viel mit dem Zuviel an Autos und dem Zuwenig an Parkplätzen zu tun. Zum Platzmangel gesellt sich das Unvermögen vieler Autofahrer, ihre Karossen einparken zu können. Schon wird gehupt, schon schlagen die aufgestauten Autofahrer die Hände über dem Kopf zusammen, schon wächst die Schlange auf der blockierten Spur. Ungeduldige Autofahrer – ungeduldig sind innerstädtisch eigentlich alle – sind derart mit ihrem Fortkommen beschäftigt, dass sie den Radler, der mit der Faust fuchtelnd oder kopfschüttelnd im Rückspiegel auftaucht, glatt übersehen. Prompt fährt dieser in eine neue Gefahrenzone hinein.

Zu den Stoßzeiten ist die Riesenkreuzung dicht und das Zusammenspiel von grüner und roter Ampelphase funktioniert gerade noch als Ordnungsfaktor für den motorisierten Verkehr, aber längst nicht mehr für Radfahrer und Fußgänger.

Nun sind die meisten Radfahrer im Besitz eines Führerscheins und ihnen gehört – bei abnehmender Tendenz – auch ein eigener Wagen. Anstatt sich auf dem Fahrrad geläutert zu bewegen, verlagern nicht wenige ihr rechthaberisches Gebaren vom Steuer an den Lenker. Provozierend fahren diese Typen gegen den Strom, flitzen über Gehwege und erschrecken Herrchen oder Frauchen, die ihren Hund Gassi führen, und Passanten, die Einkaufstaschen nach Hause tragen oder sich schlichtweg, nichts Böses ahnend, an der frischen Luft bewegen. Beobachtet man das Kreuz- und Querfahren dieser Rad-Rowdies, kommt es einem vor, als spielten sie nur ein dreistes Spiel, um die Straßenverkehrsordnung auszutricksen. Werden sie zur Rede gestellt („Hallo, das ist ein Gehweg!"), fahren sie wortlos weiter als seien sie im Recht. Manche zeigen dem mahnenden Fußgänger gar den Stinkefinger. Für diese zweifelhaften Pedalhelden ist jede Lichtanlage, die von Grün auf Rot umschaltet, ein Signal, um mit zwei, drei zackigen Tritten noch Gas zu geben – und den wartenden Autofahrern eine lange Nase zu zeigen. Durch ihr verantwortungsloses Heizen gefährden diese Leute sich selbst, aber noch mehr schaden sie dem Ansehen der Gemeinde.

Grob gesagt unterteilt sich diese in zwei Gruppen – in die Wilden und die Zahmen. Leicht erkennt man die Wilden. Sie sind mit vorgerecktem Kinn und Dynamit in den Waden unterwegs. Ihr Credo, egal ob innerstädtisch oder auf dem platten Land, heißt Tempo. An ihren bunten Trikots und tiefgebeugten Rücken sind sie zu erkennen, auch an ihrer anhaltenden Begeisterung für die Tour de France und andere konkurrierende Wettkämpfe. Über diese Sportskanonen braucht man nicht viele Worte zu verlieren, ihr auftrumpfendes Schnellsein spricht für sich.

Rätsel gibt hingegen die Gruppe der Zahmen auf. Die Zahmen, ich möchte sie Pedal-Philosophen nennen, bewegen sich gemächlich, bedachtsam und umsichtig – in der Regel. Aber kaum, dass sie in Panik geraten, erweist sich ihr Nervenkostüm als löchrig und wenig belastbar. Werden sie ausgebremst, können sie verblüffend hysterisch reagieren. Und schon werden aus Opfern Täter. Da braucht ihnen an der Ampel nur ein abbiegender Wagen die Vorfahrt zu rauben, schon verwandelt sich ein fiepsendes Rehkitz in einen brüllenden Löwen. Laut fluchen und schimpfen dann Männer wie Frauen und schwören sich: „Wie du mir, so ich dir".

Augenblicklich ist es vorbei mit der Liebenswürdigkeit auf zwei Rädern. Zahme Radler verwandeln sich in Rüpel-Radler und agieren entsprechend der Logik: Wenn sich der Stärkere nicht an die Ordnung hält, darf sich der Schwächere wehren. Mit einem Kavaliersdelikt hat solch ein Verhalten nichts mehr zu tun und sollte auch nicht geduldet werden. Auch nicht in den Reihen der Gemeinde. Rüpel-Radeln ist nicht Ausdruck eines neuen Biker-Stils, sondern Ausdruck einer Schwäche der menschlichen Natur, die es zu bändigen gilt.

Bereits zur Jahrhundertwende erkannten die Polizeibehörden im Königreich Bayern die Notwendigkeit der Zähmung des radelnden Bayern und des zu Besuch weilenden Preußen auf dem Rad. Im Jahr 1898 führten die Behörden eine „Fahrkarte" ein und legten das strafrechtlich verpflichtende Mitführen dieser Karte in den „Oberpolizeilichen Vorschriften für Radfahrer" fest. Außerdem verboten sie im weiß-blauen Königreich „übermässig schnelles Fahren, Umkreisen von Fuhrwerken, Menschen und Tieren... und sonstige Handlungen, welche geeignet sind, Menschen oder Eigentum zu gefährden, den Verkehr zu stören, Pferde oder andere Tiere scheu zu machen."

Als Maßnahme gegen das Rüpel-Radeln, aber auch als Hilfe gegen Diebstahl, könnte die sich historisch bewährte Karte als Chip-Karte wieder eingeführt und per App und Code mit dem Smartphone und dem registrierten Rad verlinkt werden. Entzug der Karte, Beschlagnahme des Rads, Fahrverbot und Geldbußen wären als restriktive Maßnahmen denkbar. Aber wären sie auch von Nutzen? Vermutlich nicht, denn bereits jetzt existiert ein Katalog von Verboten und Geboten für den Radverkehr und es finden polizeiliche Undercover-Kontrollen an Ampeln und Einbahnstraßen statt. Bei der Dressur des brüllenden Löwen seit den königlich-bayerischen Zeiten ist die restriktive Polizei nicht viel weiter gekommen. Statt zu bestrafen oder zu lamentieren, muss eine neue, umfassendere Strategie her.

Die bisher ergriffenen Maßnahmen der Obrigkeit wirkten und wirken wie eine Pflästerchen-Kur auf den vielen Wunden des Patienten Großstadt. Um diesen zu heilen, müsste der Nahverkehr ganzheitlich kuriert werden. Vorrangig müsste der Radverkehr aus der Grauzone herausgeholt und zu einem tragenden Pfeiler eines innerstädtischen Verkehrskonzepts gemacht werden. Der Patient kann nur genesen, wenn der individuelle Autoverkehr rigoros eingedämmt wird und wenn breite Radspuren als dominante Trassen geschaffen werden. Weiterhin notwendig sind eine landesweit vernetzte Struktur aus Bike-Sharing, Rad-Lizenzen, Park & Ride für Fahrräder, Rad-TÜV und -Registrierung sowie Gründung einer mit E-Bikes ausgestatteten Radpolizei. Derartige Neuerungen würden zur Gesundung der Städte und zur „Zähmung" des radelnden Bayern und Preußen beitragen.

An sonnigen Wochenenden quillt die Riesenkreuzung Großstadt über wie ein Pott überkochender Milch. Besucher mit dem Auto, zu Fuß oder mit dem Rad bevölkern in Massen die Einkaufsstraßen. Allein in München sind an solchen Tagen hochgerechnet 600 000 Radfahrer unterwegs. Natürlich fahren sie nicht alle auf einmal und auf derselben Strecke. Doch angenommen, die ganze Corona würde in die Stadt einfallen, dann stünden ihr maximal 30 000 Stellplätze zur Verfügung. Zu wenige Plätze allemal. Ein Platzmangel, der auch noch durch eine veraltete „Fahrradabstellplatzsatzung" mengen-mässig festgeschrieben wird.

Shopping-Meilen und Einkaufszentren sind die Magnete der Großstadt. Nicht ohne Grund garantieren Parkhäuser, Bus- und Bahnhaltestellen sowie U-Bahnstationen Autofahrern und Passanten eine komfortable Anbindung an diese Konsumtempel. Wer hingegen mit dem Einkaufskorb ins Zentrum radelt und für seine Einkäufe das Fahrrad sicher und geordnet abstellen möchte, muss sich lange nach einem Fleckchen, das den Namen Parkplatz verdient, den Hals verrenken. Der offenkundige Mangel an geordneten

Rad-Abstellflächen programmiert das Wild-Parken. Viel und laut wird über die Verschönerung der Städte debattiert und noch mehr lamentiert, dabei müsste nur dieses wilde Abstellen (und Vergessen) von Rädern und das dreiste Verteilen und folgerichtige Wegwerfen von Werbemüll unterbunden werden. Schon staunten wir über aufblühende Städte.

Obwohl die Straßenränder mit Verkehrsschildern gespickt sind, reichen deren Stangen längst nicht mehr aus, um als diebstahlsichere Ankettplätze zu dienen. Zumal viele Schilderstangen seit Jahren von traurigen Radwaisen oder jämmerlichen Rahmenskeletten belegt sind. Zyniker fordern bereits den Schilderwald zu verdichten, damit die Radparker in den Genuss von mehr Ankettplätzen kommen. Klüger wäre die Einrichtung von kommunalen oder privaten Rad-Parkgaragen oder die Bereitstellung von Radplätzen in den Parkhäusern, selbstredend gegen eine Gebühr. Kaufhäuser, Supermärkte und Fachgeschäfte, aber auch Restaurants, Friseursalons, Arztpraxen, Apotheken und Cafés sollten von der Stadt verpflichtet werden, Fahrradständer vor den Eingängen aufzustellen. An zentralen U-Bahnstationen sollten ernstzunehmende Parkflächen speziell für Fahrräder ausgewiesen werden.

Damit diese Stellflächen nicht schon bald wie Schrottplätze aussehen, müssten sie turnusgemäß kontrolliert werden. Allerdings nicht von den Männern in Orange. Von einer Eingreiftruppe mit Polizeivollmacht sollten Radleichen ohne bürokratischen Verwaltungsaufwand zeitnah und systematisch aus dem Verkehr gezogen werden. Vermutlich würde solch eine „Putzaktion" einen Aufschrei in der Radgemeinde provozieren. Aber der Aufschrei würde schon bald verhallen wie der Aufschrei über das verordnete Rauchverbot in Kneipen, Cafés und Restaurants. Was anfangs als Einschnitt in die persönlichen Freiheitsrechte verdammt worden war, wird längst von der breiten Mehrheit angenommen.

Mittlerweile sind 73 Millionen Fahrräder bei 44 Millionen Autos im Besitz von deutschen Bürgern. Dabei nimmt die Raddichte in allen deutschen Großstädten sprunghaft zu; aktuell machen die urbanen Radler zwischen zwölf und fünfundzwanzig Prozent des durchschnittlichen Verkehrsaufkommens der großen Städte aus. Mit einem derartigen Boom hat vor zehn Jahren noch keiner gerechnet. Ja, von diesem Fahrrad-Tsunami wurden die Stadtplaner regelrecht überrollt, bis heute werden sie mit den Folgen nur schwer fertig. So rennen sie dem Radverkehr hilflos hinterher und taktieren – mit höheren Bussgeldern, mit der Abschaffung des Zwangs, Radwege zu benutzen, mit der Freigabe von immer mehr (vereinzelt auch gefährlich engen) Einbahnstraßen in den Zentren und Wohngebieten. Alles erfreuliche Bemühungen, doch weit entfernt vom großen Wurf, den Autoverkehr um eine echte Spurfläche zurückzudrängen. So werden breite Radkorridore nur in Seiten- und Nebenstraßen eingerichtet und aus Kostengründen nur punktuell rot markiert.

Ein Blick auf „Green City" Freiburg zeigt exemplarisch die Lage in vielen deutschen Städten. Freiburg ist eine alte, enge Stadt, wo sich der Rad- und der Autoverkehr andauernd in den Haaren liegen. Nun ist das Umsteigen aufs Fahrrad in den letzten zehn Jahren geradezu explodiert: in der Altstadt und auf dem Stadtring macht er bereits dreißig Prozent des Verkehrsaufkommens aus. Dass es auch in einer grünen Vorzeige-Stadt kein friedliches Nebeneinander von Rad und Auto gibt, belegt die Unfallstatistik. Im Jahr 2012 ereigneten sich innerstädtisch 1265 Unfälle, davon 547 mit Radfahrern. Um der zunehmenden Unfallquote entgegenzuwirken, wird mit Aufklärungskampagnen wie „Schütze dein Bestes" oder „Gscheid radln" an die Vernunft appelliert. Gewiss ist der Helm-Appell ans „gscheide Köpfle" lobenswert, doch die große Politik und auch die Verkehrsstrategen in den Stadt- und Gemeindeverwaltungen müssten vom Auto wegdenken, hin zu einer sozialverträglichen, gesunden und energiesparenden Fortbewegung im Rahmen eines regionalen, besser noch, nationalen Verkehrskonzepts. Vor allem aber müssten sich die Verantwortlichen endlich eingestehen, dass es nichts bringt, die Verkehrsströme zu separieren und den sprudelnden Radverkehr mit ein paar Brosamen abzuspeisen, während der unersättliche Autoverkehr das beste Stück vom Kuchen nicht hergeben will. Mit Kampagnen, die an die Vernunft appellieren, sind die chaotischen Zustände auf der Riesenkreuzung Großstadt nicht zu kurieren.

Für die Zukunft bedarf es einer ganz neuen Vision, der Vision einer *Republic of Cycling*. Grundlage hierfür ist der aufgewertete Status des Fahrrads bis hin zur Schaffung einer selbstbestimmten Radkultur. Für diese langfristige Aufgabe müssen Politik, Verwaltung und Ordnungskräfte gemeinsam neue Impulse setzen, Impulse, die von Seiten der Radgemeinde mitgetragen werden. Ganz klar müssen auch die Wilden und die Zahmen, die Land- und Stadtradler, die Boutique- und die Alltagsradler zu einem neuen Selbstverständnis mit Rechten und Pflichten finden. Innerhalb der Radgemeinde darf keiner mehr der Gleichgültigkeit, die gerne mit Toleranz verwechselt wird, frönen. Radler müssen sich gegenseitig unter den Lenker greifen, aber auch ausbremsen, wenn sich einer asozial verhält.

Planerisch geht es nicht mehr nur um das clevere Managen des Verkehrs, sondern um ein mobiles Mischkonzept, das den wachsenden Radverkehr nicht in ein Korsett von überquellenden Korridoren zwängt, sondern ihm bei Bedarf die Fahrbahnen der Autos öffnet und außerdem strategische Express-Wege vorsieht, eine Art von Rad-Magistrale quer durch das Herz der Städte. Damit die *Republic of Cycling* keine Utopie bleibt, muss der Verkehr umgestaltet werden. Die radikalste Befürworterin dieser Umgestaltung, die Umweltorganisation „Green City", geht noch einen Schritt weiter und verkündet schon heute den Tod der automobilen Gesellschaft von morgen. Seit 1990 veranstalten die Asphalt-Rebellen einen

PARK(ing) Day und propagieren anschaulich das Umparken der Blechlawine: Rollrasen statt Asphalt, Liegestühle und Pflanzen anstelle parkender Autos, Umwidmung von Wohnstraßen zu Radstraßen, auf denen Scharen von Radlern nebeneinander fahren dürfen, und überhaupt eine alternative Nutzung des öffentlichen Raums. Nicht nur der Schilderwald soll ausgedünnt, sondern auch die „Lichtzeichenanlagen" sollen ganz abgeschafft werden. Wenn es nach den Rebellen ginge, sollte nur noch eine Verkehrsregel für alle gelten: rechts vor links. Ob dieser Minimalismus das Chaos auf der Riesenkreuzung Großstadt beheben kann, ist allerdings mehr als fraglich. Aber einen Feldversuch wäre die Sache schon wert.

Wir befürworten den mittleren Weg zwischen den Extremen und wünschen uns ein ganzheitliches Mobilitätskonzept. Solch ein Konzept sieht eine Belohnung für all diejenigen vor, die vom individuellen PKW aufs Fahrrad umsteigen. Durch eine Umsteigeprämie wird das Fahrrad aus der Nische des reinen Sport- und Freizeitgeräts herausgeholt und stärker in den Alltag integriert. Beamte, Arbeiter und Angestellte, die täglich mit dem Rad zur Arbeit fahren, sollten nicht nur eine Urkunde, sondern eine ernstzunehmende Pendlerpauschale erhalten. Selbstredend müssen die Krankenkassen jeden Radfahrer für seine gesundheitsfördernde Fortbewegung mit einem Bonus belohnen. Steuervergünstigungen für Firmen, die diesen gesunden Trend bei ihrer Belegschaft fördern, oder ein privates oder kommunales Bike-Sharing betreiben, wären in der *Republic of Cycling* beschlossene Sache. Auch gäbe es eine Abwrackprämie für alte Räder. Und Radwerkstätten, die Schrotträder für den Export in Entwicklungsländer aufmöbeln, könnten mit Steuerbefreiung rechnen.

Ein Blick nach Holland könnte viele Zweifel aus der Welt schaffen. Im holländischen Eindhoven wurde im Jahr 2014 als weltweite Novität eine Radtrasse über einem herkömmlichen Kreisverkehr für Autos geschaffen. Jawohl, oberhalb des Autoverkehrs wurde an einem futuristisch anmutenden Pylon eine kreisrunde Trasse für den Radverkehr an Drahtseilen fixiert. Diese spektakuläre und gewiss nicht billige Trennung von Rad- und Autoverkehr demonstriert, welchen Stellenwert unsere Nachbarn dem Radverkehr der Zukunft einräumen.

Auch in Dänemark wurde mit der automobilen Revolution keineswegs das gute alte Velo als urbanes Alltagsvehikel vergessen. In Kopenhagen, wo sich Kurt Tucholsky zur Jahrhundertwende nach dem Umgang der Dänen mit ihrem Fahrrad erkundigte, erzählte man ihm im Polizeipräsidium, dass für die Dänen ein Fahrrad den „Wert eines Zahnstochers" besitze. Wohlgemerkt, die Beamten meinten damit nicht die Wertlosigkeit eines Rads, sondern dessen massenhafte Verbreitung in der dänischen Gesellschaft. Heute legen die Kopenhagener 37 Prozent aller Wege mit dem Fahrrad zurück. Bis zu solch einer intensiven Nutzung ist es in Deutschland noch ein weiter Weg, aber in allen Städten zeigt die Tendenz nach oben. In Berlin besitzt nur noch jeder fünfte Stadtbewohner ein Auto, dafür ein Fahrrad und Erfahrungen mit Carsharing.

Viele sinnvolle Massnahmen wie eben Carsharing, E-Bike-Leihsysteme, Nahverbund-Systeme, von allen Betroffenen am Runden Tisch ausgedacht, könnten aus dem momentanen Gewurschtel der Stadtgesellschaft langsam eine deutsche Kultur des urbanen Radfahren wie in den Nachbarländern erwachsen lassen.

Selbstredend tauchen an dieser Stelle die Fragen auf: „Wer soll das bezahlen? Schon wieder Subventionen? Schon wieder auf Pump investieren?" Die Antwort lautet: Eine sinn-volle PKW-Maut wird Geld in die Kassen spülen und durch die Verbesserung der Volksgesundheit würden enorme Kosten eingespart. Stress bedingte Volkskrankheiten wie Burnout, Immunschwäche, Tinitus, Herzrasen, Rückenleiden, Gastritis und vieles mehr würden rapide abnehmen. So könnten Millionen um Millionen in die Wende hin zu einer ganzheitli-chen Mobilitätsstruktur investiert werden.

Vermutlich wird der Sprit in dreißig Jahren so teuer wie edler Wein und nur noch für eine Elite bezahlbar sein. Nach Hochrechnungen wird sich dann jeder vierte Europäer gezwungen sehen, sein Auto häufig stehen zu lassen oder es ganz abzuschaffen. Bei solch einem Szenario gewinnen der öffentliche Nahverkehr, ein digital gelenktes, kostengünstiges Car- und Bike-Sharing sowie das massenhafte Radfahren in organisierten Pools an Bedeutung.

Ohne Frage verfügt im Kontext aller zukunftsträchtigen Verkehrsmittel das Fahrrad über den besten sozialen und individuellen Impetus. Und trotzdem sollte man dem Automobil nicht die Innovationsfähigkeit absprechen. Immerhin tun sich in der Forschung Schnittstellen zwischen dem Elektroantrieb für E-Autos und E-Bikes auf. Ungeahnte Möglichkeiten erwarten uns in der Zukunft, aber wir müssen den Wandel wollen und uns aktiv dafür einsetzen.

Schon heute verzichten immer mehr Stadtbewohner auf das Mein-Auto und beteiligen sich am Unser-Auto, am Car-Sharing, bei dem der Einzelne im besten Fall die Wahl zwischen einem Leihauto, einem Leih-E-Bike und einem Nahverkehrsticket haben kann. Dieser Trend wird an Popularität gewinnen, weil er ein ganzheitliches Denken in sich birgt.

Grün in politischen Dimensionen zu wählen war gestern. Heute reicht das Vorzeichen grün nicht mehr aus, um die Umwelt zu schützen. Da die Ressourcen und auch die Toleranz des blauen Planet begrenzt sind – sowohl, was das materielle Wachstum als auch das Wachstum der Weltbevölkerung angehen – muss jeder Einzelne seine Lebenseinstellung und sein Konsumverhalten überdenken. Damit ist gemeint, dass die erneuerbaren Energien wie Solar, Biogas und Wind- und Wasserkraft nur dann einen Ausweg aus der Klimakatastrophe bieten, wenn die Menschen den Umgang untereinander, mit ihrer Ernährung, mit den Tieren und Pflanzen und überhaupt den Früchten der Natur nachhaltiger und verantwortungsvoller gestalten.

Wer die eingeforderte Eigenverantwortung allerdings mit Reglement, Kontrollen, Verordnungen und Paragraphen-Reiterei durchsetzen will, beschreitet den falschen Weg, einen Weg der Verfolgung und Bestrafung, der in einem großen sozialen Zerwürfnis endet. Für die Harmonie unter den sich ganz unterschiedlich fortbewegenden Menschen kommt es letztendlich nur auf die Freiwilligkeit und das Verstehen der Bedürfnisse des Anderen an. In diesem Sinne sollte die altchinesische Weisheit „Der kürzeste Weg von Mensch zu Mensch ist ein Lächeln" zum Kodex der *Republic of Cycling* gehören.

Pedalhelden

Die *Republic of Cycling* ist ein Freistaat, der weder nationale noch Rassengrenzen kennt. Diese Republik ist weit entfernt von einem Wolkenkuckucksheim und schon gar keine versponnene Utopie. Vielmehr ein kosmopolitischer Staat ohne Landesgrenzen, zu dem sich ausnahmslos jeder Freizeit- und Alltagsradler von San Francisco bis Peking und von Oslo bis Buenos Aires gehörend zählen darf. Nur zwei Grundbedingungen gelten uneingeschränkt an allen Orten und stets: alle berufenen Radfahrer müssen fair und natur- und freiheitsliebend eingestellt sein und jeder sollte sich redlich um jeden bemühen.

Natürlich kennt die Republik auch Unterschiede, doch diese basieren auf den Eigenschaften des Einzelnen, da kein radelnder Mensch wie der andere ist. Reich oder arm, berühmt oder gewöhnlich, erhaben oder banal – im Freistaat der Cyclisten spielt der Status keine Rolle und selbst Pedalhelden erhalten keinen Strampel-Bonus. Ganz unspektakulär bewegt sich jeder, auch jeder Pedalheld, im Schatten der radelnden Massen und kommt erst gar nicht auf die Idee, sich im Ruhm glänzender Sattel-Taten zu sonnen. Von zwei heldenhaften Radfahrern, die diese Kriterien erfüllen, möchte ich an dieser Stelle berichten. Sie traf ich eines Tages an Orten, wo man keine Radler, schon gar keine Radhelden, vermutet.

Eines sonnigen Oktobertages sitze ich an einem Straßenimbiss in der tibetischen Stadt Shigatse und esse zu Mittag – handgeschabte Nudeln, die man hier *Thukpa* nennt. Während ich mit rundem Rücken die Nudeln aus der Yakfleisch-Brühe löffele, tritt ein Fremder unter den gelben Sonnenschirm und lässt sich ungefragt mir gegenüber auf dem freien Hocker nieder. Verwundert schaue ich von der dampfenden Schale auf. Wie ich den Blick hebe, zucke ich unwillkürlich zusammen. Dicht vor mir fleht das Augenpaar eines völlig verwahrlosten Mannes. Hat sich ein hungernder tibetischer Bettler ungefragt zu mir gesellt? Gegen die Sonne kneife ich die Lider zusammen und schaue mir mein Gegenüber genauer an. Seltsam! Die bettelnden Augen sind blau und groß. Keinesfalls Schlitzaugen, wie ich im ersten Augenblick vermutete. Langsam begreife ich: vor mir hat weder ein Tibeter noch ein Chinese, sondern ein weißer Mann mit sonnenverbranntem Gesicht Platz genommen. Neugierig über alle Maßen spreche ich die Gestalt mit dem zerzausten schwarzen Schopf auf Englisch an: „Where are you from?"

„Salut, je suis Français!"

„Franzose?" Kaum zu glauben, ein französischer Clochard und das mitten in Tibet! Dem schulterlang gewucherten Haar und den Pennerklamotten nach zu urteilen, kann die zerlumpte Gestalt unmöglich zu einer Trekking-Gruppe oder gar einer Himalaja-Expedition gehören, sage ich mir und meine Verwunderung steigert sich von Minute zu Minute.

„Mais oui! Ich heiße Jean!" antwortet der Franzose und klopft sich den Staub aus der fleckigen, olivbraunen chinesischen Armeejacke.

Unauffällig, immer noch ziemlich verwirrt, mustere ich Jean, der für seine abgerissene Erscheinung erstaunlich selbstbewusst auftritt. Aber das forsche Gebaren täuscht, der Franzose ist ziemlich fertig wie ich schon bald feststellen muss. Vermutlich ist er ausgezehrt, vielleicht auch höhenkrank, schießt es mir durch den Kopf. Auf jeden Fall braucht er etwas zwischen die Zähne. Ohne lange zu überlegen, lade ich ihn zu einer Nudelsuppe ein. Als er die Beine ausstreckt, stöhnt er auf und ich erschrecke über sein schmerzverzerrtes Gesicht.

„Was ist los? Hast du das Bein verstaucht?"

„Sie haben mich geschlagen."

„Geschlagen? Wer hat das getan?"

„Die Polizei!"

„Chinesen?"

„Ja, im Public Security Office von Shigatse."

„Warum?", frage ich voller Anteilnahme.

„Weil ich mein Vélo nicht hergab. Die Typen wollten mein Vélo beschlagnahmen, da hab ich mich gewehrt. Da hat mir einer dieser Bastarde mit dem Gummiknüppel eines über das Knie gezogen…"

„Erzähl mal der Reihe nach."

Unerwartet huscht ein Lächeln über sein staubgepudertes Gesicht und umspielt die rissigen Lippen. Nein, er erzählt nicht, Jean schweigt sich aus. Ich muss mich gedulden. Die Nudelsuppe hat Vorrang. Erst nach einigen gierigen Happen antwortet er auf meine Bitte: „Der Reihe nach? Da muss ich aber weit ausholen. Na gut, wir haben ja Zeit! Vor vier Monaten habe ich mir im Bazar von Kashgar ein chinesisches Fahrrad gekauft…"

„Moment mal! In Kashgar? Das liegt doch ganz im Westen von China, in Xinjiang. Hier sind wir mitten in Tibet."

„Ja, in Kashgar bin ich losgefahren, *faire du vélo* wie wir Franzosen sagen…"

„Ich glaub's ja nicht. So was Verrücktes hast du gemacht? Du bist mit einem stinknormalen chinesischen Fahrrad ohne Gangschaltung den Transhimalaya entlang gefahren? Wirklich?"

„Ja, wirklich, schau mich an!"

„Oh Mann, das sind ja mehr als zweieinhalbtausend Kilometer Wellblechpiste, eher ein Feldweg als eine Straße…"

„Und das Ganze auf 4000 Meter Höhe mit Pässen über 5000."

Jean kann nicht weitererzählen, der Duft der Thukpa und des Yakfleischs sind stärker als der penetrante Geruch meiner Fragerei. Wie er die Nudeln nur so in sich reinschaufelt und dabei schlürft und schmatzt, merke ich, dass der Arme schon lange nichts mehr Gescheites zwischen die Zähne bekommen hat. Lass ihn erst mal essen, sage ich mir. Aber schon packt mich wieder die Neugier. „Du flunkerst auch nicht? Du hast auch nicht die Strecke auf einer Truck-Pritsche mit dem aufgeladenen Velo hinter dich gebracht?"

„Ich schwör's dir. Nein! Würde ich sonst so ausschauen, ich als Franzose?", erwidert er kauend.

„Mir sind ja schon einige deiner Landsleute untergekommen, aber so einer wie du? Nein, so ein verrückter Typ ist mir noch nie begegnet. Mensch, was du gemacht hast, ist eine echte Heldentat."

Kaum, dass er mein französisch-englisches Kauderwelsch verstanden hat, muss er so herzhaft lachen, dass die graubraune Staubschicht um die Augen und auf Wangen und Stirn in ein Spinnennetz aus feinsten Linien aufbricht.

„Wurdest du nie kontrolliert? Es gibt doch chinesische Checkpoints an der Strecke."

„Ja, ein-, zweimal. Doch die Polizisten waren so verdattert, als sie einen Radfahrer auf der Piste kommen sahen, dass sie mich nur dumm anglotzten und durchwinkten. Vielleicht haben sie mich für einen Mongolen oder Uiguren gehalten bei der Staubmaske, die ich immer trug. Als sie das Chinesenrad und den chinesischen Rucksack auf meinem Buckel sahen, dachten sie sicher, der führt nichts Böses im Schilde."

„Mehr hattest du nicht dabei?"

„Doch, einen Schlafsack und einen Wasserkanister, beides habe ich auf dem Gepäckträger festgebunden."

„Wo ist dein Velo jetzt? Noch im PSO-Büro?"

„Ja, entweder ich oder das Vélo, meinten die Gangster. Mein Permit haben sie mir auch abgenommen. Bis heute Abend muss ich eine Strafe von zweihundert Yuan bezahlt haben, sonst sperren sie mich ein. All meine Papiere sind dort im PSO. Sie verlangen, dass ich nach dem Bezahlen mit dem öffentlichen Bus nach Lhasa fahre und umgehend Tibet verlasse. Weil ich pleite bin, haben sie mir das Rad weggenommen."

„Okay, ich kann dir zumindest mit 200 Yuan aus der Klemme helfen. Was du gemacht hast, ist so ungeheuerlich, da will ich dir gerne helfen. Mensch, ich glaub es noch immer nicht. Auf einem chinesischen Fahrrad und mit einem Rucksack auf dem Buckel den Transhimalaya entlang gefahren. Ja, wie abgefahren ist denn das? Da sind doch sonst nur Expeditionen unterwegs. Kein Meter asphaltiert."

„Nein, alles Geröll, Sand und Schotter. Wellblechpiste im besten Fall. Und dann der ewige Wind, der dir den Staub in die Augen, Ohren und Nasenlöcher weht. Aber es war phantastisch, die Weite und die Einsamkeit, die Schneegipfel des Himalaya, Tag für Tag haben die mich begleitet, *vraiment fantastic…*"

Wir plaudern noch eine Weile und trinken ein Lhasa-Bier und noch ein zweites und zum Lockern der Zunge ein drittes. Jean bestellt nochmals eine Schale Nudeln in Yakfleisch-Brühe. Selbstredend bezahle ich die Zeche und helfe ihm schließlich mit dem lächerlichen Betrag von umgerechnet zwanzig Euro aus der Klemme. Als die Sonne hinter den roten Mauern des Klosters Tashilunpo versinkt, tauschen wir unsere Email-Adressen aus und nehmen einander das Versprechen ab, uns in Paris wiederzusehen.

Doch aus der Verabredung sollte nichts werden. Nie wieder erreichte mich ein Lebenszeichen von Jean. Jahre sind ins Land gegangen, aber der Himalaya-Radler ist in meiner Erinnerung noch genauso lebendig wie damals am Nudelimbiss von Shigatse.

* * *

Walter aus Bern war der andere Held, dem ich in der windigsten Ecke der Welt begegnete. Im chilenischen Patagonien standen meine Tochter und ich an der Grenzstation und warteten auf eine Mitfahrgelegenheit nach El Calafate in Argentinien.

Eigentlich stand nur meine Tochter. Im Gegensatz zu ihr hing ich über der Grenzschranke wie ein erlegtes Guanako, weil ich mir Salmonellen eingefangen hatte. Magenkrämpfe plagten mich, als Walter angefahren kam. Aber kaum, dass er mit seinem Trekking-Rad und dem Einrad-Trailer an der Hinterachse vor uns an der Schranke anhielt, ging es mir gleich besser. Sein Erscheinen lenkte mich vom Dünnpfiff ab und kurierte das Magengrummeln – zumindest vorübergehend.

Walter war eine spindeldürre Erscheinung mit einem Vollbart, der ihm wie ein grauer Staubwedel unter dem Kinn hing. Recht unappetitlich sah die verfilzte Kinnbehaarung aus, aber kaum, dass Walter die Bartgeschichte erzählte, sah ich die zottelige Matte mit anderen Augen. Schon nach den ersten Sätzen Schwyzerdütsch erschien sie mir wie eine Devotionalie, die eigentlich in einen Schrein gehörte. Das gewucherte Haar dokumentierte nämlich Walters Monate auf der Pan Americana, die Zeitspanne, die er von Kanada bis in die patagonische Region von Chile unterwegs war.

Neun Monate zuvor war Walter gepflegt und glatt rasiert in Vancouver gestartet. Den Frühling und Sommer hindurch hatte er die USA von Norden nach Süden durchquert, war mit einer Fähre über den Panama-Kanal übergesetzt und hatte den Amazonas-Dschungel und diverse Andenpässe befahren. In all den Monaten des Unterwegseins war der Bart naturbedingt gewachsen, vermutlich genauso stetig wie die Gelassenheit, die Walter bei unserem Grenztreffen ausstrahlte. Ohne einen Funken von Angeberei oder Hektik zu versprühen, sagte er: „In einer Woche möchte ich gerne in Feuerland eintreffen. In Ushuaia beende ich dann meine Tour". Er lächelte über unsere anerkennenden Worte und fügte bescheiden hinzu: „Alles ist wunderbar gelaufen."

Eine tiefe, nahezu ehrfürchtige Bewunderung für die unerschütterliche Ruhe und Bescheidenheit nahm ich aus der Begegnung mit den beiden Radhelden mit nach Hause. Weder für den tibetischen Jean noch für den chilenischen

Walter war das Velo eine Leistungsmaschine und keiner von beiden schien ambitioniert, einen Rekord aufstellen zu wollen. Weil sie mit jeder Faser ihres Körpers reisten und sich nicht zu einer Jagd nach Anerkennung und Tempo verleiten ließen, zolle ich ihnen für alle Zeiten größten Respekt.

Wie sie mir beide unabhängig voneinander versicherten, hatte am Anfang keiner eine exakte Vorstellung davon, wohin es gehen sollte. Nur in groben Zügen hatten sie Strecke und Ziel geplant. Ohne auf Zeit und Tempo zu achten, war jeder absichtslos in die Ferne aufgebrochen. Erst unterwegs erwuchs aus der stetigen Fortbewegung, aus dem andauernden Fahren ein Sog in ihrem Innersten, der sie mit den Monaten immer ruhiger und gelassener werden ließ. So befremdend es klingen mag, mit der Zeit vergaßen sie die Zeit, selbst das Ziel und manchmal sei es ihnen vorgekommen, als hätten sie die Verbindung zur Außenwelt gänzlich verloren.

Jean und Walter erlebten das Mysterium des *Flows*, des selbstvergessenen Fließens ganz ohne Kraftanstrengung im langanhaltenden Tun, das den Pedalhelden auszeichnet. Beide besitzen Vorbildcharakter und ich wünschte sie mir als Präsidenten der *Republic of Cycling*. Sie verkörpern die Alternative zu jenen gesponserten Radathleten, denen es nur um einen Eintrag ins Guinness-Buch der Rekorde geht.

Natürlich ist es eine Anerkennung wert, wenn diese Rad fahrenden Extremsportler alles für eine Weltumrundung geben, schließlich sind ja auch sie letztendlich auf die Kraft ihrer Waden angewiesen. Aber sie sollten sich eingestehen, dass ihre elitäre Rekordjagd schon bald Geschichte sein wird. Schon morgen wird ihr Rekord wie jeder Rekord von gestern sein. Es mag überheblich klingen, aber Rekorde werden letztendlich nur aufgestellt, um gebrochen zu werden.

Im Jahr 2012 gelang dem Deutschen Thomas Großerichter die Weltumradlung in 105 Tagen, einer Stunde und 44 Minuten, auch wenn ihm der Eintrag ins Guinness-Buch verweigert wurde, weil er regelwidrig nicht die nächste Etappe am selben Ort fortsetzte, an dem er sie beendet hatte. Dummerweise legte er in Mexiko aufgrund widriger Umstände 120 km mit dem Bus zurück. Auch ohne Buch-Eintrag lieferte er den Beweis, dass ein Athlet dank modernster High-Tech-Ausrüstung und im Windschatten von Begleitfahrzeugen die offiziell vorgeschriebene Weltumrundungsstrecke von 28 800 Kilometern (nicht der Äquator muss abgefahren werden, sondern lediglich alle Längengrade müssen überquert werden) in nur drei Monaten zurücklegen kann. Übrigens benötigte die erste Frau, die deutsch-britische Weltumradlerin Juliana Buhring, für die Umrundung 152 Tage und eine Stunde. Zweifellos vollbrachten beide Extremsportler eine gewaltige Leistung, aber bereits in einigen Jahren wird eine Globusfahrt dank besserer Materialien noch schneller zu absolvieren sein.

Es gehört zum Trend der Zeit, dass gerade die Mammut-Leistungen zusehends mehr Nachahmer finden. Den Beweis für diese These liefern die Scharen von Radnomaden, die sich mit selbstgestrickten Websites im Internet und auf Youtube produzieren und im Netz öffentlich kundtun, welche Riesenstrecken sie mit dem Rad gefahren sind oder noch fahren wollen. Sogar für eine Weltumrundung liefern sie kostenlos und unaufgefordert Tipps wie man sein Bike professionell aufrüsten kann. Ihre Ratschläge in Ehren, aber meine Devise heißt nicht Auf- sondern Abrüstung. Da mir die Tempohatz um den Globus im Geiste von Jules Verne nicht ganz geheuer ist, möchte ich auf einen ganz „langsamen" Rekord hinweisen.

Im Jahr 1884 umrundete der Brite Thomas Stevens den Erdball auf einem Hochrad, dessen Vorderrad einen Durchmesser von 125 cm und dessen stützendes Hinterrad nur 35 cm aufwies. Mit seinem vorsintflutlichen Knochenschüttler war der Rekordhalter mehr als zwei Jahre unterwegs. Am 22. April 1884 war er in San Francisco losgefahren. Immer gen Osten bis nach New York. Auf seiner Atlantik-Passage erholte er sich dann im Deck-Chair, um anschließend durch Europa und über die Grand Trunk Road durch Afghanistan,

Pakistan, Indien, Bangladesh, Vietnam und China bis nach Japan zu treten. Im Dezember 1886 traf er in Yokohama ein, wo er im Januar des Jahres 1887 den Dampfer zurück nach San Fransisco bestieg.

Weder für weiter und schneller plädiere ich, noch für extremer. Auch jagt mir das unstete Leben eines Radnomaden, der die Decke seiner Wohnung Himmel nennt, keinen Schauer über den Rücken, weil ich kein Streckenfetischist bin, der Tausende und Abertausende von Kilometern durch die Welt radeln muss, um mitreden zu können. Lieber halte ich ein Plädoyer für die entschleunigte Bewegung aus eigener Kraft im alltäglichen Leben.

Der Radausflug in den nahen Stadtwald ist genauso abenteuerlich wie eine monatelange Tour durch exotisch ferne Länder. Ohne Vorbehalte applaudiere ich André Heller, wenn er singt: „Die wahren Abenteuer sind im Kopf und sind sie nicht im Kopf, dann sind sie nirgendwo!" und frage die Weltenradler allen Ernstes: was bringt es, wenn man aus fremden Ländern berichten kann, wie staubig die Pisten und wie plattfußträchtig die Straßen dort sind? Und dass man alle paar Hundert Kilometer mit einer wasserlosen Ödnis oder überschwemmten Straßen und Trails rechnen muss. Um Himmelswillen! Was bringt die leise, aber stets im Nacken sitzende Angst vor dem Bruch des Tretlagers und die nagende Sorge, ob es mit den Visas für all die Länder an der Strecke auch klappt? Ganz zu schweigen vom wochenlangen Starren auf Kilometersteine am Straßenrand. Nein, danke! All das brauche ich nicht, um auf dem Rad fürs Leben zu lernen.

Sowohl als auch

Selbst Boutique-Radler kennen den Spruch „Der Weg ist das Ziel" und fühlen sich durch ihn zu kleinen oder kleineren Ausfahrten ermutigt. Ohne Frage, der Spruch spornt an, auch wenn es mit dem Verständnis hapert. Aber man muss auch nicht alles verstehen, was da täglich, gar stündlich aus dem Radio plätschert und sich über den Monitor ergießt. Minute für Minute werden wortwitzige und plakative Slogans getextet und keiner vermisst bei ihnen die Liebe zum Sinn. Warum auch? Die meisten sind Botschaften einer schnelllebigen Zeit und entstammen der Werbung. Schließlich erfüllen sie bereits ihren Zweck, wenn sie den Konsumenten bei Laune halten und ihm als Ohrwurm im Gehörgang klingeln. Wen es wurmt, dass sie schwach im Sinngehalt, also dümmlich und kurzlebig sind, der erwartet einfach zu viel von dieser Art von akustischer Offensive, von diesem Geplapper im Ohr.

Zugegeben, der Spruch „Der Weg ist das Ziel" hält sich schon länger in den Charts und prägt den Outdoor-Markt mit einer Hartnäckigkeit, die manche Globetrotter mit Nachhaltigkeit verwechseln. Unter den Mitgliedern der Freiluft-Gemeinde ist er bereits so etabliert wie die atmungsaktive Klamotte von Gore. Dass der Spruch mehr Verwirrung stiftet, als eine klare Botschaft zu vermitteln, nimmt man billigend in Kauf, entspricht sein fernöstlicher Touch doch der Idee des Draußenseins bei Wind und Wetter. Außerdem schmeichelt er dem Ohr, so gefällig, dass man ihn wie ein zertifiziertes Bio-Schnitzel bedenkenlos goutiert. Wer nicht sofort anbeisst, sondern das Produkt überlegt aus seiner Verpackung schält, entdeckt, dass bei ihm die Kausalität von Ursache und Wirkung gänzlich fehlt und dass beim Verkosten des Spruchs etwas Wolkenhaftes im Hirn zurückbleibt.

Entbehrt es nicht jeder Logik, wenn der Weg das Ziel ersetzt? Ja, wenn mit beiden Begriffen jongliert wird, als seien Äpfel und Birnen dasselbe. Vielmehr muss jeder, der der logischen Begriffsbestimmung folgt, korrekterweise sagen: „Der Weg ist der Weg und das Ziel ist das Ziel." Zugegeben! Derart entzaubert, klingt die Botschaft nur noch dümmlich im Ohr. Plötzlich hat sie ihren fernöstlichen Touch, ihre esoterisch angehauchte Aura verloren und klingt nur noch banal. Und sofort ist es vorbei mit der ganzen Exotik, die im ursprünglich aus China stammenden Spruch mitschwingt.

Leider ist der Outdoor-Slogan, auch wenn er aus der chinesischen Antike stammt, im Westen zur Worthülse verkommen, zur hohlen Botschaft des kommerziellen Freizeitmarkts. Der Slogan ist ein noch junger Spruch, erst vor vierzig Jahren tauchte er im Westen auf, wo er sich rasch etablierte und inzwischen nicht mehr aus den Broschüren der Sportindustrie und Sportclubs wegzudenken ist. Von ihren Himalaya-Expeditionen haben ihn alternative Alpinisten einst mitgebracht, weil er zu ihrem neuen Alpinstil des Bergsteigens passte. Mehr noch! Weil er sich als griffige Parole der Rebellion gegen das traditionelle Bergsteigen der Väter und Großväter anbot.

Die Bergpioniere, Alpinisten wie Edward Whymper und Luis Trenker, setzten einst alles auf die Bezwingung des Gipfels. Ja, den Gipfel galt es, nein, nicht zu ersteigen, sondern zu erstürmen, zu bezwingen, niederzuringen. Je höher ein Berg sich über dem Tal erhob, je abweisender er dem Bergsteiger entgegentrat, desto schicksalshafter erschien das Ziel – das Erstürmen der Gipfelfestung. Die Alpinisten der ersten Stunde benutzten gerne das Vokabular des Militärs, um ihre heroischen Taten auszuschmücken. Zahlreiche Dokumente belegen, dass der Gipfelsieg in diesem Vokabular die zentrale, der Aufstieg aber nur eine marginale Rolle spielte. Die Entbehrungen des Aufstiegs wurden mit dem Erreichen des Ziels gerechtfertigt. Kurzum: der Weg wurde lediglich als ein

Mittel zum Zweck betrachtet und im schlimmsten Fall war er nichts anderes als der Weg durch die (weiße) Hölle.

Diese ultimative Zielorientierung im Alpinsport prägte mit der Zeit auch andere Sportdisziplinen und es verfestigte sich eine Haltung des Entweder-Oder-Denkens: entweder erstürmst du den Gipfel oder du lässt es sein; entweder du bist ein Sieger oder ein Verlierer; entweder Gold oder Blech. Über hundert Jahre lang wurde jede sportliche Leistung nach der Maxime bewertet: Ziel erreicht oder Ziel verfehlt. Zwei epochale Kriege verhärteten noch das Trachten nach dem Ziel/Sieg, gar nach dem Endsieg, und trugen dazu bei, dass diese Ideologie auch zivile und lustbesetzte Lebensbereiche erfasste. Noch immer kursiert der Spruch: „Eine Bergtour ohne Gipfel ist wie ein Playboy ohne Zipfel!"

Wohlgemerkt! Vor vierzig Jahren formierte sich also der Widerstand gegen diesen Dogmatismus und in der Folge propagierten die Rebellen unter den jungen Bergsteigern Parolen wie „Dabei sein ist alles" und eben „Der Weg ist das Ziel". Diese neue Generation erreichte ein Umdenken im Bergsport und im Sport allgemein. Gewiss auch im Umgang mit der eigenen Leistung und der Natur. Dieses Umdenken, das die alternativen Alpinisten auslösten, baute sich lawinenartig auf und kreierte rasch und nachhaltig ein sportives Sowohl-als-auch-Denken. Sowohl das Ziel als auch der Weg traten somit in den Fokus des alpinen und Freizeitsports und sind es allemal wert, hinterfragt zu werden.

Mit dem Begriff des Wegs ist in weitestgehendem Sinn das Unterwegs-Sein gemeint, auch das Gehen, Wandern oder Pilgern. Hingegen hat der Begriff Ziel mit Orientierung zu tun und lässt sich durch die Synonyme Zielstrebigkeit, Auf-das-Ganze-gehen und Fertigstellung erklären. Wer nun den Begriff *Weg* als Homonym, also als Ersatz für den Begriff *Ziel* verwendet, der redet das Ziel klein und drängt das Finale in die Bedeutungslosigkeit ab, ja, er würdigt das Ziel herab und kommt zu im Kern falschen Schlüssen. Denn wie vor vierzig

Jahren ist auch heute noch das Ziel der Kompass, mit dessen Hilfe sich jeder auf einem Weg orientieren kann und muss.

Gewiss geht es jedem so, dass nach einer Tour, egal ob länger oder kürzer, die Erkenntnis siegt: wenn ich einfach die Beine unter den Arm genommen hätte und losstürmt wäre, hätte ich mich oft verlaufen oder das Ziel nur mit Ach und Krach erreicht. Auch auf einer Radtour, vor allem wenn sie länger andauert, legt man täglich ein Etappenziel fest, bevor man am Morgen startet. Am Abend, wenn dieses Ziel erreicht ist, ist man jedes Mal froh, dem Endziel ein Stückchen näher gekommen zu sein. Am letzten Tourentag, sozusagen auf der Zielgeraden, überkommt einen stets eine unbändige Freude, wenn das ultimative Ziel zum Greifen nahe ist. Beim Radfahren auf längere Distanzen spielen sowohl das Ziel als auch der Weg eine eigenständige Rolle. Ja, es gibt kein Vertun: wer losfährt, ohne sich ein Ziel zu stecken, der fährt orientierungslos durch die Weltgeschichte und wird allzu leicht ein Opfer der Beliebigkeit. Dabei ist mir durchaus bewusst, dass auch das Beschreiten eines Wegs als Müßiggänger reizvoll sein kann, vorausgesetzt, der Flaneur hat nur das Hier und Jetzt im Auge und kümmert sich nicht um das, was in der Ferne liegt.

Woher stammt nun der Spruch „Der Weg ist das Ziel"? Angeblich soll ihn der chinesische Philosoph Konfuzius (551-479 v. Chr.) in die Welt gesetzt haben. Aber diese Zuordnung ist mehr als fraglich, denn Kalligraphien und Inschriften belegen, dass sich Konfuzius um Tugend und Anstand sowie um die Staatsgeschäfte seiner Zeit gekümmert hat, nicht aber um körperliche Betätigung. Diese Aufgabe fiel dem mythischen Naturphilosophen Laotse zu, der zur selben Zeit in China lebte und am liebsten auf einem schwarzen Büffel durch die Gegend ritt. Als Begründer des Taoismus erfand er den Begriff *tao*, der anfangs im Westen vereinfachend mit dem Begriff Weg übersetzt wurde. Inzwischen ist diese Übersetzung dahingehend verfeinert worden, dass *tao* nie vordergründig eine geographische Distanz meint, also einen Weg, den Schritte auf der

Erde, im Sand oder im Schnee zeichnen und den ein Wanderer (oder Radfahrer) auf seiner Reise hinter sich bringt.

Inzwischen wissen auch die Sinologen im Westen, dass sich das Zeichen *tao* aus zwei Komponenten zusammensetzt: aus „Kopf" und aus „bewegen". Mit der ersten Komponente ist *Bewusstsein* gemeint, mit der zweiten *einen Weg zurücklegen*. In der Komposition bedeutet *tao* demnach vielmehr als nur das pragmatische, also fußläufige oder radgestützte Bewältigen einer Strecke. Es ist das Zeichen für etwas sehr Komplexes, nämlich einen durch die Bewegung erlangten allumfassenden Wandel. Damit nicht genug! *Tao* muss als Zeichen für etwas Unaussprechliches, für etwas Allgegenwärtiges und doch Flüchtiges definiert werden. Bildlich gesprochen ist *tao* wie ein Auge, das sieht, sich selbst aber nicht sehen kann, also sichtbar und unsichtbar zugleich ist. Aus diesem Grund haben die christlichen Missionare in alten China *tao* auch als „das Göttliche" übersetzt.

Wer sich nun die Mühe macht, den Spruch „Der Weg ist das Ziel" mit diesem neuen Wissen zu hinterfragen, erfasst den tieferen, den eigentlichen Sinn, nämlich dass der Spruch „Der Weg ist das Ziel" korrekterweise „*tao* ist das Ziel" lauten müsste. Wobei *tao* fundiert übersetzt heißt: das Allgegenwärtige, das Wandelbare, das Sinnhafte, das Sichtbar-Unsichtbare, das Unbenennbare, das Göttliche. All diese Komponenten gilt es zu berücksichtigen, erst dann erschließt sich der wahre Sinn der taoistischen Weisheit „*tao* ist das Ziel". Bereits vor zweitausend Jahren schien Laotse das Missverständnis geahnt zu haben, deshalb ergänzte er: „Nur wer das Ziel kennt, findet *tao*".

Unser Ausflug in fernöstliche Gefilde endet mit der Einsicht, dass sich der Weg und das Ziel stets von neuem ergänzen und trotzdem als Paar im ewigen Gegensatz zueinander bestehen.

Die Macht des Himmels

„Verrückt, verhasst, aber immer noch am Leben!" Das kann ich von mir behaupten, nachdem ich in New York auf ein Leihrad gestiegen und den Broadway entlang gefahren bin. Die ganze Verrücktheit fing damit an, dass sich mein Trotzkopf gegen die eingeschworene Gemeinde der Ford- und Chryslerfahrer durchsetzen musste. Die Jungs mit den Sprit-Gallonen im Blut hatten beim Bier den Kopf geschüttelt und abfällig gemeint: „Total verrückt, *the Kraut!* Der Junge bleibt uns auf der Strecke!" Selbst meine Facebook-Freunde hatten mich vor der Broadway-Tour gewarnt, so eindringlich, als wollte ich am Empire State Building die Fassade hochklettern.

Ehrlich gesagt verstand ich die ganze Aufregung nicht, denn mir ging es nur um den bescheidenen Wunsch zu radeln, einfach so quer durch New Yorks Bauch zu radeln. Nun ja, nicht nur zum Luftschnappen wollte ich mal schnell um die Ecke fahren, sondern immerhin das Herzstück des sechsundzwanzig Kilometer langen Broadway wollte ich erradeln. Ist das nicht verständlich für einen erprobten Satteltänzer? Die weltberühmte Glitzermeile wollte ich nicht im Touristentrott ablaufen, sondern sie vom Sattel aus in Ruhe erkunden. So hatte ich es geplant und ich wusste von Anfang an, das sollte kein alltägliches Unternehmen werden.

Jeder, der einmal in Manhattan vor der Blechlawine, der Enge und dem Lärm in die U-Bahn geflüchtet ist, denkt allerdings nicht unbedingt ans Radfahren in Straßenschluchten zwischen himmelhohen Betonblocks und gedrängten Hochhäusern aus Stahl und Beton. Aber das Motiv meiner Verrücktheit, wenn eine Verrücktheit überhaupt ein Motiv haben kann, zielte auf die Seelenforschung. Hautnah wollte ich erfahren, ob die Amis ihr Automobil mehr lieben als sich selbst?

Im Bus und Taxi, in der Subway und auf den Gehsteigen hatte ich gleich in den ersten Besuchstagen erfahren müssen, dass man als Fremder trotz nächster Nähe zu den Mitmenschen die Anonymität der amerikanischen Stadtgesellschaft nicht abstreifen kann, auch wenn man seinen Schritt dem *speed*-Schritt der New Yorker anpasst, nicht stehenbleibt und sich umschaut oder fotografiert. Wer sich wie ein Fisch im Wasser bewegt, eckt bekanntlich nicht an und flutscht überall durch, ohne echte Begegnungen zu erleben. Aber Durchflutschen ist nicht meine Art. Viel lieber schwimme ich gegen den Strom, auch wenn ich manchmal dafür gehasst werde.

Jede Kreuzung von der Wall Street in Midtown bis zum Harlem River im Norden wird bei Rot zu einer Schleuse, hinter deren Tor sich Straßenkreuzer, Taxen, und in Ausnahmen auch Trucks und natürlich jede Menge Passanten stauen. Für Momente fauchen sich eingepferchte Artgenossen an. Die einen hinter Blech und frisch polierten Scheiben, die anderen im Pulk an Ampeln und auf Zebrastreifen. Hinter dem vibrierenden Blech ist es reines Protzgehabe, auf den dottergelb markierten Fußgängerpassagen mutet es wie Selbstschutz an. Zum Glück entdecke ich als Mitläufer im Passantenstrom bereits am ersten Tag, dass dieses Gehabe nicht mehr als eine coole New Yorker Geste ist – und zwar auf beiden Seiten.

Ohne Vorwarnung kann es allerdings von Sekunde zu Sekunde todernst werden, wenn ein Radbote, ein *messenger*, bei Rot die Schleuse einer Kreuzung durchbricht. Plötzlich passiert alles ganz schnell, wie im Affekt. Die Autofahrer werfen sich im Verein auf die Hupe und unisono werfen die Passanten die Köpfe herum, wenn so ein rabiater Bursche zur Warnung des stampfenden Verkehrs in seine Trillerpfeife faucht.

Noch während die Kreuzung ein Knäuel aus vibrierendem Metall und verwirrten Menschen ist, hält der Kurier auf seinem Rennrad, die offiziell verbotene Pfeife noch immer zwischen den Lippen, bereits auf die nächste rote Ampel zu. Für seinen gnadenlosen Pedaltritt wird er bezahlt. Manchmal bezahlt er seinen Slalom zwischen Passanten und Autos hindurch mit dem Leben. Die hartgesottensten Burschen, überwiegend Schwarze, fahren sogar gegen den vierspurigen Einbahnverkehr, der in vielen Avenues gesetzlich angeordnet ist. Auf der prominentesten Einbahnstraße Manhattans, dem Broadway, wagen sich diese Geisterfahrer gegen den Verkehrsstrom von Bowling Green an der Südspitze zum Central Park im Norden hinauf und spielen an jeder Kreuzung mit ihrem Leben. Ihnen und ihren lebensgefährlichen Faxen hat das Fahrradfahren in New York seinen schlechten Ruf zu verdanken. Die Radboten mit dem knisternden Sprechfunk am Gürtel sind die verhassten *outlaws*, vor denen der Radprofi Richard Kuras jeden warnt, der für 20 Dollar in seiner Schrauberwerkstatt in Brooklyn ein Fahrrad mietet. Für acht Stunden am Tag kann man sich bei ihm eine solide Alternative zur muffigen Subway, zum dröhnenden Bus oder zum Laufschuh mieten.

Mein Leihrad ist kein schlanker Renner, vielmehr ein breit bereiftes BMX-Rad ohne Schaltung. Auch fehlt dem Cruiser eine eigene Lichtanlage, dafür reflektiert ein rotes Katzenauge hinten und ein weißes vorne das Licht des Gegenverkehrs. Aber das Leihrad ist ansonsten in Ordnung und nicht in einem so erbärmlichen Zustand, wie Kurt Schwitters über ein ausgeliehenes Fahrrad zu berichten weiß. Ein Rad, bei dem der Sattel mangels fester Verschraubung wackelte und immer wieder auf die Sattelstange stieß, mit einem Pedal, das knackte und sich nur ausnahmsweise mal drehte, weil es wohl „Sand an die Achse bekommen hatte". Kurzum, ein Leihrad in einem katastrophalen Zustand hatte man dem bekannten Dichter und Maler einmal in Lüneburg angedreht.

„Bloß immer abschließen", höre ich Richard Kuras sagen, „in New York beklaut jeder jeden!" Tolle Aussichten für einen Ausflug in den Bauch Amerikas.

* * *

Der frühe Regen hat die Luft in den Straßenschluchten auf-
gemischt und nachhaltig erfrischt. Als angenehm empfinde
ich das Durchatmen, vor allem wenn man bedenkt, dass
Sechszylinder ihre Auspuffgase noch stundenlang in der
Atmosphäre zurücklassen. Auch die vielen Diesel-Trucks, die
in der Nacht im Herzen Manhattans verkehrten. Die passable
Luft verdankt die Stadt an diesem frühen Morgen dem Regen,
der mich auf den ersten Metern empfängt. Bevor das reich-
liche Nass von den Gullys verschluckt wird, verwandelt es
sich in eine schwarze, ölige Brühe und weicht die verwehten
Zeitungen und Kartons auf, die die ersten Gewöhnungsmeter
meiner Radfahrt zieren.

Streiken die Müllmänner schon wieder? frage ich mich
und trete entschlossener in die Pedale, um rasch über den
Unrat hinweg zu kommen. Der Himmel scheint an meinem
Unternehmen Gefallen zu finden, allmählich lässt er den Regen
versiegen. Zartes Nieseln vertreibt den muffigen Geruch der
schwarzen Abfallsäcke, die müde an den Parkuhren lehnen.
Ich fühle mich befreit, vom Atlantik her frischt es gegen acht
Uhr am Morgen auf. Als ich in die Fourth Avenue einbiege,
riecht es minzig herb und über dem Portikus des Saving Banks
Tower flattert ein Strauß amerikanischer Flaggen.

Wenig später muss ich härter treten, die sechsspurige
Chaussee steigt an, die Wolkenkratzer wachsen ab jetzt
höher und höher in den Himmel. An der 50. Straße ist keiner
der kapitalen Betonkästen unter zweihundert Metern hoch.
Ihre Glasfassaden sind lebendig wie meine Pedale, denn
vereinzelte Sonnenstrahlen halten Zwiesprache mit den
Glasfassaden.

Die hohen Fassaden sind nicht nur der Spiegel amerikanischer High-Tech-Kultur, sondern spiegeln auch – gewürfelt
und gebrochen – den in Stuck und Stein verewigten Reichtum
der Gründerzeit-Paläste auf der anderen Straßenseite wider.

Beweis genug, dass Manhattans Wohlstand solide wie ein Goldbarren und altgewachsen ist. Im Schatten der Geldpaläste kommen mir Zweifel, ob der Broadway tatsächlich aus einem Indianerpfad erwachsen ist. Trotz meiner Zweifel: Fakt ist Fakt.

Was für den Autofahrer der Tankstopp an der 7-Eleven Gas Station, ist für den Radfahrer der Stopp an Loeb's Bootshaus im Central Park. Selbst die Rennradler vom Century Road Club aus Queen's kommen samstags über die Brücke, um hier zu fachsimpeln, über das verhasste Protzgehabe der Autofahrer zu schimpfen und auch zu fahren, rund um den See mit seinen schaukelnden Bötchen, auf Zeit und um die Wette.

Noch immer nieselt es aus einem aschgrauen Himmel und entzückt beobachte ich wie der feine Regen das Grün des größten Stadtparks der Welt glasiert. Auf meine Regenjacke haben sich wässrige Schlieren wie Lametta gelegt. Aber den zweifelhaften Schmuck will ich nicht haben, mit einer unwirschen Handbewegung streife ich ihn ab. Mein Rücken fühlt sich nicht gerade komfortabel an, trotz wärmender Daunenweste ist er ausgekühlt und die linke Wade droht einzuschlafen. Ansonsten ist alles heil nach zwei Stunden Fahrt. Zum Verschnaufen gönne ich mir erstmal eine Pause am See.

Aber am berühmten Bootshaus will keine Freude aufkommen: Nur Spaziergänger unter Schirmen und hechelnde Jogger kommen vorbei, weit und breit ist nicht ein einziges Klingeln zu hören. Wo stecken sie nur, New Yorks Radfahrer? Die Terrasse am Wasser und der Ausschank am Bootshaus sind noch immer verwaist, obwohl der Morgen schon über zehn Uhr vorgedrungen ist. Matt und irgendwie halblebig offenbart sich der Central Park, immerhin die Lunge einer ganzen Stadt. Ich bin enttäuscht und will gleich weiter. Nach kurzen Minuten steige ich wieder aufs Rad und starte in die zweite Etappe gen Süden, in Richtung Times Square.

Als sich die Platanen-Allee am südlichen Parkende zu lichten beginnt, befällt mich Neid. Auch ein Anflug von Wehmut. In gemächlichem Tritt überhole ich Pferdedroschken, in denen sich Liebespärchen aneinander kuscheln. Pferderomantik mit Kutschengeschmuse mitten in New York! Und ich als einsamer Pedalheld auf einem Stahlross im Regen! Das ist doch nicht schön, oder? Ich verdränge das schale Gefühl und setze zum Überholen der schwarzlackierten Altertümer an. Auf halber Höhe steigt mir eine herbe Note in die Nase. Begierig atme ich die Ausdünstungen der Pferde ein und empfinde sie als einen aufmunternden Gruß der Natur in diesem Laboratorium der anorganischen Gerüche.

Broadway Nummer 2345 war noch vor kurzem ein Billig-Shop mit Auslagen vom Gürtel bis zur Haarspange. Inzwischen werden hier Pizzen verkauft, wagenradgroße Teigmonster, die viel Schuld am ausufernden Gürtelmass der Amerikaner haben. Little Italy öffnet mir nun seine Tore: Noch mehr Pizza-Restaurants, auch italienische Wein- und Pasta-Läden. Am Guckloch des Kaleidoskops Broadway, direkt an der 59. Straße, hat sich *Bella Italia* angesiedelt und schenkt mir einen mediterranen Gruß.

Auf den aufgeweichten Pizzakartons, die wie bunte Flyer den Asphalt bewerben, rutschen meine breiten Reifen zum Glück nicht weg, weil ich noch immer gemässigt fahre. Unbeschadet und guten Mutes geht es weiter gen Süden den Broadway hinab. Inzwischen hat sich das Grau der Wolken aufgehellt und das Nieseln ist in ein zaghaftes Tröpfeln übergegangen.

Um die Freitreppen einiger Etablissements, die Musicals, Classics, Concerts und Opera hinter hohen Plakatwänden spielen, zu passieren, muss ich drei Lieferwagen und drei laut streitenden Fahrern ausweichen. Am Bordstein, wo die Zulieferer mit laufenden Motoren parken, fährt die New Yorker Prominenz nur abends vor. Nach Einbruch der Dunkelheit, wenn der Taubendreck und die Risse im brüchigen Trottoir von Neon- und Laserlicht weggezaubert sind. Zu Show-Beginn ist dann auch kein ‚bag men' mit seiner Kollektion verschlissener Plastiktüten mehr zu sehen und die

Smoking-Herren und Roben-Damen brauchen sich nicht für ihren angestrahlten Reichtum zu genieren. Jetzt gegen Mittag ist es den Obdachlosen noch erlaubt, am Broadway in den Müllbehältern nach Nahrung zu suchen.

Auf die Theater folgen die Kinos. Wow! Sex-Kinos mit Bikini-Girls an der hohen Fassade. Die Damen lächeln lasziv auf mich herab. In einem so gewaltigen Format, dass ich mir einbilde, die Schwestern der Freiheitsstatue über dem Schild meiner Baseball-Kappe zu erblicken.

Wie ich nun schon eine ganze Weile dem Bordstein folge, kommt es mir vor, als spule sich der Broadway gleich einem Film vor dem Lenker ab – jeder Block eine neue Szene. Auf die Sequenz mit New Yorks grüner Lunge folgte die Szene des großen Fressens, anschließend die der Kultur, dann des Triebs – und jetzt radele ich geradewegs in die alles bestimmende Konsum-Szene hinein. An der 34. Straße öffnet das Shopping-Paradies vor meinem Lenker die Tore. Im Schatten des Empire State Buildings begegnen sich an der Kreuzung nicht vier, sondern sechs Straßen mit edlen Boutiquen und Flagship-Stores.

Am Times Square schmerzt mir der Nacken vom vielen Gucken und die Ohren bräuchten Stöpsel gegen den Soundtrack aus Motorenlärm, Music-Mix, Werbesprüchen und Sirenengeheul. Lohnt es sich weiterzufahren? Weiter durch einen sich verengenden Korridor, auf dem sich die Tempel der Haben-Wollen-Religion mit den Tempeln der Haben-Müssen-Religion einen Glaubensstreit liefern? Klar fahre ich weiter, ich halte mich da raus.

Als nächstes heisst es erst einmal das Rad durch die Fußgängerzone schieben. Wenig später öffnet sich wieder der steinerne Bauch von Manhattan und der schwarze Asphalt leckt erneut an meinen hellen Reifen wie eine gierige Zunge. Nach hundert Metern drängele ich mich zwischen stehenden Autos hindurch und steige behutsam in den Sattel. Aus der höheren Warte ähneln die dicht an dicht aufgereihten Autodächer den bunten Schuppen einer Schlange, die sich vollgefressen und quälend langsam vorwärts schiebt. Auch wenn am unteren Broadway die Linien der Horizontale bestimmend sind, kommt es mir vor, als würde ganz allmählich die Vertikale wieder die Vorherrschaft übernehmen. „Achtung", ermahne ich mich laut, „schau nicht immer nach oben!"

Vor lauter Schreck stoppe ich in einer freien Haltebucht. Soeben hat mich ein vorbeischleichender Autofahrer mit hasserfüllter Stimme durchs offene Fenster angebrüllt und die Faust in meine Richtung geballt. Vermutlich nur, weil ich ihm einige *Inch* seiner Spur streitig gemacht habe. Nur zögernd entscheide ich mich für die Weiterfahrt und fädele mich eingeschüchtert in den Fluss der Yellow Cabs und schweren dunklen Limousinen ein.

Noch ist mein Tagwerk nicht vollbracht, mein Broadway-Abenteuer nicht vollendet. Auf den nächsten fünfhundert Metern krümmen sich die Spur-Markierungen im wellig aufgeschobenen Asphalt wie geschundene Fußabtreter. Mit forciertem Tritt in die Pedale bringe ich die Freifläche einer Bushaltestelle hinter mich, bevor ich wieder angehupt und wie eine lästige Fliege weggescheucht werde. Ich kurbele schneller, in der Ferne sehe ich Grün. Nein, keine grüne Ampel, sondern viel Grün. Laubgrün, nicht nur in der Höhe, sondern auch in der Weite: der Madison Square Park mit Ahornbäumen und Platanen. Jetzt entdecke ich das spitzeste Gebäude der Welt, das „Bügeleisen". Zwei Menschen können Hand in Hand die abgerundete Ecke dieses Geschäftshaus umfassen. Was mich an eine gewaltige Tortenschnitte erinnert, ist ein solides Stück europäischer Gründerzeit-Architektur von 1902, als sich am Broadway die Reichsten der Reichen niederließen.

Plötzlich stockt der Verkehr, aus dem U-Bahn-Schacht quellen Massen von Menschen und stauen sich an den Ampelübergängen. Diszipliniert warten sie auf ihr Grün. Punktgenau beim Umspringen des Lichtsignals hastet die Herde los. Zum Glück braucht sich keiner zu fürchten, im Moment ist kein Messenger in der Gegenrichtung unterwegs.

Längst bin ich im Nachmittag angekommen und fühle mich trocken und gut. Ab jetzt wird es hipper und cheaper und ich höre ganz leise den Swing der Golden Fifties. An der Canal Street pulsiert die Glitzermeile wieder wie zu Zeiten von Truman Capote, als ganz Amerika von „Frühstück bei Tiffany" sprach.

In SoHo tauchen rote und grüne Tische auf den Gehsteigen auf, keinen halben Meter von einem ewig klingelnden Telefonmasten mit gelben Taxis entfernt. Passanten schlendern und flanieren und – ich traue meinen Augen nicht – zwei Exoten auf Fahrrädern kommen mir entgegen. Über die schwarzen, weißen und gelben Autodächer winken sie herüber und freuen sich über die Begegnung inmitten der Blechlawine. Ihr Gruß berührt mich und lockert meine Waden.

In den Geschäften auf beiden Boulevardseiten finden die Salz- und Pfeffermäntel aus den fünfziger Jahren reißenden Absatz, überall drängen sich junge Leute. Hier am südlichen Abschnitt des Broadways begegnen die Taxi Driver den radelnden Alternativen nicht mit Hass, sondern mit einem coolen Schulterzucken. An einem Laternenpfahl mache ich plötzlich eine Entdeckung, die mich elektrisiert. Ich bremse und unterbreche meine Fahrt.

Angekettet steht vor mir ein ungewöhnliches Gefährt: eine Stretchlimousine auf zwei Rädern mit einem langen Lenker zum Cruisen. Es könnte ein Vehikel der Kultmarke Harley sein. Aber es ist ein Fahrrad, ein ganz niederes und langes Rad wie ich es noch nie zuvor gesehen habe. Weder in Echt noch auf einem Photo. Der Anblick dieses ungewöhnlichen Rads weckt meinen Jagdinstinkt. Ich möchte seine Herkunft erforschen. Ja, ich möchte solch einen stylischen Cruiser besitzen.

Inzwischen hat der Wind die Wolken verscheucht und die Sonne herzt die letzten Blocks am holländischen „breede weg" wie der Broadway einst hieß. Auf der Schlussetappe verdrängen die kosmisch-kalten Glastürme die angefressenen Altbauten der Golden Twenties und protzen gleich hinter dem Gehweg mit ihrem schwerreichen Outfit, das gleich einer göttlichen Botschaft erst im Himmel zu enden scheint. Mein Pedaltritt wird resoluter. Der Lichtpunkt am Ende des Kaleidoskops gewinnt an Kraft, in der Entfernung verliert sich der Broadway in der Unruhe des Wassers, in der sich unentwegt verquirlenden Strömung von Hudson und East River. Auf den letzten Metern hinter Bowling Green entdecke ich das überfließende Blau des Atlantiks, der sich hier bis tief ins Landesinnere vorwagt. In meinem Rücken erhebt sich ein steinerner Canyon – verschattet und kühl. Ich komme in der Freiheit an und genieße den Wind vom Meer herüber. Wenig später wird die Brooklyn Bridge zum Sprungbrett, zur Himmelsleiter für mich den Verrückten.

Am östlichen Ende der alten Drahtseilbrücke finde ich wieder auf die Erde zurück und ohne mich zu verfahren, lande ich im Radladen von Richard Kuras. Am Ende des Tages drücke ich ein angeschmutztes, aber unversehrtes BMX dem sichtlich erleichterten Besitzer in die Hände. Da im Laden am frühen Abend noch wenig los ist, kommen wir ins Plaudern. Noch nie sei er in Europa Rad gefahren und lachend fügt der Scherzkeks hinzu: „Schon gar nicht bei den Engländern mit ihrem selbstherrlichen Linksverkehr."

„Na ja, die Insulaner", antworte ich mit einem Augenzwinkern, „dafür sind sie immerhin die Erfinder unseres geliebten Fahrrads. Denk an das Rover. Mal ernsthaft, Richard! Unterwegs sah ich ein langgestrecktes, sehr niederes Rad, eine Art Stretchlimousine auf zwei Rädern. Das Vehikel war an einem Laternenmasten angekettet und niemand war in seiner Nähe, den ich über seine Herkunft hätte ausfragen können. Aber vielleicht weisst du ja mehr." Mit wenigen Worten beschreibe ich das Rad, dessen schwarzer Schalensitz und Windschild mir besonders aufgefallen sind.

„Natürlich, ja, das ist ein *Tour Easy* aus Kalifornien. Ziemlich genial das Teil, bin erst kürzlich mit einem gefahren. Mann, damit bist du verdammt schnell unterwegs."

„Kannst du mir die Adresse rausfinden?"

„Ein gewisser Martin Gardner baut solche Räder ganz in der Nähe von San Francisco. Warte einen Moment, irgendwo habe ich einen Prospekt."

Richard verschwindet in seinem Büro und kommt einige Minuten später mit einem Flyer zurück. „Hier, da steht auch eine Adresse drauf. Die Firma heißt *Easy Racer*." Ich danke Richard und verspreche, ihn weiterzuempfehlen.

„Aber nicht deiner Schwiegermutter!" Mit einem schallenden Lachen schlägt er mir auf die Schulter und wir trennen uns in typisch amerikanischer Manier als Freunde fürs Leben.

Der Flyer reiste mit zurück nach Deutschland und wurde über den Schreibtisch an die Pinnwand genadelt. Das Jetlag überwand mein Körper schneller als einen grippalen Effekt und schon bald hatte mich der Alltag wieder in Besitz genommen. Woche um Woche verging über allen möglichen Aktivitäten, aber immer wieder ertappte ich mich wie ich am Schreibtisch sitzend, auf den heimgebrachten Flyer starrte und in Gedanken das Traumrad fuhr. Das kalifornische Rad einfach zu vergessen, nein, das konnte ich nicht. Monate vergingen voller Kopfarbeit und irgendwann war dann der Flyer verblasst und von neuen Flyern, Merkzetteln, post-its und Telefonnummern eingekreist und überlappt – und schließlich vergessen.

* * *

„Die Menschen können alles Mögliche planen", sagt ein chinesisches Sprichwort, „aber die Vollendung liegt in der Macht des Himmels." Über solch eine schicksalshafte Behauptung hätte ich früher nur den Kopf geschüttelt, denn früher war ich stets wild entschlossen und zog alles durch, was ich mir in den Kopf gesetzt hatte. Im schlimmsten Fall ging ich bei der rabiaten Umsetzung meiner Pläne mit dem Kopf durch die Wand, was manchmal ziemlich wehtat.

Ein Jahr nach dem Broadway-Ausflug erfüllte sich mein Wunsch, wieder nach Amerika reisen zu können. Wohlgemerkt, ganz ohne Krampf, ganz ohne Ellbogeneinsatz, nicht einmal mit einer festen Absicht. Im Flieger nach San Francisco erinnerte ich mich an das chinesische Sprichwort und über den Wolken kam mir die Chance auf ein Wiedersehen mit Amerika wie eine himmlische Fügung vor. Womöglich war die Macht des Himmels viel gewaltiger, als ich in meinen kühnsten Träumen vermutet hatte! Immerhin reiste ich dorthin, wo sich mein Traumrad befand.

Für vier Wochen sollte ich als Research-Fellow an der Universität von Kalifornien in Berkeley immatrikuliert sein und auf dem Campus wohnen. Ein Forschungsprojekt sollte mir viel freie Zeit gewähren, so dass ich die Universität, die mitten in Berkeley liegt, jederzeit verlassen und ins nahe Zentrum spazieren konnte. Auf der Route zum Maxi-Supermarkt, in dem ich mich zweimal die Woche versorgte, kam ich immer am Radladen „Dave's Bikes" vorbei. Bereits der Blick durch das gewaltige, Tag und Nacht illuminierte Schaufenster elektrisierte mich. Überquellend präsentierte sich im lichtdurchfluteten Showroom hinter der Scheibe eine Armada glänzender Fahrräder und lud zum Bestaunen und Anfassen ein. Es dauerte keine Woche und ich gehörte zu Dave`s Inventar, das aus Hunderten von neuen und gebrauchten Rädern und einem Schrauber-Hinterzimmer mit Kaffeebar bestand.

Dave war mit seinen zweiundsechzig wirklich ein jung gebliebener Typ. Cool, wie er bis zum letzten Muskelstrang durchtrainiert hinter der Theke hin und her lief und ohne Unterlass werkte. Er musste Tausende und Abertausende von Radkilometern in den Waden haben und trotzdem wirkte er bei seinem Alter keine Spur verbraucht. Mit seinem Silberhaar, das er zum Zopf gebunden trug, und dem schwarzen Trägershirt sah er aus wie ein Yoga-Guru, der sich vegetarisch ernährt. Man sah ihm die Radsucht nicht an, aber kaum, dass er den Mund aufmachte, sprudelte ein nicht enden wollendes Radwissen aus ihm heraus. Prompt musste ich an einen geplatzten Wasserhydranten denken, als er mal wieder auf mich einplapperte.

Die einen kennen die Party-Szene aus dem Effeff, Dave hingegen kannte aus dem Effeff die kalifornische Radszene, so war ihm das Objekt meiner Begierde sofort ein Begriff. Das Rad werde ganz in der Nähe von San Francisco gebaut, versicherte Dave, der in Berlin einige Brocken Deutsch gelernt hatte. „In ein Dorf, heißt Freiheit. Dort wird *Tour Easy* gebaut. Ich gebe dir Martins Number. Look, dort hinten vor der Wand steht…"

„Wow, das ist ja genau das Bike!"

„Willst du im Shop eine Runde drehen? Ich male dir solange einen Plan."

Auf weichen Sneaker-Sohlen schlich ich an das fabrikneue Bike heran und strich mit den Fingerkuppen über die hohe schwarze Lehne des Sesselsitzes. Wie ich neben dem Rad stand, reichte mir der Rahmen des knapp drei Meter langen Gefährts gerade mal bis zur Hüfte. Von oben sah ich auf den nach hinten gebogenen Chromlenker hinab, zwischen dessen Gabel ein Windschild für bessere Aerodynamik sorgte. Befremdlich und ziemlich ungewohnt sah das lange, niedere Bike schon aus, aber das tiefe Oberrohr lockte, das Bein zu heben. Kinderleicht konnte man das angewinkelte Knie über das extrem lange Oberrohr schwingen. Während ich das Rad am langgebogenen Lenker festhielt, setzte ich mein Hinterteil auf dem niedrig angebrachten Sessel mit der hohen Lehne ab. Wow! Überaus bequem im Rücken! Aber wie fahre ich jetzt an? Diese Frage bereitete mir kurz Kopfzerbrechen, denn die Pedale befanden sich nicht unter, sondern vor mir. Soweit entfernt, dass ich, um antreten zu können, die Beine abwechselnd ausstrecken müsste. Es blieb mir nichts anderes übrig, als auf den ersten Zentimetern mit angezogenen Knien tief sitzend zu trippeln. Kaum, dass das Sesselrad auf den glatten Fliesen zu rollen begann, schob ich hastig die Füße in die Pedalriemen und fing mit dem Treten an. Keinen Meter schaffte ich, dann verlor ich die Balance und musste die Beine wieder aufstellen. Also, gewöhnungsbedürftig war das lange Vehikel schon! Erst nach mehreren Versuchen schaffte ich es, mit den Beinen auf den Pedalen zu bleiben und vorwärts zu rollen. Jetzt bemerkte ich das nächste Problem – ein ungewohnt großer Wendekreis erschwerte das Kurven! Kurz, für den Bruchteil einer Sekunde, kamen mir Zweifel, ob ich das gewöhnungsbedürftige Teil wirklich kaufen sollte. Aber schon siegte der Drang des Haben-Müssens und ich sagte mir: das mit dem Balancieren und dem ausladenden Kurven erlernst du in einigen Tagen.

Während meiner bescheidenen Anfahrversuche auf den blitzblanken Fliesen des Showrooms hatte Dave eine Skizze gemalt, aus der hervorging, dass Freedom keine hundert Kilometer südlich von Berkeley lag. Nun muss man wissen, dass hundert Kilometer für Kalifornier ein Klacks sind, weil alle ohne Ausnahme auf dem Rücksitz eines Chevrolet oder Chrysler aufgewachsen sind. Von der Wiege bis zur Bahre legen die Menschen im US-Sonnenstaat selbst kürzeste Entfernungen klimatisiert hinter getönten Scheiben zurück.

Bereits für den nächsten Tag mietete ich mir beim Studentenwerk einen kleinen Japaner mit großer Heckklappe. Das praktische Auto brauchte ich für meinen neuen Plan, der eigentlich immer noch der alte war. Ohne viel Zeit mit Nachdenken zu vergeuden, rief ich Martin Gardner in Freedom an und ließ mir genau erklären, wo seine Werkstatt liegt. Um über ein sattes Zeitpolster zu verfügen, fuhr ich frühmorgens in Berkeley los, noch bevor der Berufsverkehr den zehnspurigen Cabrillo Highway flutet. Vorbei an San José bis zur Ausfahrt Freedom. Im kleinen Ort kannte jeder Martin Gardner, denn er hatte mit einem windschlüpfrig verkleideten „Zeppelin-Rad" den Weltrekord im Schnellfahren aufgestellt und war durch alle US-Medien gegeistert. Auch ohne Navi-Ortung fand ich ihn in einem überquellenden Holzschuppen, wo an der ganzen Wand Rahmen in den Farben California Blue und Magic Black hingen. Martin schien mich bereits erwartet zu haben. Mit ausgestreckten Armen kam er hinter der Werkbank hervor und begrüsste mich kalifornisch herzhaft: „Ullji, du bist der erste Cyclist, der von so weit her gekommen ist, um sich für mein Rad zu interessieren."

Ich dankte ihm und fügte rasch hinzu: „Vielmehr als nur Interesse. Ich bin so fasziniert von deinem Bike, dass ich gleich eins mitnehmen möchte." Um meinen Kaufwunsch zu unterstreichen, kramte ich ein Geldbündel aus der Umhängetasche hervor und legte einen Packen grüner Scheine mitten in das Wirrwarr aus Schraubenschlüsseln, Zangen und Fahrradteilen auf die Werkbank. „Wirklich, Martin, ich hätte gerne eines deiner tollen Räder gleich mitgenommen." Und der Schwabe in mir ergänzte: „Gut verpackt und zu einem noch besseren Preis!" Über diese Dreistigkeit schämte ich mich sofort, denn in der Holzbaracke deutete nichts auf ein millionenschweres Dollar-Vermögen hin.

„Oh Mann! Warum müsst ihr Deutschen nur immer so *serious* sein? Aber du hast ja Recht. Okay, du sollst dein Tour Easy haben. Verpacken tun wir's gemeinsam."

Während wir zusammen das demontierte Rad in zwei Kartons verpackten, erzählte mir Martin wie er auf den Namen gekommen war. *Tour Easy* sei angelehnt an den Kultfilm Easy Rider, ein US-kritisches Road-Movie mit Jack Nicholson und Denis Hopper aus der niedergehenden Hippie-Ära der sechziger Jahre. Ich erinnerte mich. Diesen Kultstreifen hatte ich mir auf Deutsch vielmals angeschaut und mich mit den freiheitsliebenden *outlaws* auf ihren Choppern solidarisiert. Nun stand ich kurz vor dem Erwerb eines solchen, wenn auch eines motorlosen. Was für eine Erfüllung! Was für ein Geschenk des Himmels!

Zweifellos war Martins Konstruktion einem Chopper nachgebaut, aber eben keine Harley, sondern ein Fahrrad.

Allerdings kein Liegerad mit Lenkgriffen rechts und links neben dem Sitz. Am ehesten verdiente es den Namen Sesselrad, denn der Fahrer nimmt auf einem großzügigen Polstersitz mit langer Rückenlehne Platz. Während die Beine vorwärts und nicht abwärts treten, beträgt der Winkel zum nach hinten geneigten Oberkörper etwa hundertzwanzig Grad – eine ideale Position, um einen gehörigen Press auf die Pedale zu bringen. Die tiefe Sitzposition ist nur möglich, weil das Vorderrad kleiner als das Hinterrad ist und der Fahrer nicht über, sondern vor dem Hinterrad, auf der Höhe der Nabe sitzt. Ergonomisch es ein grundverschiedenes Sitzen als auf dem gängigen Niederrad, das auf das Rover-Rad aus dem britischen Werk Starley & Sutton zurückgeht. Seit jenem Rover von 1888 hat sich die Silhouette des klassischen Niederrads mit seinem trapezförmigen Stahlrahmen und zwei gleich großen Rädern kaum verändert. Seit damals fährt die Welt, von wenigen Freaks abgesehen, den Nachfahren des Rover und ist mit dem Niederrad höchst zufrieden.

Verglichen mit dem Standardrad weist das Sesselrad sowohl Vorzüge als auch Nachteile auf. Dank der bodennahen Sitzposition ist vor allem der Luftwiderstand geringer. Ergo kann man mit dem Rad bei gleichem Tretaufwand schneller fahren, allerdings nur bergab und auf der Ebene. Gegenüber dem herkömmlichen Rad, zu dem auch das Rennrad zählt, ist das Sesselrad an Steigungen unterlegen, weil sein Schwerpunkt nach hinten verlagert ist. Ein Treten im Stehen am Berg ist mit dem *Tour Easy* ausgeschlossen. An einer echten Steigung heißt es ohne Wenn und Aber absteigen und schieben.

Bevor Martin und ich den Rahmen mit seiner überdimensional langen Kette und die separaten Räder in zwei Pappkartons verschwinden ließen, schenkte er mir noch ein Windschild für die Lenkergabel und wünschte mir: „Viel Rückenwind auf allen Wegen.“

Ohne zu feilschen bezahlte ich 1.800 Dollars für den mobilen kalifornischen Sessel und fuhr noch am selben Tag meinen fragilen Schatz zum Flughafen, wo er bis zum Rückflug in einem Fracht-Hanggar ein sicheres Plätzchen fand.

Zurück in Köln handelte ich mir gewiss das Wohlwollen des Himmels ein, denn immer wenn er lachte, holte ich den Chopper aus dem Keller und fuhr ans Rheinufer. Auf den ersten zweihundert Metern pedalierte ich noch moderat, um die Waden langsam aufzuheizen. Ein Muskelriss oder eine Zerrung hätten mir gerade noch gefehlt! Sobald ich allerdings meine Betriebstemperatur erreicht hatte, erhielten die vorgelagerten Pedale gehörig Sohlendruck und ich flitzte rheinaufwärts bis an die Stadtgrenze von Bonn.

In voller Fahrt hätte ich schwören können, dass sich die Rheinschiffer auf ihren trägen Lastkähnen die Augen rieben, als sie am nahen Ufer einen Sesselhocker erblickten, der dicht über der sandigen Böschung gen Süden sauste und spielerisch dem Wind die Stirn bot. Nicht weniger erstaunt waren gewiss auch die Ausflügler auf ihren hohen Rädern, die der Sesselhocker bodennah überholte.

Modellpflege

Schloss Versailles war verwaist, der König geflohen und in Scharen wurden Adlige von Leibeigenen aus ihren Palästen verjagt. Die Französische Revolution trat in ihr zweites Jahr, als sich Graf de Sivrac den blutigen Wirren entzog und als Erfinder reüssierte. Ganz Paris sprach im Jahr 1791 von ihm, dem erfinderischen Grafen, der eine Laufmaschine konstruiert hatte, anstatt sein blaues Blut beim Umsturz aufs Spiel zu setzen.

Ob blaublütig oder vom Plebs, jeder wollte die Erfindung des Grafen de Sivrac, eine Art Schaukelpferd, zumindest sehen. Am liebsten aber besteigen und in den Tuilerien ausprobieren. Nein, bei der Erfindung handelte es sich nicht um ein Spielzeug auf zwei Kufen, sondern um ein Gestell auf zwei Holzrädern, das den reizenden Namen Célérifère trug. Da das Gefährt sofort umfiel und schwergewichtig war, eignete es sich nicht für Kinder, sondern nur für Erwachsene mit der Fähigkeit zum Balancieren und dem Drang zur Beinarbeit an frischer Luft.

Eigentlich sah die Célérifère des Grafen nur oben herum wie ein Schaukelpferd aus. Auf Sitzhöhe schmückte ein stilisierter Pferdekopf, später auch ein Schwanenkopf, den Balken, auf den sich der Fahrer mit angewinkelten Beinen niederließ. Den Pferde- oder Schwanenkopf als Lenker zu bezeichnen, wäre verfehlt, denn die Célérifère ließ sich nur geradeaus fahren, indem man sie mit angewinkelten Beinen im Sitzen vorwärts schob und sich mit den Händen am Holzkopf abstützte. Dieses Gefährt mit seinem starren Holzgestell auf zwei Holzrädern ist – nüchtern betrachtet – nur schwerlich als Fahrrad auszumachen. Wer allerdings die handkolorierten historischen Bilder der Célérifère mit viel Phantasie und höchstem Wohlwollen betrachtet, erkennt in ihr den Vorläufer des späteren Velocipeds.

Nach ihrer Erfindung in der Französischen Revolution musste sich die Neuzeit noch weitere fünfundzwanzig Jahre mit Pferden, Kutschen, Fuhrwerken und dem Fußmarsch begnügen. Erst im Jahr 1816 erfand wieder ein Adeliger einen fahrbaren Untersatz auf zwei Holzrädern, allerdings einen mit Lenker und weiteren Innovationen.

Ein Freiherr aus Karlsruhe konstruierte 1816 eine lenkbare Laufmaschine aus massivem Holz mit Eisenbeschlägen, die erstmals eine echte Erleichterung der Fortbewegung aus reiner Muskelkraft war. Ein gewisser Baron von Drais („der Mann, welcher die Körper schneller bewegen lehrte") erfand eine ernstzunehmende Alternative zur Mühsal des Fußmarsches und zur Fortbewegung mit Hilfe von Tieren. Mit seinem Laufrad brachte er die Neuzeit ein großes Stück näher an die Erfindung des Fahrrads heran. Um die Drais'sche Laufmaschine zu bewegen, setzte sich der Fahrer auf ein rund gehobeltes Sitzbrett über zwei Holzrädern und stieß sich mit rhythmischen Beinbewegungen vom Boden ab. Kaum, dass sich das Gefährt passabel bewegte, zog er fix die Fußspitzen an und rollte mit angehobenen oder seitlich abgespreizten Beinen einige Meter weit – immerhin „berg ab schneller als ein Pferd in Carrière".

Zweifelsohne war dieses Geh-Erleichterungsgerät noch schwer und plump und offenkundig noch lange kein Fahrrad. Noch fehlten ihm ein quer zur Fahrtrichtung stehender Lenker und vor allem der Pedal-Ketten-Antrieb. Aber es besaß bereits ein Balancierbrett zum Steuern und eine Schleifsperre zum Bremsen. So darf die Draisine, benannt nach ihrem Erfinder Baron von Drais, guten Gewissens als Vorläufer des Zweirads bezeichnet werden.

Fünfzig Jahre voll technischer Innovationen – vor allem der Metallverarbeitung und Radspeichenkonstruktion – mussten vergehen, bevor im Jahr 1869 das Guilmet-Meyer Rad mit einem Stahlrahmen erfunden wurde. Dieses schlanke Zweirad besaß bereits eine Tretkurbel, die über eine endlose Antriebskette auf das Hinterrad wirkte. Zurecht kann es als Vorfahre des modernen Fahrrads bezeichnet werden.

In den folgenden Konstruktionsjahren kam es zu einem Wettrennen der Vorder- und Hinterrad-Fraktion. Die erstere brachte mit Vorliebe die Tretkurbel kettenlos an der Nabe des Vorderrads an. Diese Konstruktion verlangte allerdings nach einem Vorderrad mit einem enormen Radius, um das Tretkurbeln zu ermöglichen. Aus diesem Grund entwickelten englische Ingenieure das Hochrad, bei dem der Fahrer beim Pedalieren das bodennahe Bein ausstrecken können musste, um vorwärts zu kommen. Ein Hochrad namens Ariel wurde ab 1870 für Jahrzehnte zum sportiven Dandy-Rad und fand nicht nur in England reißenden Absatz. Mit Verbreitung des Ariel brach die Hochrad-Epoche an. In jener Zeit wurden die verwegensten Radkonstruktionen entwickelt: das französische Einrad Le Pédocaèdre, wie gesagt das Ariel-Hochrad und 1876 das Dreirad Coventry Tricycle sowie ein sechsrädriges Quadruplet. Zu guter Letzt kam 1879 das Doppelrad Doppelotto dazu.

Endlich, neun Jahre später, büsste die Hochrad-Fraktion ihre Vorherrschaft ein und musste ein für alle Mal vor dem technischen Wandel kapitulieren. 1888 wurde die Radgeschichte gleich zweifach neu geschrieben. In jenem Jahr präsentierte der englische Radfabrikant John Kemp Starley ein stählernes Novum: ein Rad namens Rover mit zwei gleich großen Laufrädern, einem geschweiften Stahlrohr-Trapezrahmen und einem verstellbaren, auf Spiralfedern ruhenden Sattel sowie einem Kettenantrieb an der Hinterradnabe. Das Bremsen am Lenker des Rover übernahm eine Löffelbremse, die auf das knapp hüfthohe Vorderrad wirkte. Um sich von der Hochrad-Fraktion abzusetzen, gab Starley seinem Rover den Namen Niederrad und ließ seine Erfindung auch so patentieren.

Leider hat sich diese irreführende Bezeichnung für alle herkömmlichen Radtypen bis heute eingebürgert.

Das Rover war eine Sensation, aber noch keine ausgereifte Erfindung. Die entscheidende Schwäche offenbarte sich bereits auf den ersten Metern auf den ungenügenden Straßen und Wegen jener Zeit. Beim Fahren rumpelten und polterten die Speichenräder und schüttelten den Fahrer gehörig durch, denn ihnen fehlte noch die Luftbereifung auf der Metallfelge. Allerdings sollte sich dieser Missstand noch im selben Jahr ändern.

Im Sommer 1888 kam dem irischen Tierarzt John Boyd Dunlop die durchschlagende Idee zur Luftbereifung beim Basteln mit seinem Sohn. Nur Monate nach der Vorstellung des Rover I taten sich Starley und Dunlop zusammen und brachte das Rover III mit einer noch nie dagewesenen Luftbereifung auf den Markt. Dem Siegeszug des Niederrads stand nun nichts mehr im Weg und in kürzester Zeit wurde aus dem Schlager der letzten Jahrzehnte, dem Hochrad, ein verstaubtes Museumsstück.

Ab dem Jahr 1890 ließen Starley und Dunlop das patentierte Rover III industriell fertigen und auf den europäischen Kontinent und nach Amerika exportieren. Während es blendend in die Welt verkauft wurde, verbesserten die Ingenieure in Manchester das Rad am laufenden Bahn. Zu den Luftreifen kamen bald Schutzbleche und eine Lichtanlage hinzu und auf das Rover III folgten die verbesserten Modelle Fire-Fly und Safety, die als „Pneu-Räder" in die Radgeschichte eingingen.

Seit dem Ende des 19. Jahrhunderts hat das Niederrad eine lange Entwicklung erfahren, ohne allerdings sein technisches Wesen grundlegend zu revolutionieren. Verändert hat sich in den letzten hundert Jahren allenfalls das Image des Fahrrads und des Radfahrens. Bis in die Nachkriegsjahre litt das Fahrrad unter einem Arbeits- und Arme-Leute-Image, das armseliger nicht hätte sein können. Für den Schriftsteller Uve Schmidt war es nach 1945 ein zweckgebundenes Instrument, das ihn anwiderte und ihm sogar das Gruseln lehrte. Als Kind hatte er nämlich mit seiner Mutter und seinem kriegsversehrten Vater zu Hamsterkäufen aufs Land radeln müssen, um von den Bauern billig Einkellerungskartoffeln zu kaufen. Im Essay „Warum ich vom Sattel bin" schrieb er unumwunden: das Rad war „uralt, sauschwer und eine potthäßliche Mühle, die sich wohl bewegen, aber nicht ohne weiteres ‚betreiben' ließ."

Inzwischen gehören die Mangeljahre zum Erfahrungsschatz einer aussterbenden Generation und die Tretmühlen von damals haben mit den windschnittigen und karbonleichten Sportmaschinen von heute nur noch elementare technische Komponenten gemein. Wurde das Fahrrad früher als nützliches Arbeitswerkzeug wie ein Leiterwagen oder eine Karre behandelt, so gilt es heute als multifunktionelles Sportgerät mit hohem Status. Mehr noch! Das Fahrrad ist zum trendigen und zukunftsträchtigen Vehikel mutiert und hat nach Ansicht der Zukunftsgeneration bereits das Automobil überrundet. Zur Begründung führt sie an, dass es vielseitig einsetzbar sei: als Herzinfarkt-Vermeider, Speck-Weg-Trainierer, Stau-Verhüter und Klimaretter. Niemand schüttelt mehr den Kopf über Prognosen, die im Fahren mit einem E-Bike oder Pedelec den neuen Trendsport einer immer älter werdenden Wohlstandsgesellschaft sehen.

Es gibt kein Vertun, die Zivilgesellschaft ist in den letzten zwanzig Jahren sportiver geworden. Gewiss ein bemerkenswerter Fortschritt! Aber sportiver heißt noch lange nicht bewusster. Bewusster im Sinne von verantwortungsbewusster, wacher und offener für selbstkritische Erkenntnisse. Manchmal könnte man meinen, dass gerade der Sport das Verlangen nach dem Mehr fördert – nach einem Mehr an Reichtum und Besitz, nach mehr Leistung, mehr Tempo, mehr Spass, mehr Lebensjahren, mehr Glück.

Schneller, höher und weiter – so lautet die plakative Begrüssung an der Auffahrt zum digitalen Super-Highway. Und kaum, dass man sich eingeloggt hat, muss man sich dem Tempo-Zwang der virtuellen Mobilität unterwerfen. Von dieser Anforderung ist keiner ausgenommen, auch nicht der Radfahrer. Bis zu einem gewissen Grad kann er sich der permanenten Beschleunigung im Alltag verweigern, sich ihr völlig entziehen kann er allerdings nicht. Dieser Zwang, der wie ein gewaltiger zivilisatorischer Sog wirkt und vor keinem Individuum Halt macht, hat historische Gründe und lässt sich nur schwer überwinden.

Im Zuge der Industrialisierung, die das Leben in Deutschland ab dem Jahr 1810 revolutionierte, steigerte sich nicht nur das wirtschaftliche, sondern auch das soziale Tempo von Erfindung zu Erfindung. Bis heute sind über zweihundert Jahre verstrichen und das gesellschaftliche Tempo hat sich tausendfach potenziert.

Mit der Beschleunigung durch die Industrialisierung verbesserten sich ohne Frage die Arbeits- und Lebensumstände, doch das ist nur die eine Seite. Seit dem Takt, den anfangs die Dampfmaschine vorgab, hat sich der maschinelle Zwang zum Tempo-Machen potenziert und ist in die Kapillaren aller sozialen Bereiche eingesickert. Das ist die andere, gerne übersehene Seite der Entwicklung des Abendlandes. Kein Geringerer als Johann Wolfgang von Goethe erkannte bereits diese Seite und warnte vor einer Versklavung der Menschen unter das „Joch der Eile".

Im Jahr 1778 war Goethe aus der beschaulichen Kleinstadt Weimar nach Berlin aufgebrochen, um sich das Großstadtleben genauer anzusehen. Bereits am ersten Tag, als er von seinem Hotelfenster auf die Chaussee hinabsah, wunderte er sich über die Hektik im Verkehr der Pferdedroschken und die Rastlosigkeit der Fußgänger. Im Ensemble des Straßentreibens störte ihn etwas, das er *Akzeleration* nannte, etwas, das man im Auto-Jargon als „Gasgeben" bezeichnen könnte. Er beklagte, dass sich die neuzeitliche Zivilisation von *andante*, dem bedächtigen Fortschreiten, verabschiedet habe und bezeichnete diese Abkehr als „veloziferisch". Ein

Begriff, den er freizügig aus *velocitas* (Eile) und Luzifer (Teufel) zusammensetzte.

Veloziferisch mag altmodisch klingen, aber von seiner Bedeutung her ist der Begriff brandaktuell und ermahnt jeden Einzelnen, sich die Frage zu stellen: „Bin auch ich ein Sklave der teuflischen Eile?"

Aktuell steckt der Einzelne in einem Dilemma. Einerseits lässt sich durch die Digitalisierung der Arbeits- und Freizeitwelt ein Guthaben auf dem Zeitkonto anhäufen und durch die velozifersche Beschleunigung aller Lebensbereiche lässt sich ein größeres Quantum an Aufgaben erledigen. Einerseits! Andererseits führt High-Speed zum Huddeln, zur Flüchtigkeit, zur schemenhaften Wahrnehmung und zu fehlerhaftem Handeln. Schlichtweg zu einer Überforderung, die oftmals im Burnout endet. Ob am Computer oder bei geschäftlichen und privaten Erledigungen, man surft über so vieles hinweg und übergeht aus einem scheinbaren „Zeit-Mangel" das Kleingedruckte, Details in Mitteilungen, liebevolle Gedankenkringel und vieles mehr. Da unter Zeitdruck anstehende Aufgaben weniger gewissenhaft erledigt werden, rächt sich diese Schludrigkeit und in der Ausführung häufen sich die Fehler. Um diese dann zu korrigieren, muss letztlich ein größeres Zeitquantum aufgebracht werden.

Nun ist nicht zu bestreiten, dass in jedem von uns eine biologische Uhr tickt, die ein höchst individuelles Tempo vorgibt. Oftmals ist sich der Einzelne nicht bewusst, dass dieses Tempo sein Wesen bestimmt und das individuelle Zeitempfinden prägt. Unsere frühen Vorfahren liefen zu Fuß. Mit dem stressigen Tempo der Gegenwart wären sie gewiss nicht zurecht gekommen. Später machten sie sich das Pferd und den Pferdewagen zunutze, um auf Trab und zügig voranzukommen. Pferde nutzten sie viele Jahrhunderte lang und gaben sich mit einem einzigen PS oder dem Anspannen mehrerer PS zufrieden.

Erst dem neuzeitlichen Menschen gelang es durch die industrielle Revolution, die Geschwindigkeit der Fortbewegung sprunghaft zu steigern, indem er die Dampfmaschine, das Automobil und den Düsenjet erfand. Selbst heute, da die meisten Erfindungen ausgereift sind, kommt die Tempo-Spirale nicht zur Ruhe. Noch immer gibt es Zeitgenossen, die viel schneller als Jet-Piloten sein wollen. Wie etwa Felix Baumgartner. Schneller als der Schall raste er aus der Stratosphäre auf die Erde hinab und profilierte sich im Oktober 2012 als schnellster Vertreter einer Spezies, die von Natur aus nicht fliegen kann. Der österreichische Base Jumper gehört zu einer Elite von Sportskanonen, die sich der Schnelligkeit verschrieben hat. Ich bewundere den Mut dieser Kandidaten, weil ich ebenfalls das Tempo liebe. Sei es am Lenkrad, auf dem Rad oder auf Skis. Trotzdem spüre ich, dass diese Vorliebe mit jeder Verletzung und jedem Jahr des Älterwerdens abnimmt. Nach dem schon ausgeplauderten Verbremser auf dem Rad und einem Motorradunfall weiß ich heute, dass es einer Reifezeit des gelebten Tempos bedarf, um in der Langsamkeit anzukommen. In diesem Sinne möchte ich meine Art des Radfahrens als das Ausleben des Schnellen im Langsamen oder einfach als Schnellsein in der Langsamkeit bezeichnen.

Gesund ist, wenn unser Tun und Lassen von einem Tempo bestimmt wird, das mit unserem Bio-Rhythmus harmoniert und den Takt unserer Organuhr nicht willkürlich verstellt. Und pudelwohl fühlen wir uns nur dann, wenn Körper und Geist von einem Tempo belebt werden, das mit dem Wandel in der Natur, mit dem Wechsel von Licht und Dunkelheit und von Wärme und Kälte in Einklang steht. Kurzum, die inneren und äußeren Umstände müssen ein von Natur aus genehmes, natürliches Tempo aufweisen.

Dieses natürliche Tempo, eine Art von Wohlfühl-Tempo, thematisierten amerikanische Wissenschaftler in Hinblick auf das Radfahren. Sie wollten herausfinden, ob das Tempo des durchschnittlich schnellen Radfahrens den natürlichen Körperfunktionen entgegenkommt oder diese eher stresst. Um ihr Experiment so autark wie möglich zu gestalten, entschieden sie sich für einen Blinden als Probanden, der das Balancieren auf zwei Rädern intuitiv erlernt hatte.

Für ihren wissenschaftlichen Versuch stellten die Forscher dem Blinden ein gewöhnliches City-Bike zur Verfügung und als Fahrgrund entschieden sie sich für den Gehweg in einer Grünanlage. Sie instruierten ihn lediglich vor der Fahrt und halfen ihm nur beim Aufsteigen. So objektiv wie möglich wollten sie ergründen, ob das „blinde" Balancieren auf einem Fahrrad eine genauso körpergenehme Fortbewegung darstellt wie die angeborene Fähigkeit des Gehens – intuitiv und ohne sehen zu können. Ihre Annahme lautete: wenn eine technisch unterstützte Fortbewegung bei verminderter Sinneswahrnehmung möglich ist, dann wird sie vom Gehirn als natürlich empfunden.

Während die Forscher im Hintergrund blieben, radelte der Blinde, noch keine zwanzig Jahre alt, auf dem Fahrrad durch den menschenleeren Park. Gemässigt trat er in die Pedale und versuchte möglichst konstant und nicht überhastet zu fahren. Tatsächlich gelang es ihm, gut ausbalanciert und auf einer geraden Linie den Gehweg entlang zu radeln, obwohl er nichts sah.

Nun wollen wir natürlich wissen: wie orientiert sich ein Blinder, damit er nicht gegen ein Hindernis prallt? Wohlgemerkt, der Blinde verfügte über keine technischen Hilfsmittel, weder einen Sensor noch einen weißen Stock noch speziell präparierte Reifen. Er benutzte lediglich seine Zunge zur Orientierung. Indem er andauernd mit der Zunge schnalzte, baute er sich in seiner Vorstellungskraft eine visuelle Kulisse auf, wohlwissend, dass die Dinge, die er nicht sah, trotzdem existierten. Während der Fahrt kam es zu keinem Zusammenstoß mit irgendeinem Hindernis, denn mit dem Zungenschnalzen formte er ein akustisches Bild in seinem

Gehirn. Er „sah" die Bäume und Sträucher durch die Echo-Lotung, die er andauernd erzeugte. Ohne unmittelbares Erspüren des Untergrunds schaffte er die Fortbewegung auf dem Rad, weil das auditive Areal im Gehirn die Aufgabe des visuellen Areals übernahm. Somit lieferte das Experiment der amerikanischen Wissenschaftler den Beweis, dass selbst ein Blinder das Balancieren auf einem Fahrrad als natürliche Fortbewegung empfinden kann.

Losgekettet

Ich träume, diesmal im Bett und nicht im Sattel. Staunend sitze ich auf einem Fahrrad, das von alleine fährt, ganz ohne mein Zutun. Anschieben, Aufsteigen, der erste Pedaltritt, das Suchen nach der Balance – all das echauffiert normalerweise. Wenn auch nur kurz, nur für Sekunden. Immerhin, eine kleine Überwindung kostet das Anfahren im Wachzustand schon.

Aber im Traum ist Radfahren überhaupt nicht anstrengend und funktioniert wie von selbst. Wie ich so träumend dahin radle, vernehme ich plötzlich eine Stimme und wundere mich nicht, denn im Traum kann auch ein Fahrrad sprechen. Aus seiner Klingel ertönt eine Stimme, die meiner gleicht. Laut vernehmlich fragt sie mich: „Wohin sollen wir fahren?"

„In die Berge!", höre ich mich sagen.

„Sollen wir uns Zeit lassen oder willst du schnell?"

„Ich will den Wind spüren!", antworte ich, weil ich mir das schon immer wünschte.

Das Rad gewinnt an Tempo. Aber ganz sachte. Wie Fahrtwind aufkommt, sehe ich an meinen Beinen hinab bis zu den Füssen und wundere mich: sie ruhen wie angeschraubt auf den Pedalen und trotzdem fährt das Rad mit mir im Sattel.

Wir bewegen uns, obwohl die Reifen weder das Teergrau einer Straße noch das Erdbraun eines Feldwegs berühren. Wir bewegen uns querfeldein und begegnen weder einem Auto noch einem Lastwagen noch Radfahrern oder Menschen zu Fuß. Im Fahren kommt es mir vor, als sei alles rings um mich herum, sogar die Luft, nur für mich alleine geschaffen.

Das Rad unter mir gehorcht spielerisch und ich brauche nicht einmal zu lenken und mich keinen Moment in die Pedale zu stemmen. Kühn kann ich mich umschauen, in alle Richtungen, sogar nach hinten. So halte ich ganz gebannt still und bewege mich nicht. Allmählich kommt es mir vor, als würde ich bewegt, als würde ich in der Bewegung gewiegt. So leicht, so sanft, so ganz ohne Aufwand wie es einem Fisch ergehen muss, wenn er durchs Wasser gleitet.

Je weiter mich mein Traum fortträgt, desto stärker verspüre ich einen Wind aus allen Richtungen. Um mich herum und auch in mir drin, beginnt alles zu fließen. Ich bewege mich und bewege mich nicht. Am Ende könnte ich beschwören, ich würde bewegt. Später, nach dem Erwachen kommt es mir vor, als hätte sich auf der Traumfahrt die Fessel gelöst, die uns an die Schwerkraft kettet und uns am Boden festhält.